"十四五"职业教育国家规划教材

职业教育电子商务专业 系列教材

电子商务物流

（第3版）

主　编／雷颖晖

副主编／陈少瑜　梁永年

参　编／（排名不分先后）

蔡琳琳　王　菲　谢　淳　陈健民

李睿然　曾　涛　邓　兰　雷礼坤

重庆大学出版社

内容提要

　　本书从中小型电商企业需求和学生实际出发，突破知识体系界限，采用"项目→任务→活动"的方式编写，以电子商务物流活动的工作流程来划分项目，以项目为载体、任务为驱动、活动为落脚点，将思想政治教育贯穿其中，注重岗位专业技能的训练，加强综合素质的培养，实现实践能力和理论知识一体化。

　　本书共分为8个项目，分别是认识电商物流、物流模板设置与制作、商品采购管理、商品入库管理、商品在库管理、商品出库管理、商品售后管理、电商物流数据管理。

　　本书图文并茂、形式活泼、特色鲜明，可作为职业院校电子商务、物流、商贸、市场营销等相关专业教材，也可作为在职物流人员的培训教材和自学用书。

图书在版编目（CIP）数据

电子商务物流 / 雷颖晖主编. -- 3版. -- 重庆：
重庆大学出版社，2022.8（2025.1重印）
职业教育电子商务专业系列教材
ISBN 978-7-5624-9542-0

Ⅰ.①电… Ⅱ.①雷… Ⅲ.①电子商务—物流管理—
职业教育—教材 Ⅳ.①F713.365.1

中国版本图书馆CIP数据核字（2022）第024939号

职业教育电子商务专业系列教材
电子商务物流（第3版）
DIANZI SHANGWU WULIU

主　编　雷颖晖
副主编　陈少瑜　梁永年
策划编辑：王海琼
责任编辑：王海琼　　装帧设计：王海琼
责任校对：邹　忌　　责任印制：赵　晟
*
重庆大学出版社出版发行
出版人：陈晓阳
社址：重庆市沙坪坝区大学城西路21号
邮编：401331
电话：（023）88617190　88617185（中小学）
传真：（023）88617186　88617166
网址：http://www.cqup.com.cn
邮箱：fxk@cqup.com.cn（营销中心）
全国新华书店经销
印刷：重庆紫石东南印务有限公司
*
开本：787mm×1092mm　1/16　印张：14.5　字数：339千
2016年12月第1版　2022年8月第3版　2025年1月第20次印刷
印数：68 401—73 400
ISBN 978-7-5624-9542-0　定价：49.00元

编写人员名单

主　编　雷颖晖　珠海市第一中等职业学校

副主编　陈少瑜　珠海市第一中等职业学校

　　　　　梁永年　肇庆市工业贸易学校

参　　编（排名不分先后）

　　　　　蔡琳琳　广东机电职业技术学院

　　　　　王　菲　珠海市第一中等职业学校

　　　　　谢　淳　广州市机电技师学院

　　　　　陈健民　江门市第一职业高级中学

　　　　　李睿然　珠海市第一中等职业学校

　　　　　曾　涛　开平市吴汉良理工学校

　　　　　邓　兰　广州市财经商贸职业学校

　　　　　雷礼坤　珠海市中瑞文化传媒有限公司

　　《电子商务物流》于2016年公开出版，2019年被评选为"十三五"职业教育国家规划教材，受到了广大师生的认可。本书采用"项目→任务→活动"的方式编写，按照电子商务物流活动的工作过程进行设计，以项目为载体，以任务为驱动，突出学生主体地位，强化学生的物流技能训练，实现教、学、做一体化。

　　本书在第2版的基础上进行修订，有机融入了电子商务物流相关岗位能力要求、职业技能大赛要求、"1+X"职业技能等级证书标准、思政元素等，对本书内容进行了重构、优化，主要内容包括认识电子商务物流、物流模板设置与制作、商品采购管理、商品入库管理、商品在库管理、商品出库管理、商品售后管理、电子商务物流数据管理。

　　本书延续了第2版理实一体化的风格，增加思维可视化工具，项目任务以思维导图的形式呈现，项目评价以PMIQ表的形式进行，通俗易懂，便于学生理解和操作。每项活动完成后，通过"活动拓展"强化技能训练。

　　本书修订后，将教材配套数字化资源以二维码的形式呈现，实现了纸质教材+数字资源的完美结合，体现了"互联网+"新形态一体化教材理念。师生可以通过扫描书中的二维码查看和使用相应资源，便于教师的教和学生的学，实现高效课堂。

　　本次修订调整并补强了编写团队，参加本书修订的有珠海市第一中等职业学校雷颖晖、陈少瑜、王菲、李睿然，广东机电职业技术学院蔡琳琳，广州市机电技师学院谢淳，广州市财经商贸职业学校邓兰、肇庆市工业贸易学校梁永年，江门市第一职业高级中学陈健民，开平市吴汉良理工学校曾涛。其中项目1由雷颖晖编写，项目2由蔡琳琳编写，项目3由王菲编写，项目4由谢淳编写，项目5由邓兰、梁永年编写，项目6由陈健民编写，项目7由李睿然、曾涛编写，项目8由陈少瑜编写。全书由雷颖晖担任主编，负责统稿工作，陈少瑜、梁永年担任副主编，协助审稿，企业人员雷礼坤担任顾问，协助审稿。

　　本书的配套资料有电子课件、电子教案、习题答案、期中期末试卷及答案供教师参考，需要者可登录重庆大学出版社的资源网站（www.cqup.com.cn）下载。

　　本书在编写过程中，参考和引用了众多文献资料，在此向参考文献的作者和多年来使用本书的同行和读者表示诚挚的谢意。由于编者水平有限，书中难免有不妥和错误之处，敬请同行、读者批评指正。

编　者

2022年1月

本书结合电子商务物流活动的特点和中职学生的特点编写，可作为职业院校电子商务、物流、商贸类专业教材，也可以作为电子商务、物流企业在职人员岗位培训教材或自学用书。

本书采用"项目→任务→活动"的方式编写，以电子商务物流活动的工作流程来划分项目，包括认识电子商务物流、商品采购管理、商品入库管理、商品在库管理、商品出库管理、退换货管理和物流模板制作7个项目。

本书有以下特点：

1.以项目为载体，以任务为驱动，突出学生主体地位，强化学生的物流技能训练，实现学生实践能力和理论知识一体化融合。

2.突破知识体系界限，强调物流岗位综合能力训练，以工作流程来划分项目，每个项目包括几个具体相关的任务，每个任务分解为几个活动。

3.每个项目有一段"项目综述"，概括说明"项目背景""项目目标""项目任务"，明确学习的知识、技能、情感目标和具体内容；项目完成后通过"项目总结"对知识技能进行总结；课后通过"项目检测"回顾知识与技能掌握情况。

4.每个任务通过"情境设计"引入，让学生能够在真实的模拟情境中进行技能训练；每个"任务分解"为一系列的活动；任务完成后进行"合作实训"，学生合作完成，培养团队合作精神。

5.每项活动由介绍"活动背景"开始，分步骤组织"活动实施"，最后进行"活动评价"，完整重现活动的过程。

6.突出电子商务相关的物流专业技能训练和职业素质培养，讲练结合，穿插"知识窗""想一想""友情提示"等，帮助学生思考、理解和消化活动中涉及的知识与技能。

7.将全国职业院校技能大赛标准融入教材，以赛促教，以赛促学。

8.图文并茂、形式活泼，大量使用图表，力求通俗易懂。

9.注重校企合作，引入企业真实项目，企业专家全程参与教材编写，着力培养企业需要的应用型人才。

本书总共由7个项目组成，项目1由雷颖晖编写；项目2由胡月梅编写；项目3由李睿然、陈少瑜编写；项目4由肖祖亮、余钢衍编写；项目5由邝锦甜编写；项目6由朱峰、李睿然编写；项目7由蔡琳琳编写。全书由雷颖晖担任主编并负责统稿，邝锦甜、李睿然担任副主编并协助统稿，企业人员雷礼坤协助审稿。

本书配有电子课件和试卷供教师教学参考,需要者可到重庆大学出版社的资源网站(www.cqup.com.cn,密码和用户名: cqup)下载。

本书在编写过程中,参考和引用了国内外一些专家、学者、教师的有关资料和著作,在此一并表示谢意,如若涉及版权问题,请作者与重庆市版权保护中心联系获取稿酬。由于编者水平有限,书中难免有不妥和错误之处,敬请同行、读者批评指正。

编　者

2015年9月5日

IIII **项目1　认识电商物流**

IIII **项目2　物流模板设置与制作**

项目5　商品在库管理

项目8 电商物流数据管理

参考文献

项目 1
认识电商物流

项目综述

随着电子商务的迅猛发展，物流行业也从传统物流通过物流电子化而衍生出电子商务物流这一专业领域。电子商务物流（以下简称"电商物流"）是指直接服务于电子商务企业，在承诺的时限内能够快速完成，从而实现电子商务交易过程所涉及的物流服务。2021年是"十四五"规划开局之年，秉承创新驱动发展的理念，我国电商物流迎来了新的发展机遇。

惠多有限责任公司是一家大型的零售连锁企业（以下简称"惠多公司"），商品覆盖生鲜、食品饮料、文体办公、五金家电、家居用品、洗涤日化、针纺服饰等多个品类。为了满足消费者任何时候、任何地点、任何方式购买的需求，惠多公司近年来致力于发展实体渠道、电子商务渠道和移动电子商务渠道整合的全渠道零售模式，通过跟踪和积累消费者的购物全过程的数据，掌握消费者在购买过程中的决策变化，给消费者个性化建议，提升购物体验。今后公司还准备开拓农村市场和国际市场，发展农村电商和跨境电商业务。

"工欲善其事，必先利其器"，惠多公司意识到高效的物流是实现"以消费者为中心"的根本保证，配送人员的时效性、服务、态度、服饰、言语等都会对消费者产生影响。为此，惠多公司通过与某职业学校合作，对口培养电商物流专业人才。该校优秀学生罗莉有幸被安排到惠多公司电商物流部实习，她决定用最短时间学习各种知识，尽快找到适合自己的舞台。

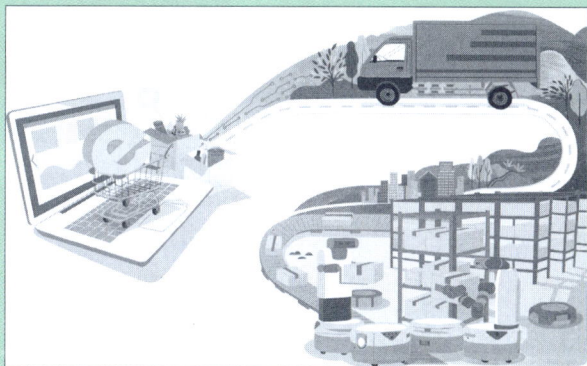

项目目标

知识目标

◇理解电商物流相关关键词的含义；
◇了解电商物流的相关政策；
◇掌握电商物流模式的概念、类型、特点；
◇熟悉电商物流相关指数。

能力目标

◇会运用互联网、搜索引擎搜集和整理信息；
◇能区分不同类型的电子商务物流模式；
◇能区分不同类型的物流公司和快递公司；
◇能说出电商物流部门的组织结构、工作流程和岗位职责。

素质目标

◇培育家国情怀，坚定文化自信，激发民族自豪感；
◇养成爱岗敬业、踏实肯干的工作作风；
◇增强沟通协调、团结协作的团队精神。

▣ 项目思维导图

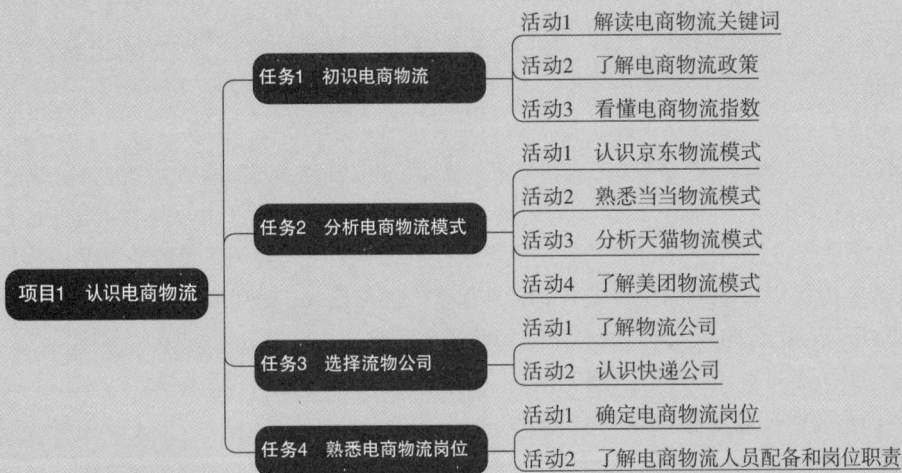

		活动1 解读电商物流关键词
	任务1 初识电商物流	活动2 了解电商物流政策
		活动3 看懂电商物流指数
		活动1 认识京东物流模式
项目1 认识电商物流	任务2 分析电商物流模式	活动2 熟悉当当物流模式
		活动3 分析天猫物流模式
		活动4 了解美团物流模式
	任务3 选择流物公司	活动1 了解物流公司
		活动2 认识快递公司
	任务4 熟悉电商物流岗位	活动1 确定电商物流岗位
		活动2 了解电商物流人员配备和岗位职责

》》》》》》》任务1
初识电商物流

情境设计

新冠肺炎疫情极大地改变了人们的消费习惯，加快了线上线下融合发展，提高了商品线上渗透的广度和深度，电商物流由此获得了新的规模化增长。罗莉意识到，"十四五"时期，我国物流业仍将处于重要战略机遇期，当机遇和挑战都有新的变化时，需要精准把握，提前谋划，做好准备。于是，罗莉赶紧上网，查找相关资料，更加深入地了解电商物流相关知识。

任务分解

罗莉的主要任务就是了解我国电商物流的关键词，学习国家颁布的最新电商物流政策及其意义，把握趋势，与时俱进。罗莉的主要任务分解为三大活动：解读电商物流关键词、了解电商物流政策、看懂电商物流指数。

任务实施

活动1　解读电商物流关键词

活动背景

罗莉通过观看新闻了解到，2021年政府工作报告中提出要"健全城乡流通体系，加快电商、快递进农村，扩大县乡消费""发展现代物流体系""推动国际物流畅通""推动快递包装绿色转型"，这是自2014年以来，"快递"连续8年被纳入政府工作报告，也是第二次强调"快递进农村。"在政府工作报告中两次提及"物流"，两次提及"快递"，一次提及"国际物流"，一次提及"无接触配送"。罗莉对这些关键词很感兴趣，如图1.1.1所示，她赶快打开电脑，上网查找相关资料。

2021年政府工作报告物流的关键词

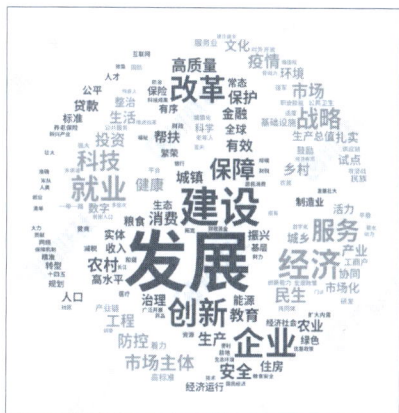

图1.1.1　2021年政府工作报告关键词
（出处：财联社统计报告）

活动实施

📖 知识窗

问题1：什么是物流？

中国的物流术语标准将物流定义为：物流是物品从供应地向接收地的实体流动过程中，根据实际需要，将运输、储存、装卸搬运、包装、流通加工、配送、信息处理等功能有机结合起来实现用户要求的过程。

物流的概念最早是在美国形成的，起源于20世纪30年代，原意为"实物分配"或"货物配送"。1963年被引入日本，日文意思是"物的流通"。20世纪70年代后，日本的"物流"一词逐渐取代了"物的流通"。中国的"物流"一词是从日文资料引进来的外来词，源于日文资料中对"Logistics"一词的翻译"物流"。

问题2：什么是快递？

快递又称速递或快运，是指物流企业（含货运代理）通过自身的独立网络或以联营合作（即联网）的方式，将用户委托的文件或包裹，快捷而安全地从发件人送达收件人的门到门（手递手）的新型运输方式。

快递有广义和狭义之分。广义的快递，是指任何货物（包括大宗货件）的快递；而狭义的快递，专指商务文件和小件的紧急递送服务。从服务的标准看，快递一般是指在48小时之内完成的快件送运服务。

2021年我国快递业务量已达1 000亿件,这是我国快递业务量首次突破千亿级别,已连续8年稳居世界第一,对全球市场增长贡献率超50%。

问题3: 什么是国内物流? 什么是国际物流? 两者有何不同?

国内物流是指一个国家内发生的物流活动,物流活动的空间范围局限在一个国家领土、领空、领海内。

国际物流是指物品从一个国家(地区)的供应地向另一个国家(地区)的接收地的实体流动过程。

国际物流是国内物流的自然延伸,它具备国内物流的一些基本属性。但是,国际物流与国内物流二者之间也有许多不同之处。国际物流与国内物流相比,在物流环境、物流系统、信息系统及标准化要求这4个方面存在着不同。

想一想

电子商务和物流之间有何关系?

第1步: 认识电商物流关键词。

打开百度搜索引擎,输入你想查找的关键词,如"即时物流",如图1.1.2所示。

从搜索结果中,查找电商物流关键词的含义,完成表1.1.1。

图1.1.2 百度搜索关键词

表1.1.1 解释电商物流关键词

电商物流关键词	基本含义
即时物流	
众包物流	
农村物流	
跨境物流	
智慧物流	
数字物流	
冷链物流	
无人机物流	
绿色物流	
无接触配送	

第2步: 收集电商物流关键词。

根据个人经验或者上网收集5个与电商物流相关的热门关键词,并说出其含义或者内容,完成表1.1.2。

表1.1.2 电商物流热门关键词收集表

序号	电商物流热门关键词	具体解释
1		
2		
3		
4		
5		

⊟ 小提示

2022年政府工作报告中出现了不少物流关键词，其中，3次提及"物流"，2次提及"运输"，1次提及"快递"，1次提及"陆海新通道"，1次提及"海外仓"，2次提及"绿色低碳"。我们要读懂这些关键词，坚定信心，直面问题挑战，以苦干实干之姿创造新的发展业绩。

活动拓展

上网收集5个与新物流有关的关键词，在课堂上与同学分享。

活动2　了解电商物流政策

活动背景

罗莉了解到，为健全现代流通体系，促进商贸物流提质降本增效，服务构建新发展格局，2021年8月，商务部等9部门联合印发《商贸物流高质量发展专项行动计划（2021—2025年）》（商流通函〔2021〕397号，以下简称《计划》），在全国范围内部署实施专项行动。她赶快上网，了解《计划》的相关内容。

商务部等9部门联合印发《商贸物流高质量发展专项行动计划（2021—2025年）》

⊟ 知识窗

问题1：什么是商贸物流？

商贸物流是指与批发、零售、住宿、餐饮、居民服务等商贸服务业及进出口贸易相关的物流服务活动，是现代流通体系的重要组成部分，是扩大内需和促进消费的重要载体，是连接国内国际市场的重要纽带。

问题2：商贸物流的新业态、新模式有哪些？

《计划》提出，鼓励批发、零售、电商、餐饮、进出口等商贸服务企业与物流企业深化合作，优化业务流程和渠道管理，促进自营物流与第三方物流协调发展。同时，推广共同配送、集中配送、统一配送、分时配送、夜间配送等集约化配送模式，完善前置仓配送、门店配送、即时配送、网订店取、自助提货等末端配送模式。

📖 **想一想**

自营物流和第三方物流有何不同?

活动实施

第1步: 访问中华人民共和国中央人民政府网,单击"政策",如图1.1.3所示。

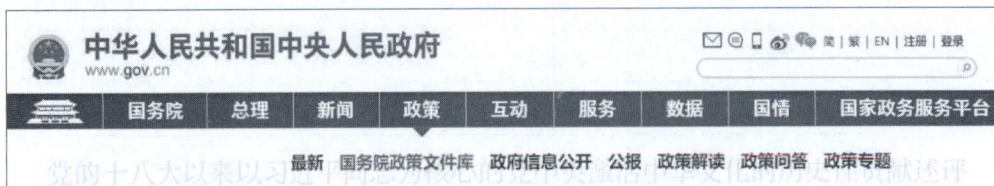

图1.1.3 中华人民共和国中央人民政府网站

选择"国务院政策文件库",进入搜索页面,输入关键词"物流"进行搜索,如图1.1.4所示。

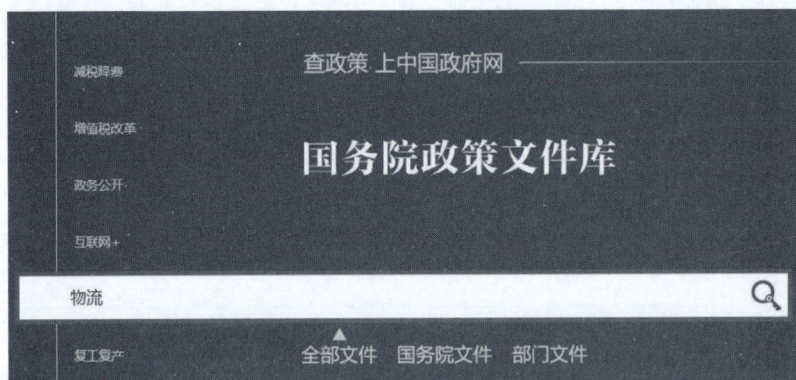

图1.1.4 搜索物流政策

在搜索结果中,选择一年内国务院发布与电子商务物流相关的文件,如图1.1.5所示。

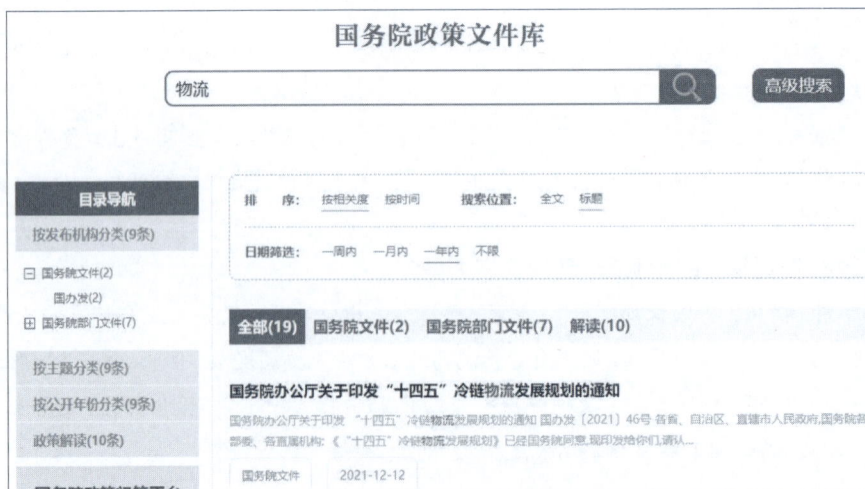

图1.1.5 搜索结果页面

第2步: 学习电商物流政策。

选择5个最新的与电商物流相关的政策,学习其相关内容,归纳出关键词,完成表1.1.3。

表1.1.3 电商物流政策

文件名称	发布时间	发文机关	电商物流关键词(不少于5个)

📖 小提示

2022年1月13日,国家发展改革委发布《"十四五"现代流通体系建设规划》,这是现代流通领域第一份五年规划,我们要认真学习其内容,积极进取,助力流通创新。

活动拓展

上网了解你所在省市的电商物流政策,归纳出关键词,并在课堂上与同学们分享。

活动3 看懂电商物流指数

活动背景

罗莉在网上看到中国物流与采购联合会和京东集团联合调查的2021年11月份中国电商物流运行指数为109.9点,比上月回落两个点。由于10月下旬新冠肺炎疫情多地散发,加之部分地区暴雪极寒天气对干线运输、中转配送和末端物流配送效率造成一定影响,特别是局部地区分拨站点、基层网点出现强制关停情况,对城市配送影响突出,相关指数回落。她立即上网查找相关指数,了解电商物流的最新发展情况。

活动实施

第1步: 了解电商物流运行指数。

📖 知识窗

问题:什么是中国电商物流运行指数?

2016年10月25日,中国物流与采购联合会和京东联合发布了中国电商物流运行指数(ELI)。电商物流运行指数由总业务量、农村业务量、库存周转、物流时效、履约率、满意度、实载率、成本、人员9个分项指数和1个合成指数构成。合成指数由总业务量、物流时效、履约率、满意度、实载率、成本、人员7个分项指数加权合成,合成指数称为中国电商物流运行指数。电商物流指数可以反映出产品升级、反映流通方式升级以及物流组织与管理升级的方向与趋势,因而对经济结构调整和国民经济转型升级具有启示作用。

登录"中国物流与采购联合会",如图1.1.6所示。在搜索栏输入关键词"中国电商物流运行指数",了解最新的中国电商物流运行指数,并分析其变化趋势。

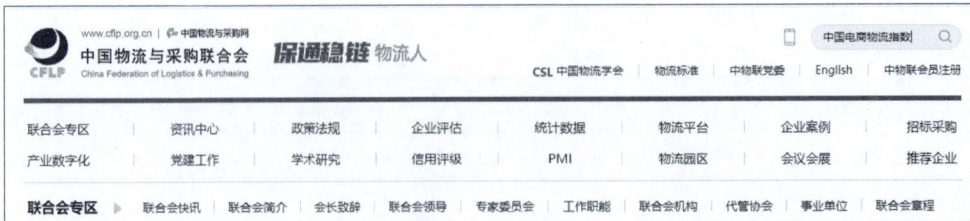

图1.1.6 中国物流与采购联合会首页

第2步：了解中国物流业景气指数。

📖 知识窗

问题：什么是中国物流业景气指数？

2013年3月5日中国物流与采购联合会、中国物流信息中心正式对外发布：今后，中国物流业景气指数将于每月5日上午9时通过媒体对外发布，主要发布官方网站为中国物流与采购联合会网站和中国物流信息中心网站。中国物流业景气指数体系主要由业务总量、新订单、从业人员、库存周转次数、设备利用率、平均库存量、资金周转率、主营业务成本、主营业务利润、物流服务价格、固定资产投资完成额、业务活动预期12个分项指数和1个合成指数构成。其中合成指数由以下5个指数加权合成业务总量、新订单、从业人员、库存周转次数、设备利用率，这个合成指数称为中国物流业景气指数，英文缩写为LPI。物流业景气指数LPI反映物流业经济发展的总体变化情况，以50%作为经济强弱的分界点，高于50%时，反映物流业经济扩张；低于50%，则反映物流业经济收缩。

登录中国物流与采购网，点击"统计数据"，查看我国物流业景气指数，并分析其变化趋势，如图1.1.7所示。

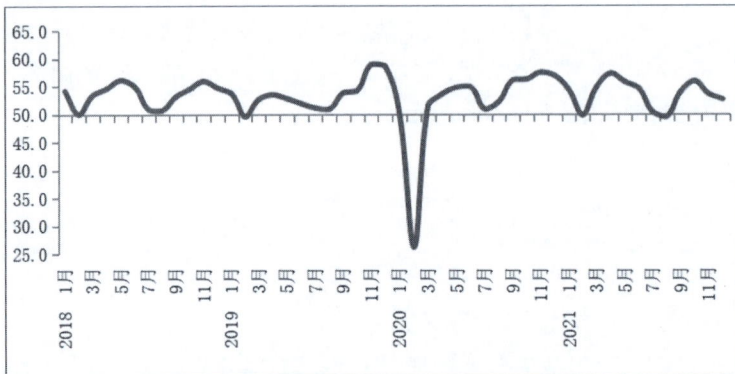

图1.1.7 LPI走势图/%

第3步：了解中国快递物流指数。

📖 知识窗

问题：什么是中国快递物流指数？

中国物流与采购联合会于2017年12月5日首次发布的中国快递物流指数，是一套立足于商务快件业务变化，通过监测行业、地区、市场主体使用商务快件情况，反映产业活动态势和快递物流行业发展的综合指标体系。中国快递物流指数由1个综合指数和若干个分项指数构成。

综合指数由商务快件指数、农村快件指数、跨境快件指数、时效指数、人员指数和成本指数等
分项指数加权构成。

　　登录中国物流与采购网，点击"统计数据"，了解最新的中国快递物流指数，如图1.1.8所
示，并分析其变化趋势。

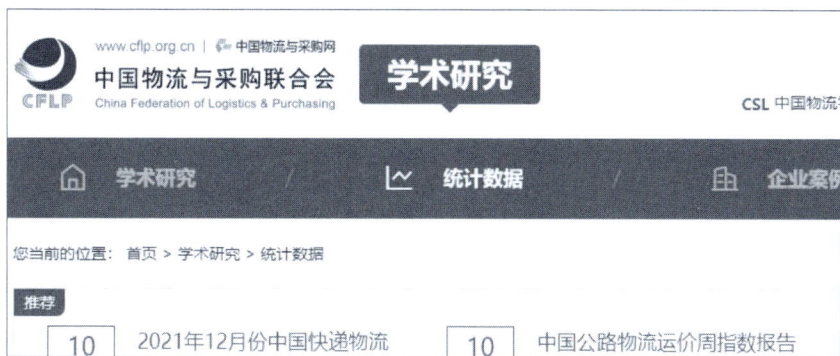

图 1.1.8　中国快递物流指数查询页面

收集最近一个月的电商物流相关指数，并分析其变化趋势，完成表1.1.4。

表1.1.4　电商物流相关指数

指数名称	发布时间	指数值	变化趋势
中国电商物流运行指数			
中国物流业景气指数			
中国快递物流指数			

做一做

　　查找还有哪些指数可以反映电商物流的变化情况。

活动拓展

　　快递100作为国内领先的第三方快递物流平台，近日推出大数据产品"百递指数"，将
大数据挖掘技术与信息整合能力进行结合，把脉快递物流行业风向。访问"百递指数"，
归纳其功能。

合作实训

　　2015年3月26日，国家邮政局在"2015中国快递论坛"上首次发布中国快递发展指数。中国
快递发展指数（CEDI）是基于中国快递发展的基本特征、规律，对一定时期中国快递发展程
度的量化评价，以2010年为基期，基期指数设定为100。中国快递发展指数指标体系包括发展
规模、服务质量、发展普及和发展趋势四个方面，共11个指标，数据来源为国家邮政局和国家
统计局。

　　4人为一组，根据我国物流业现状，上网收集资料，整理我国近一年的快递物流指数、快递
发展指数等物流最新数据并进行分析，制作成PPT，并在课堂上分享。

任务2
分析电商物流模式

情境设计

惠多公司在发展初期，由于业务量较小、资金不足，采用与第三方物流合作的模式完成线上消费者的物流配送问题。在企业发展进入稳健期后，随着业务量的增长，惠多公司把更多的精力放在了提高发货效率和客户体验方面，通过自建物流配送团队、第三方物流配送、自提柜、门店自提等方式完成"最后一公里"配送。部门经理要求罗莉结合公司的实际情况及销售范围，比较分析不同的电商物流模式，如图1.2.1所示，以提出好的建议。

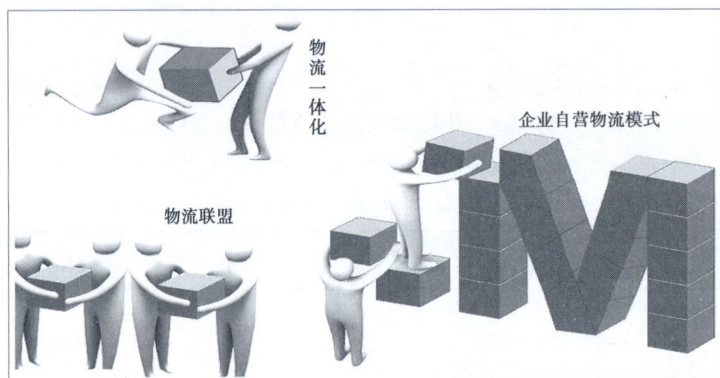

图1.2.1 电商物流模式的探寻

任务分解

惠多公司目前已经入驻京东、天猫等传统电商平台，拼多多、小红书、抖音等新型电商平台的业务也慢慢步入正轨，今后重点布局跨境电商平台。不同的电商平台采取的物流模式是不一样的，罗莉的主要任务是全面了解不同电商平台的物流模式。具体分解为四大活动：认识京东物流模式；熟悉当当物流模式；分析天猫物流模式；了解美团物流模式。

任务实施

🔲 知识窗

问题1：什么是电商物流模式？

电商物流模式主要指以市场为导向、以满足顾客要求为宗旨、获取系统总效益最优化的适应现代社会经济发展的模式。

问题2：国内电商物流模式主要有哪些？

国内电商物流主要有两种模式，如图1.2.2所示。一种是以阿里系的淘宝、天猫为代表的传统电商物流模式，商家自行负责商品仓储，接下订单后将包裹打包，之后交由快递企业，经过快件揽收、快件中转、干线运输、快件派送后，送至消费者。仓储主要包括打包、称重以及物流快递的对接，配送的环节主要分为揽收、称重、发运等，两者之间既复杂又存在重复环节。

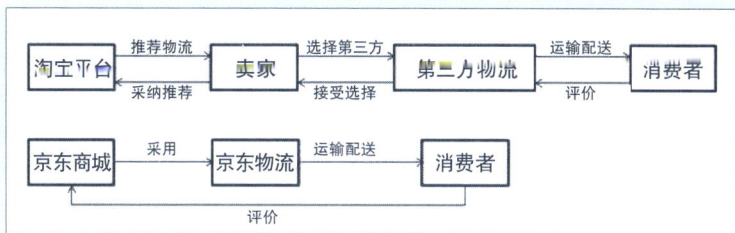

图1.2.2　两种电商物流模式流程图

　　另一种是以京东物流为代表的仓配一体化模式,如图1.2.3所示。京东为自营商品和平台上的商家提供仓储和配送一体化服务,在全国主要城市自建仓储物流中心和配送站,利用大数据分析配置存货和仓储资源,再统一配送,从而节省仓储和运输成本,提高存货周转效率,改善用户体验。

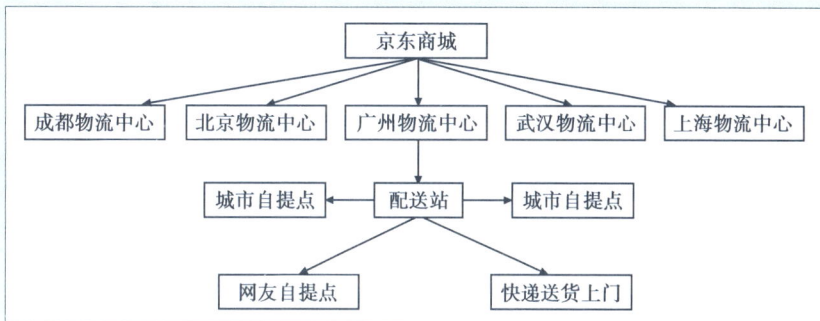

图1.2.3　京东物流模式流程图

活动1　认识京东物流模式

活动背景

　　在"双11"即将来临之际,京东小时购业务正式发布,标志着京东全面发力即时零售,物流提速至"小时达"甚至是"分钟达"。小时购业务已接入10万家全品类实体零售门店,商品种类也十分全面,包括生鲜蔬菜、蔬果花卉、医疗健康、数码家电、美妆护肤等20个大种类。罗莉希望通过本次活动,能够全面了解京东物流模式制胜的秘诀。

活动实施

🗔 知识窗

问题1:京东物流是怎么发展起来的?

　　京东集团自2007年开始自建物流;2012年正式注册物流公司;2016年以品牌化运营的方式全面对社会开放,向第三方商家提供物流服务;2017年正式成立京东物流集团;2018年,京东物流发布全球化战略,推出京东供应链、京东快递、京东快运、京东冷链、京东云仓、京东跨境六大产品,此后,个人快递业务上线,快运业务也加速布局;2021年5月,京东物流于香港联交所主板上市。京东物流是中国领先的技术驱动的供应链解决方案及物流服务商,以"技术驱动,引领全球高效流通和可持续发展"为使命,致力于成为全球最值得信赖的供应链基础设施服务商。京东物流发展历程如图1.2.4所示。

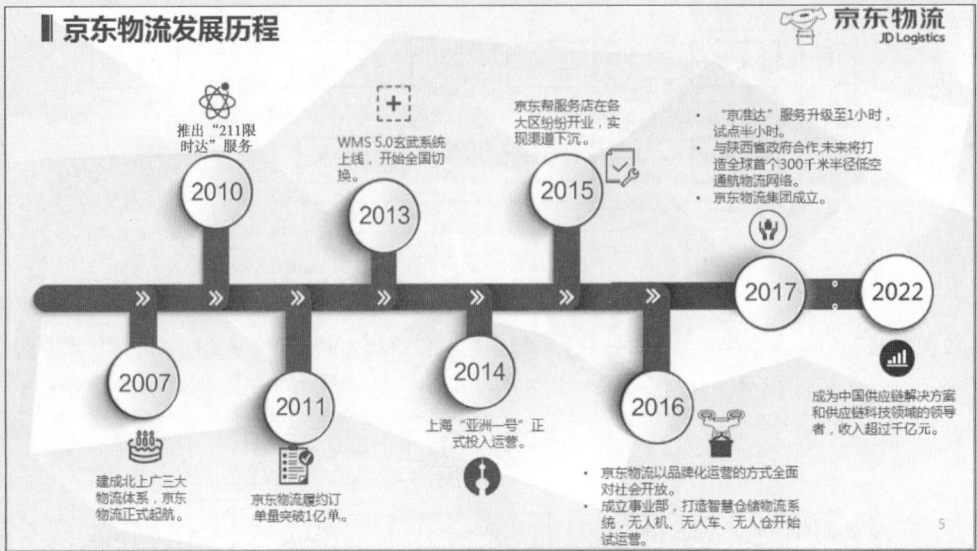

图1.2.4 京东物流发展历程

问题2：京东物流的主营业务及产品有哪些？

目前京东物流主要聚焦于快消、服装、家电家具、3C、汽车、生鲜等六大行业，发布了涵盖供应链、快递、冷链、快运、跨境、云仓在内的六大产品体系，如图1.2.5所示。京东物流的服务范围覆盖了中国几乎所有地区、城镇和人口，不仅建立了中国电商与消费者之间的信赖关系，还通过"211限时达"等时效产品，重新定义了物流服务标准。在2020年，京东物流助力约90%的京东线上零售订单实现当日和次日达，客户体验持续领先行业。

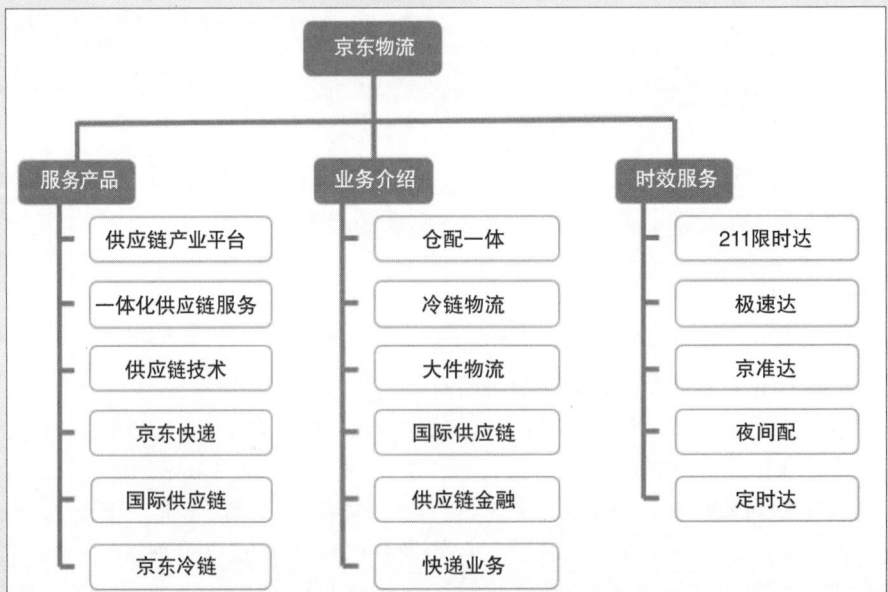

图1.2.5 京东物流主营业务及产品

🖥 想一想

什么是供应链? 京东的供应链有何特色?

第1步: 了解京东的物流模式。

(1)登录京东帮助中心,如图1.2.6所示。

| 送至: 广东 ∨ | | 你好, 请登录 免费注册 | 我的订单 | 我的京东 ∨ | 京东会员 | 企业采购 | 📱手机京东 ∨ | 关注京东 ∨ | 客户服务 ∨ | 网站导航 ∨ |

京东 帮助中心

首页　常见问题　自助服务　联系客服　新手指南

[　　　　　　　　　　　　　　　　　　　　　] **搜索**

常见问题分类	配送方式 > 京东配送服务说明 > 上门自提
购物指南 ▼	全部 ｜ 京东特色配送 ｜ 211限时达 ｜ 次日达 ｜ 大家电211 ｜ 极速达 ｜ 隔日达 ｜ 定时达 ｜ 夜间配
订单百事通 ▼	上门自提 ｜ 京东配送服务时效说明 ｜ 京准达 ｜ 京尊达 ｜ 快递到车

图1.2.6　京东帮助中心页面

(2)点击页面左上角的"送至"按钮,如图1.2.7所示,了解京东的配送范围。查询你所在地区是否属于京东的配送范围。

🖥 知识窗

问题:什么是配送?

配送几乎包括了所有的物流功能要素,是物流的一个缩影或在某小范围中物流全部活动的体现。一般的配送集装卸、包装、保管、运输于一身,通过这一系列活动完成。

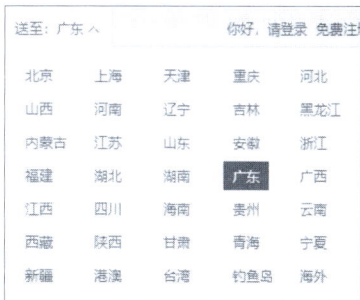

送至: 广东 ∧		你好, 请登录 免费注
北京	上海	天津	重庆	河北
山西	河南	辽宁	吉林	黑龙江
内蒙古	江苏	山东	安徽	浙江
福建	湖北	湖南	**广东**	广西
江西	四川	海南	贵州	云南
西藏	陕西	甘肃	青海	宁夏
新疆	港澳	台湾	钓鱼岛	海外

图1.2.7　京东配送范围查询页面

(3)点击"配送方式",了解京东的配送方式及说明,如图1.2.8所示。

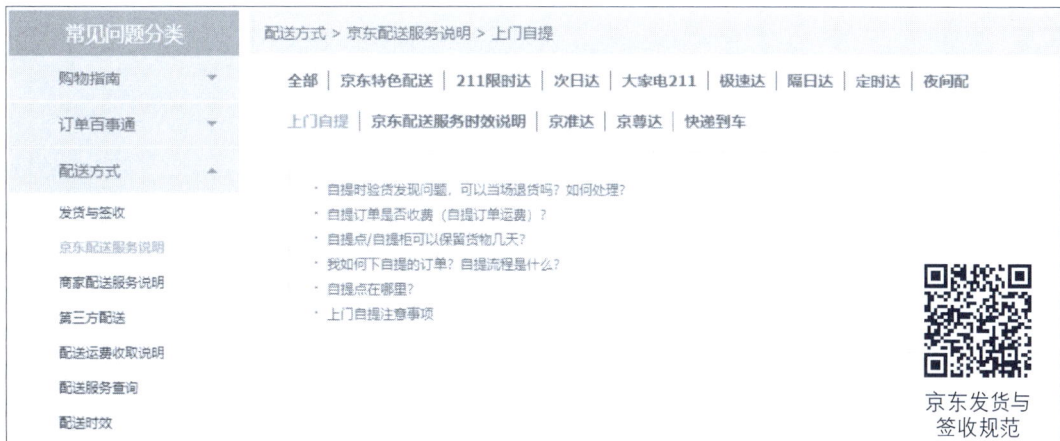

常见问题分类	配送方式 > 京东配送服务说明 > 上门自提
购物指南 ▼	全部 ｜ 京东特色配送 ｜ 211限时达 ｜ 次日达 ｜ 大家电211 ｜ 极速达 ｜ 隔日达 ｜ 定时达 ｜ 夜间配
订单百事通 ▼	上门自提 ｜ 京东配送服务时效说明 ｜ 京准达 ｜ 京尊达 ｜ 快递到车
配送方式	·自提时验货发现问题,可以当场退货吗?如何处理?
发货与签收	·自提订单是否收费(自提订单运费)?
京东配送服务说明	·自提点/自提柜可以保留货物几天?
商家配送说明	·我如何下自提的订单?自提流程是什么?
第三方配送	·自提点在哪里?
配送运费收取说明	·上门自提注意事项
配送服务查询	
配送时效	

京东发货与
签收规范

图1.2.8　京东配送方式

(4)认识京东的特色配送服务,完成表1.2.1。

表1.2.1 京东特色配送服务

服务名称	基本含义	服务说明
211限时达		
次日达		
夜间配		
京尊达		
极速达		
隔日达		
京准达		

（5）点击"配送"运费收取说明，了解京东商品运费规则，如图1.2.9所示。

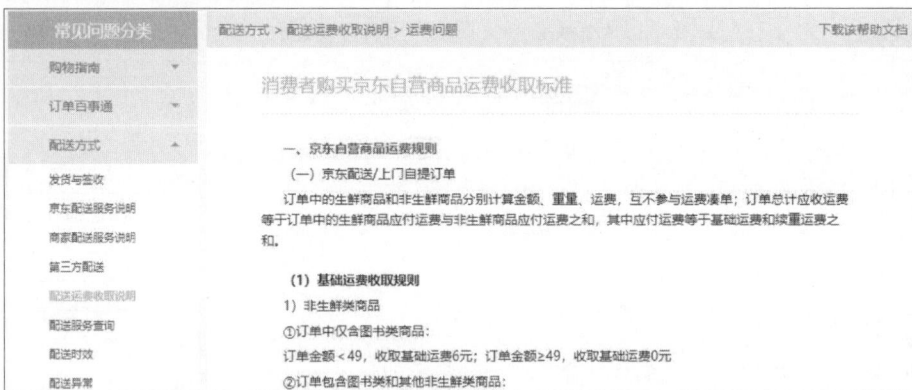

图1.2.9 京东配送运费收费说明页面

（6）查询配送服务。点击"配送服务查询"，输入需要配送的地址，查看该地址支持的配送服务和时间，如图1.2.10所示。

图1.2.10 配送服务查询页面

（7）处理配送异常。点击"配送异常"，了解配送异常的具体表现和处理方法，如图1.2.11所示。

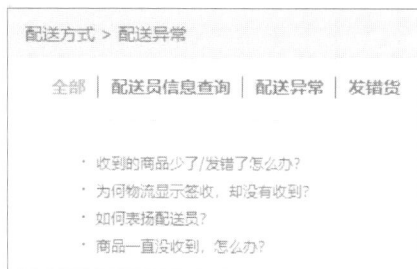

图1.2.11 配送异常页面

第2步： 认识京东物流。

访问京东物流网站，如图1.2.12所示，了解京东物流的功能及核心服务。

图1.2.12 京东物流网站首页

（1）运费与时效查询

点击"运费&时效查询"，输入寄件地、目的地、寄件时间、重量、体积，点击"立即查询"，查询相关信息，如图1.2.13所示。

图1.2.13 运费&时效查询页面

（2）网点查询

点击"网点查询"，进入网点查询页面，输入查询地址查询网点，如图1.2.14所示。

（3）配送范围查询

点击"配送范围"，进入配送范围查询页面，如图1.2.15所示，输入你所在地的地址，查询配送范围。

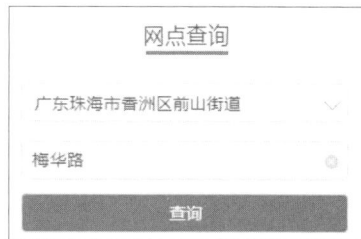

图1.2.14 网点查询页面

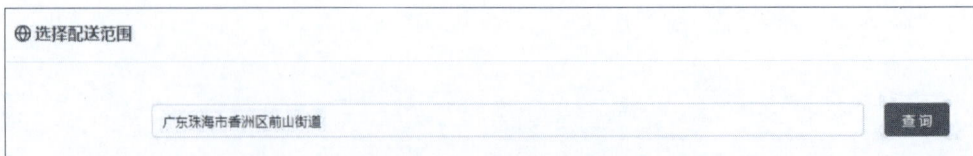

图1.2.15　配送范围查询

（4）寄件

点击"我要寄件"，了解不同寄件方式的下单流程，如图1.2.16所示。

图1.2.16　"我要寄件"页面

（5）核心服务

点击"物流服务"，了解京东物流的核心服务内容，如图1.2.17所示。

图1.2.17　京东物流核心服务分布

小提示

"包裹的旅行"是京东快递推出的记录用户在寄快递过程中的绿色环保及减碳行为的活动，平均每个包裹通过"绿色包装"措施可减少碳排放400克。我们要和京东一起，推广绿色消费、低碳生活理念，向绿色生活转型。

活动拓展

京东商城自建物流，是为了保证全国各地的客户都能在京东购物，对于自营配送无法送达的订单，京东会委托专业的第三方快递公司进行配送。登录京东"帮助中心"，了解京东"第三方配送"服务的说明。

活动2　熟悉当当物流模式

活动背景

年底了，电商物流赶上春运，网购年货哪家快呢？罗莉听说当当网与第三方物流公司合作，可以实现"当日达"，她抱着试一试的心态，早上10点在当当网下单给老家买了一箱新年糖果，结果下午5点就送到了。究竟当当网的物流模式有何成功之处呢? 罗莉马上去一探究竟。

活动实施

□ 知识窗

问题1: 什么是第三方物流?

第三方物流(3PL)是由相对"第一方"发货人和"第二方"收货人而言的第三方专业企业来承担企业物流活动的一种物流形态。服务内容包括设计物流系统、EDI 能力、报表管理、货物集运、选择承运人、货代人、海关代理、信息管理、仓储、咨询、运费支付和谈判等。

问题2: 当当网的物流模式有何特色?

当当网在大型城市建立了自己独立的配送中心, 北京、上海、广州、成都、武汉的五大物流中心总面积已达10万平方米; 在配送方面, 当当网在完成城际运输后, 选择与当地的第三方物流公司合作, 而并未自建各地配送队伍; 小型城市及偏远地区以邮政方式为主。

□ 想一想

除了当当网以外, 还有哪些电商平台采用第三方物流模式?

第1步: 了解常见配送问题及解答。

登录当当网官方网站, 如图1.2.18所示。在首页底部选择一种"配送方式", 点击进入帮助中心。

购物指南	支付方式	订单服务	配送方式	退换货	商家服务
购物流程	网上支付	配送服务查询	当日达	退换货服务查询	商家中心
发票制度	礼品卡支付	订单状态说明	次日达	自助申请退换货	运营服务
服务协议	银行转帐	自助取消订单	订单自提	退换货进度查询	
会员优惠	礼券支付	自助修改订单	验货与签收	退款方式和时间	

图1.2.18 当当网首页

在当当网帮助中心点击"常见问题", 如图1.2.19所示, 了解配送常见问题的解答, 也可以搜索你感兴趣的配送问题进行查询。

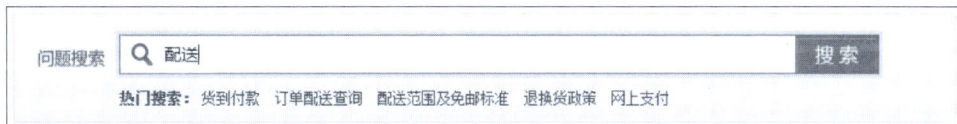

问题搜索 🔍 配送 搜索

热门搜索: 货到付款 订单配送查询 配送范围及免邮标准 退换货政策 网上支付

图1.2.19 问题查询页面

第2步: 查询配送服务。

在当当网帮助中心, 点击左侧"配送服务"栏目, 进入"配送服务查询"页面, 输入配送地址, 查询该地址支持的配送服务和周期, 如图1.2.20所示。

第3步: 了解当当网配送服务。

在"配送服务"栏目, 选择不同的配送服务进行查询, 完成表1.2.2。

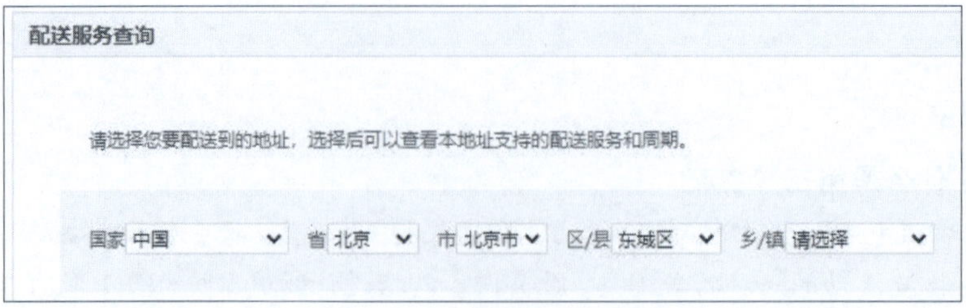

图1.2.20　配送服务查询页面

表1.2.2　当当网配送服务

服务项目	服务说明	注意事项
当日递		
次日达		
海外		
中国港澳台地区配送		
丰巢自提柜		
订单和包裹配送		

第4步：了解快递说明及运费规则。

在“配送服务”栏目，选择“快递说明及运费规则”，了解当当网配送服务收费标准及运费规则，如图1.2.21所示。

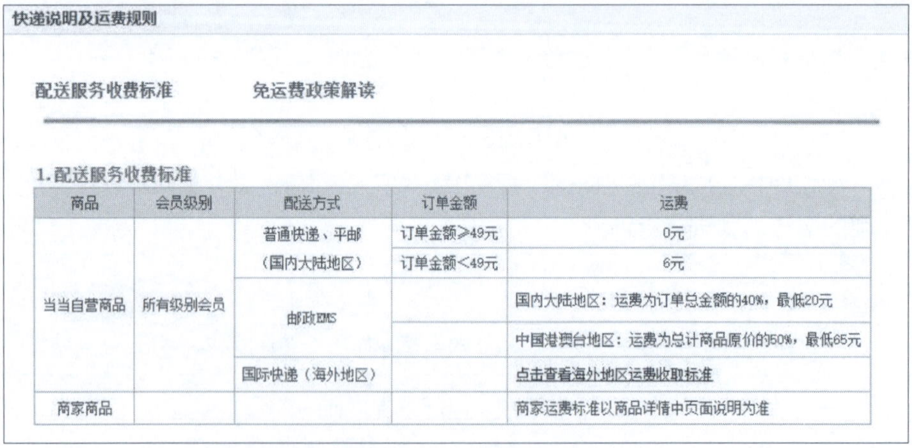
快递说明及运费规则

配送服务收费标准　　免运费政策解读

1.配送服务收费标准

商品	会员级别	配送方式	订单金额	运费
当当自营商品	所有级别会员	普通快递、平邮（国内大陆地区）	订单金额≥49元	0元
			订单金额<49元	6元
		邮政EMS		国内大陆地区：运费为订单总金额的40%，最低20元
				中国港澳台地区：运费为总计商品原价的50%，最低65元
		国际快递（海外地区）		点击查看海外地区运费收取标准
商家商品				商家运费标准以商品详情中页面说明为准

图1.2.21　快递说明及运费规则页面

活动拓展

唯品会通过“干线+落地配”的物流模式，由自家仓储中心配送至目标城市，再选择当地的快递公司做“送货上门”的二次落地配送。访问唯品会网站，分析其物流模式的优势。

活动3 分析天猫物流模式

活动背景

罗莉在11月1日0点30分付尾款，0点35分收到了天猫"双11"的第一个快递：法国进口的化妆品，包裹上贴着一个"预售极速达"的红色贴纸。"预售极速达"是菜鸟在大促期间针对预售商品推出的极速物流服务，通过将消费者已支付订金的预售商品提前下沉到离收货人最近的快递站点，消费者一旦支付尾款，菜鸟即可从楼下就近发货，实现最快分钟级送达，如图1.2.22所示。她觉得菜鸟这种"楼上下单楼下发货"的物流体验非常好，所以想进一步探寻菜鸟的物流模式。

图1.2.22 菜鸟预售极速达

📋 知识窗

问题1：什么是第四方物流模式？

第四方物流是指一个物流集成商。它调集和管理组织自己的以及具有互补性的服务提供商的资源、能力和技术，以提供一个综合的物流解决方案。它是建立于第三方物流和物流联盟基础之上并发展而来的一个新的物流模式。例如，菜鸟网络作为一家以大数据技术为核心的科技公司，实质上是定位于国内最大的第四方物流公司(4PL)，菜鸟的核心业务分布如图1.2.23所示。

问题2：菜鸟网络是一家什么样的公司？

菜鸟网络科技有限公司（以下简称"菜鸟"）是一家客户价值驱动的全球化产业互联网公司，成立于2013年，由阿里巴巴、顺丰、三通一达（申通、圆通、中通、韵达）等共同组建。菜鸟的目标是与物流合作伙伴一道，加快实现"全国24小时，全球72小时必达"，如图1.2.24所示。

菜鸟整合了上千家优质物流服务商，在全国12个节点城市建设仓储系统，通过社会化协同的方式形成一张覆盖全国的骨干网络；搭建无缝的全球网络，打通进口线路，各国邮政信息直连，设立多个海外仓，货通217个国家和地区；超过1 200个村全部实现了村淘商品送货入村；全国拥有超过2万个菜鸟驿站，解决最后一公里物流；大家电配送实现2 800多个区县送货入户，甚至能覆盖至珠峰脚下。菜鸟网络接下来将在快递、仓配、跨境、农村和驿站五大战略方向发力，力争早日实现包裹国内24小时送达，全球72小时必达的目标，如图1.2.25所示。

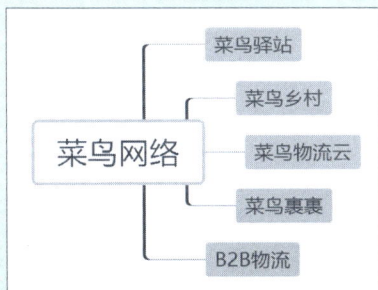

图1.2.23 菜鸟核心业务分布

图1.2.24 菜鸟的目标

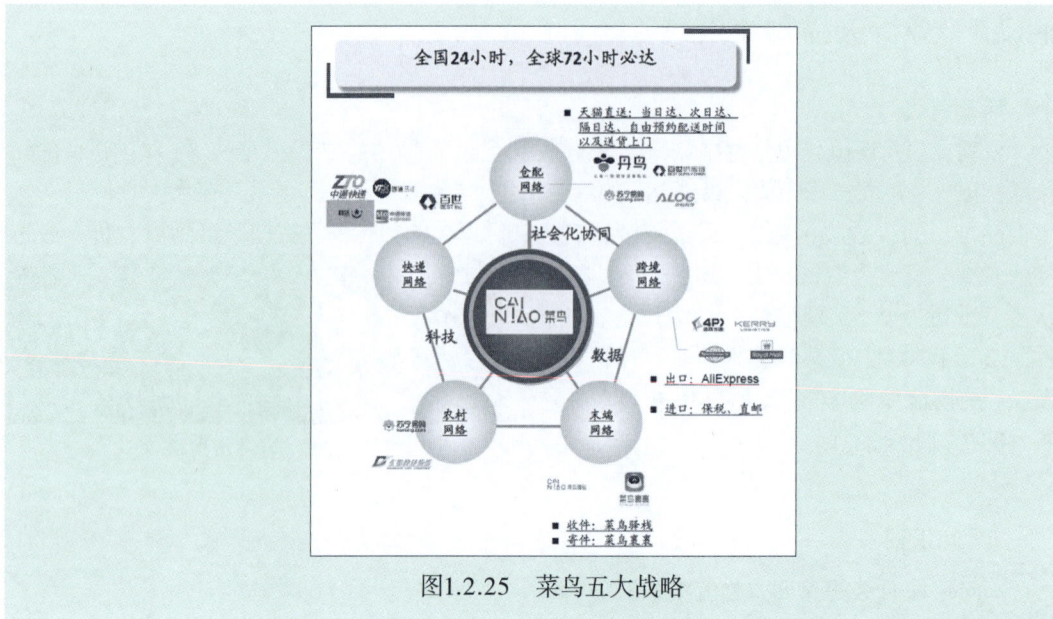

图1.2.25 菜鸟五大战略

第1步: 了解菜鸟裹裹。

📋 **知识窗**

问题: 什么是菜鸟裹裹?

菜鸟裹裹是菜鸟网络提供快递服务的应用软件, 提供寄快递、查快递、取快递功能服务。菜鸟裹裹支持菜鸟App、手机淘宝/支付宝/微信搜索菜鸟裹裹小程序下单预约, 快递员2小时内上门取件, 同时可在线下智能寄件机、快递点到站寄件, 实现多种方式寄快递。

访问菜鸟裹裹网站, 如图1.2.26所示, 概括菜鸟裹裹的功能, 并输入快递单号进行查询。

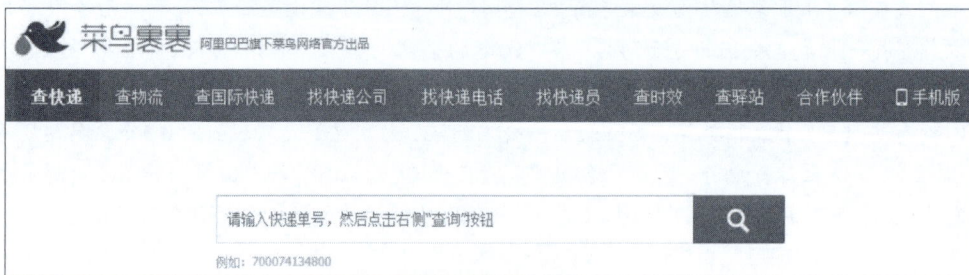

图1.2.26 菜鸟裹裹页面

第2步: 认识菜鸟驿站。

📋 **知识窗**

问题: 什么是菜鸟驿站?

菜鸟驿站是一个由菜鸟网络牵头建立面向社区和校园的物流服务平台, 为网购用户提供包裹代收服务, 致力于为消费者提供多元化的最后一公里服务。

菜鸟驿站最早出现于校园，是为专门解决高校快递最后一公里而提出的解决方案。2015年，菜鸟驿站开始进入小区，面向所有快递企业开放，为网购用户提供包裹代收、寄递服务。2019年，菜鸟驿站智能柜开通刷脸取件功能。2020年，菜鸟驿站进行数字化升级，依托全套智能科技，带来日常服务无感体验，如图1.2.27所示。2021年4月15日，菜鸟驿站开始免费送货上门。

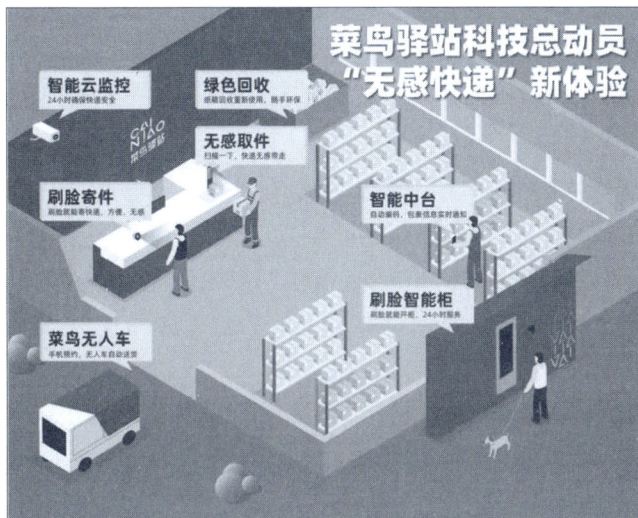

图1.2.27　菜鸟驿站无感快递新体验

🗄 想一想

"无感快递"与传统快递相比有何优势？

访问菜鸟官网，在"消费者服务"中分别选择"社区驿站""校园驿站"，如图1.2.28所示，了解两种不同驿站的特点和优势。

图1.2.28　菜鸟官网首页

第3步：了解菜鸟乡村。

🗄 知识窗

问题：什么是菜鸟乡村？

菜鸟乡村物流是由菜鸟网络牵头，通过整合市级的快递、电商平台、商家及经销商等；以系统技术支持与打通的形式，将阿里巴巴农村淘宝的订单或淘宝平台的其他订单，导入县域的服务中心及合作网点，通过与县域物流合作伙伴的合作，由合作伙伴的班车将资源送达农村淘宝村点及乡镇直营网点，最终服务于广大乡村的村民和商家，形成由"市—县—镇—村"的智能物流服务网络，如图1.2.29所示。

访问菜鸟乡村网站，了解菜鸟乡村的业务、资讯和发展现状，如图1.2.30所示。

图1.2.29 菜鸟乡村业务

菜鸟乡村

拓展省份	覆盖县区	乡镇网点
29 个	1200 +	30000 +

菜鸟乡村物流通过以IoT设备为基础的"技术系统"，打造以县域共配中心、乡镇共配服务站为依托的农村末端共配服务体系；推动农村物流基础设施升级，帮助县域快递企业降本提效，提升乡村消费者快递服务体验；此外，还将整合共配网络和阿里巴巴电商资源，带动地方农货上行，为农民增收。

图1.2.30 菜鸟乡村页面

第4步： 认识菜鸟直送。

📅 **知识窗**

问题：什么是菜鸟直送？

2019年5月，菜鸟推出丹鸟物流，整合了东骏物流等多家区域性落地配公司，主打本地生活物流，业务覆盖生鲜、酒饮、食品等领域。2020年8月，丹鸟物流的微信公众号正式更名为"菜鸟直送"，是由菜鸟整合旗下丹鸟物流、点我达以及蓝豚运力的新物流品牌。在菜鸟的品牌矩阵中，菜鸟直送属于商家物流部分，如图1.2.31所示。菜鸟直送定位于构建立体化同城

消费者物流	商家物流	行业服务	IP资产
菜鸟乡村	菜鸟直送	菜鸟联盟	菜鸟科技与IOT
菜鸟驿站	菜鸟国际	菜鸟地网	菜鸟绿色行动
菜鸟裹裹	菜鸟供应链	菜鸟金融	菜鸟收获节

图1.2.31 菜鸟品牌矩阵

配送网络，服务产品包括O2O同城配、B2C仓配、B2C家装、B2B城配、B2B干线，服务能力覆盖超过350个城市，全国有3 000个站点，配送员运力池达到400万以上。目前主要客户包括天猫、支付宝、农村淘宝、零售通、阿里健康、盒马、百果园等。

访问菜鸟直送网站，如图1.2.32所示，了解菜鸟直送的服务能力、服务优势、服务产品和服务客户。

让每一份期待温暖抵达
构建立体化同城配送网络

图1.2.32 菜鸟直送页面

📋 小提示

全国每天的快递包裹量已超3亿件，其中1/3在农村地区。物流科技加持下，乡村群众收寄快递的体验也有了进一步的改善，每个包裹的物流周期平均可以缩短2~3个小时。我们也要认真学好物流科技，为乡村振兴赋能。

天猫国际"晚到必赔"服务规范

第5步：认识菜鸟国际网络。

访问菜鸟国际网络网站，如图1.2.33所示。

图1.2.33　菜鸟国际网络页面

了解菜鸟国际网络的网络能力、商家服务和消费者体验，完成表1.2.3。

表1.2.3　菜鸟国际商家服务项目

服务项目	服务对象	业务流程	商家价值	使用对象

活动拓展

菜鸟B2B物流以覆盖全国的B2B仓配网络与大数据决策平台为基础，构建专业、高效、协同的供应链一体化服务。访问菜鸟官网，了解菜鸟B2B物流的服务能力、优势。

活动4　了解美团物流模式

活动背景

为了抗击新型冠状病毒肺炎疫情，美团外卖在国内率先推出"无接触配送"，通过骑手和用户约定将商品放置到指定位置，如公司前台、家门口，通过减少面对面接触，保障用户和骑手在收餐环节的安全，如图1.2.34所示。最近，罗莉在美团点外卖时发现，取到外卖的同时，还会收到一份由当地市场监管局制作的"疫情防控温馨提示"宣

图1.2.34　无接触配送服务

传单，上面写着一些当前防疫应该注意的事项及要求，罗莉在享受美味外卖的同时也提高了防控意识。

活动实施

问题1：什么是物流联盟？

物流联盟是以物流为合作基础的企业战略联盟，它是指两个或多个企业之间，为了实现自己生产发展目标、物流战略目标等物流相关战略目标，通过各种协议、契约而结成的优势互补、风险共担、信息共享、利益共享的组织。

2018年1月10日，美团在中国物流与采购联合会指导下，联合UU跑腿、领趣、快服务、闪送等4家行业企业发起成立共享配送联盟，旨在加强相关组织与组织之间，企业与企业之间的联动与协同，通过行业自治，建立一套行之有效的管理办法，加大各个企业之间的信息共享，建立共享配送员统一准入机制以及行为标准等工作。共享配送联盟制定了共享配送员公约，各联盟成员平台内配送员依照公约统一管理，制订行为规范，一旦触犯红线将被记入行业非诚信名单。

问题2：美团配送有何优势？

美团配送是美团旗下的即时物流平台，拥有强大的实时配送网络，满足商户、消费者的多种需求。目前，美团配送单日完成订单量突破4 000万，平均每单配送时间仅30分钟，已经连接起630万商家、4.6亿消费者、近400万骑手和各类生态合作伙伴，逐渐建立了全国覆盖密度最高、范围最广的即时配送网络，能够根据不同场景，为不同规模和不同业态的商家提供定制化的物流方案和全方位的高效配送服务。

想一想

除了美团，还有哪些即时物流平台？

第1步：了解美团的发展历程。

访问买购网，在搜索框输入"美团发展历程"，在搜索结果中选择"一图看懂美团架构"，如图1.2.35所示，了解美团发展历程，并谈谈你的体会。

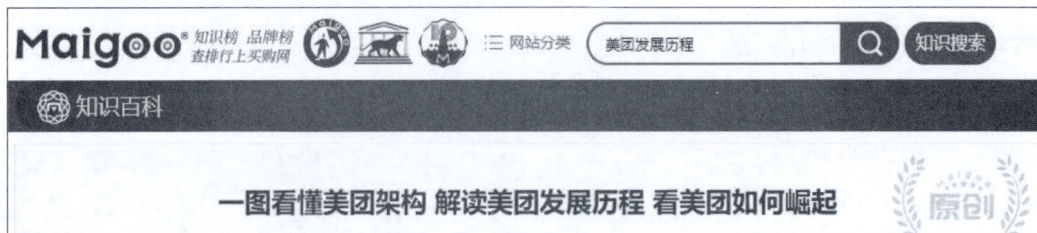

图1.2.35 买购网搜索页面

第2步：认识美团配送。

访问美团配送网站，如图1.2.36所示。

图1.2.36 美团配送首页

了解美团配送的优势、解决方案和配送科技,完成表1.2.4。

表1.2.4 美团配送行业解决方案

面向行业	行业特点	解决方案	服务优势	成功案例
美食饮品				
商超便利				
生鲜果蔬				
鲜花绿植				
医药健康				

📋 小提示

疫情防控期间,人工智能、5G等技术加持的无人车、无人机等"无人科技"依托零接触、多功能、全天候等优势深入抗疫一线,有效减轻了工作人员的劳动负荷,降低了交叉感染的风险。让我们为这些既"可爱"又"能干"的"配送员"点赞,用科技手段为抗疫筑起智慧防线。

活动拓展

DRS评分是指店铺的动态评分,包括三方面的评分:描述相符、服务态度、发货速度。客户在店铺购物并确认收货后需要对店铺进行这三方面的评分,满分为五星。商城也会把店铺的DRS评分与同行业的相比较,如图1.2.37所示。说说如何才能提高惠多公司网上店铺的物流评分。

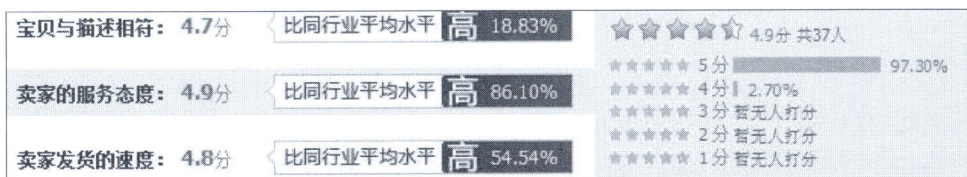

图1.2.37 店铺DRS评分

合作实训

4人为一组,分别登录以下网站,对其物流模式进行对比分析,完成表1.2.5。

表1.2.5 电子商务网站物流服务对比分析表

网站名称	物流模式	特色服务	送货范围	送货时间
抖音电商				
苏宁易购				
唯品会 品牌特卖				
拼多多				

》》》》》》任务3
选择物流公司

情境设计

如何选择一家省心又省钱的物流公司呢？罗莉觉得在选择物流合作时，不要把鸡蛋放在同一个篮子里，要先对各种类型的物流公司有一个全面的认识，通过对比分析不同物流公司的优缺点，根据企业不同的需要和产品的特性组合选择物流公司，相互补充，降低成本。目前，我国电商物流服务提供方主要包括苏宁、京东等电商平台自建物流，EMS、顺丰、"通达系"等快递公司，如风达等落地配公司，以及人人快递等众包企业。

任务分解

罗莉觉得惠多公司站在卖家的角度，在选择物流公司时，要考虑的主要因素包括资质、价格、运输速度、服务等。罗莉的主要任务分解为两个活动：了解物流公司、认识快递公司。

任务实施

🗓 知识窗

问题：什么是物流公司？

物流公司指从事物流活动的经济组织，即至少从事运输（含运输代理、货物快递）或仓储一种经营业务，并能够按照客户物流需求对运输、储存、装卸、包装、流通加工、配送等基本功能进行组织和管理，具有与自身业务相适应的信息管理系统，实行独立核算、独立承担民事责任的经济组织。

活动1　了解物流公司

活动背景

中国已成为全球第一快递大国,而电商物流衍生出多种业态,并朝着多元化、智能化、开放化、国际化方向发展,主要包括①物流快递类:顺丰、申通、圆通、韵达等;②电商物流类:苏宁物流、菜鸟、京东物流等;③跨境物流类:斑马物联网、风行全球送、快鸟转运等;④即时物流类:美团配送、蜂鸟即配、UU跑腿等;⑤同城货运类:货拉拉、快狗打车、滴滴货运等;⑥最后一公里类:速递易、丰巢、E邮柜、菜鸟驿站等;⑦智慧物流服务商:筋斗云、炬星科技等;⑧大众物流网络类:网盛运泽、传化智联等。罗莉希望通过全面了解电商物流公司的基本情况,选出最合适公司业务发展的合作伙伴。

活动实施

第1步:了解电商物流公司的排名及基本情况。

访问买购网,输入关键词"电商物流"进行搜索,如图1.3.1所示。

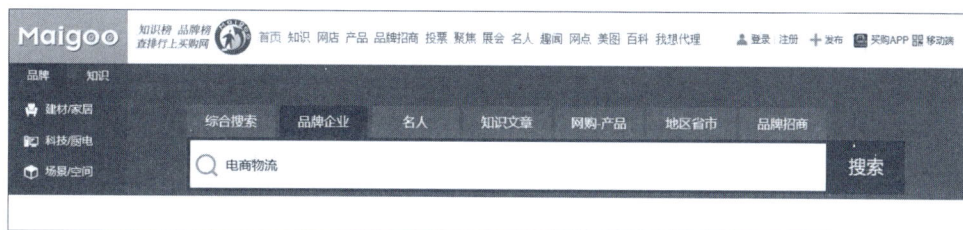

图1.3.1　买购网搜索页面

在搜索结果中点击页面相关分类,了解不同类型排名前3的物流公司基本情况,完成表1.3.1。

表1.3.1　物流品牌排行情况

企业类型	排名	企业名称	创立时间	发源地	企业愿景
物流类	1				
	2				
	3				
仓储物流类	1				
	2				
	3				
快递类	1				
	2				
	3				

续表

企业类型	排名	企业名称	创立时间	发源地	企业愿景
快递代收类	1				
	2				
	3				
同城配送类	1				
	2				
	3				

第2步: 知道物流公司和快递公司的区别。

利用百度搜索引擎收集相关信息,归纳物流公司和快递公司的区别,并进行分享。

知识窗

问题: 快递公司和物流公司有何不同?

快递公司是小件货物的快速运输,主要为个人服务,大部分运送的是50 kg以下的货物,如衣服、生活用品、少批量电子产品等,一般是小件和单件;物流公司主要为企业服务,主要运输大型货物。快递公司是由各个网点的快递员上门发货送货,而物流公司基本上是专线运输、拼箱运输或者零担运输等。快递公司的货物是空运,时间快,但是费用比较高;物流公司大多是陆运,时间长,但费用相对较低。快递公司每收到一个货物都有一个快递单号,用来给每件产品分类和查询,而物流公司基本上没有快递单号,很难在网上查询。大的快递公司在全国有很多的服务网点,每个省、市、县甚至每个乡都有自己的公司网点,而物流公司则没有这么多网点,一般仅在比较大的地区设点。

说一说

你知道的快递公司有哪些?

活动拓展

登录买购网,了解国际快递类公司的排名和基本情况。

活动2 认识快递公司

活动背景

对于"四通一达"、宅急送、顺丰、EMS,惠多公司选择与哪个快递公司合作最合适?不同的商品选择快递公司还是物流公司比较好呢?在性价比和用户体验的双重标准下,如何才是最佳选择?罗莉希望通过本活动,可以尽快找到答案。

活动实施

🖳 知识窗

问题：国内有哪些快递公司？

国内快递公司主要分为四类：第一类是外资快递企业，包括联邦快递（FedEX）、敦豪（DHL）、天地快运（TNT）、联合包裹（UPS）等，它们具有丰富的经验、雄厚的资金以及发达的全球网络。第二类是国有快递企业，包括中国邮政（EMS）、民航快递（CAE）、中铁快运（CRE）等，它们依靠其背景优势和完善的国内网络而在国内快递市场处于领先地位。第三类是大型民营快递企业，包括顺丰速运、宅急送、申通快递、韵达快递、圆通快递等，在局部市场站稳脚跟后已逐步向全国扩张。第四类是小型民营快递企业，规模小、经营灵活，但管理比较混乱，主要经营特定区域的同城快递和省内快递业务。各快递公司标志如图1.3.2所示。

图1.3.2 快递公司标识

第1步：了解外资快递公司。

登录联邦快递官网，如图1.3.3所示，全面了解联邦快递公司的发展情况、服务内容。

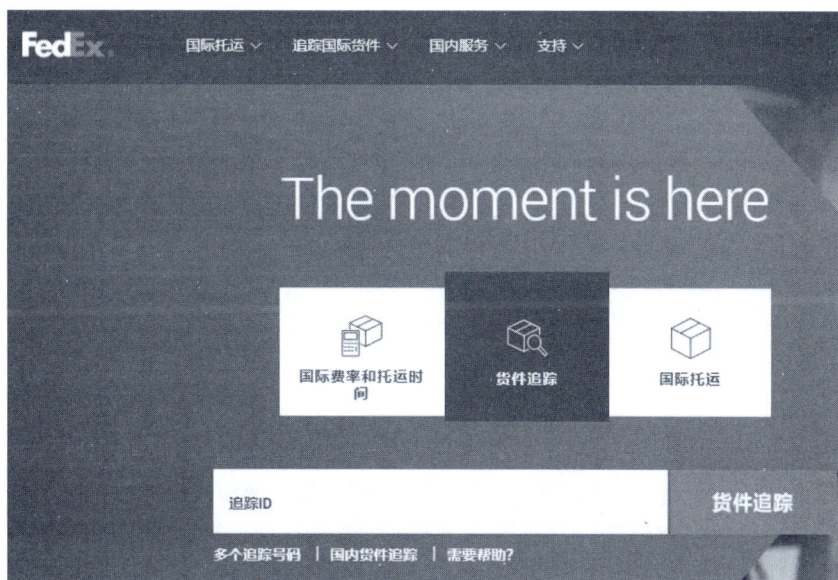

图1.3.3 联邦快递网站

第2步：认识国有快递公司。

登录中国邮政速递物流（EMS）网站，如图1.3.4所示，点击"产品服务"，了解其物流服务和速递服务。

图1.3.4 中国邮政速递物流网站

第3步：熟悉民营快递公司。

登录顺丰速运网站，如图1.3.5所示，点击"物流服务"，了解其服务内容。

图1.3.5 顺丰速运网站

📋 小提示

"快递小哥"作为新业态从业群体，如小蜜蜂一样穿梭于城市的街巷阡陌，在服务社会、方便民众的同时，他们的身影已经成为一个文明城市行走的"名片"。我们也要争当"文明小蜜蜂"，用实际行动做文明城市建设的践行者。

活动拓展

同城快递是以市为派送范围,包含下属所辖各市县,通过对快递货物的快速收寄、分拣、派送等环节,以有偿方式并在承诺时间内,将快递货物派送到指定区域或收件人手中的快递服务,以此实现市区内短距离发件人与收件人的有效连接。访问同城快递UU跑腿网站,了解其发展历程,概括其服务内容。

合作实训

5人为一组,浏览"四通一达"(申通、圆通、中通、百世汇通、韵达)五大快递公司的网站,对比分析后完成表1.3.2。

表1.3.2 五大快递公司对比分析表

快递公司	优点	缺点	服务范围	价格
申通快递				
圆通速递				
中通快递				
百世快运				
韵达快递				

》》》》》任务4
熟悉电商物流岗位

情境设计

惠多公司电商物流部主要负责进货、收货、上架、拣货、包装、盘点、下架、退货、订单处理等工作,目前有物流主管1人,订单处理员1人,配货员1人,打包员1人。随着公司线上业务的快速增长,部门需要扩充人手。在部门会议中,罗莉和同事一起讨论物流部门的岗位设置和人员分工,以便适应公司业务拓展的需要。

任务分解

电商物流部门要先分析工作任务,根据工作任务确定工作岗位名称及数量,编制组织结构图,再根据岗位工种确定岗位职务范围及相互之间的联系。罗莉具体来说要完成两个活动:确定电商物流岗位、了解物流人员配备和岗位职责。

任务实施

活动1　确定电商物流岗位

活动背景

作为传统企业起家的惠多公司,在发展电子商务的过程中面临的一个主要问题是传统企业的组织结构、企业文化不适合电子商务运营。那么应该如何建立、优化、调整合适的电子商务运营的组织结构呢? 惠多公司准备从梳理业务流程和组织结构两方面着手进行。

活动实施

> **知识窗**
>
> **问题1: 什么是业务流程?**
>
> 业务流程是为达到特定的价值目标而由不同的人分别共同完成的一系列活动。
>
> **问题2: 什么是组织结构?**
>
> 组织结构是组织的全体成员为实现组织目标,在管理工作中进行分工协作,在职务范围、责任、权利方面所形成的结构体系。
>
> **问题3: 电商企业的组织结构如何?**
>
> 一个基本完整的电商企业的组织结构应该包括采购、推广、运营、客服、物流(仓库)、职能等部门,如图1.4.1所示。
>
> 图1.4.1　电商企业组织结构图

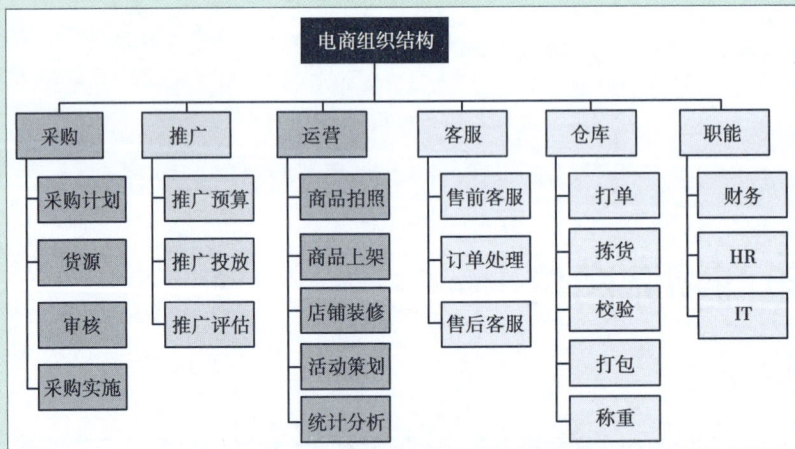

第1步: 分析物流工作任务。

两人为一组,根据图1.4.2讨论图中与电子商务相关的物流工作有哪些? 用文字的形式写出各个步骤的名称和顺序。

图1.4.2 物流工作步骤

第2步：实地考察物流业务流程。

参观校园内的物流实训室或者去当地电商企业实地考察，了解物流中心的功能区划分以及业务流程，如图1.4.3所示。

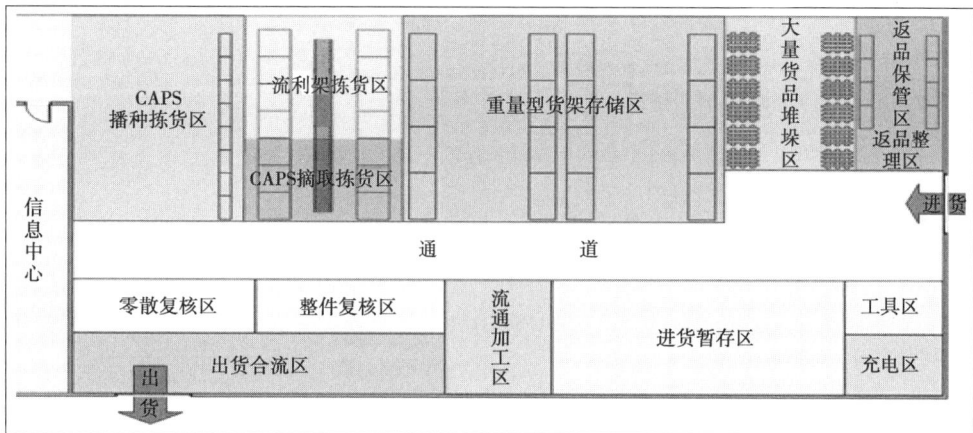

图1.4.3 物流实训室布局图

第3步：确定岗位，编制组织结构图。

组织结构图是组织架构的直观反映，是最常见的表现雇员、职称和群体关系的一种图表，它形象地反映了组织内各机构、岗位相互之间的关系。企业要根据具体情况（如部门的划分、部门人员职能的划分）制订具体的、整体的、个性的组织架构图，各个部门也要制订部门的、具体的、细分的组织架构图。

根据第1、2步分析结果，两人为一组，讨论并画出惠多公司物流部门的组织结构图，如图1.4.4所示。

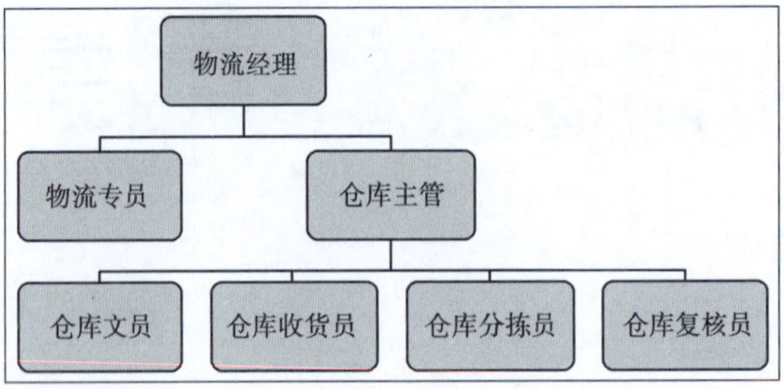

图1.4.4 物流中心组织结构图

第4步：绘制岗位工作流程图。

根据物流工作的任务和步骤，绘制惠多公司物流岗位的工作流程图，以便跟踪工作进度，提高工作效率，如图1.4.5所示。

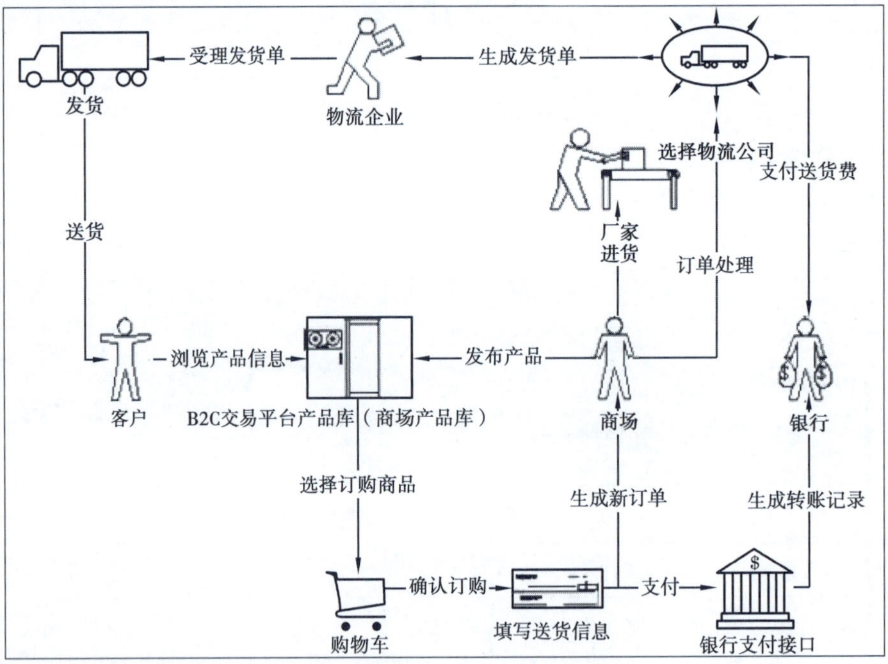

图1.4.5 电商物流操作流程图

活动拓展

参观当地电商企业，了解其工作流程。

活动2 了解电商物流人员配备和岗位职责

活动背景

惠多公司对物流业务流程进行重新梳理后，重新划分了工作岗位和工作职责。罗莉作为新员工虽然已接受了培训，可是由于物流工作相对比较烦琐，工作流程较为复杂，一旦出现特殊情况，她就不知道该如何处理。为此，她想更加深入地了解各个岗位的要求。

活动实施

第1步： 配备物流人员。

电商物流团队成员选择要符合3个原则，如图1.4.6所示。

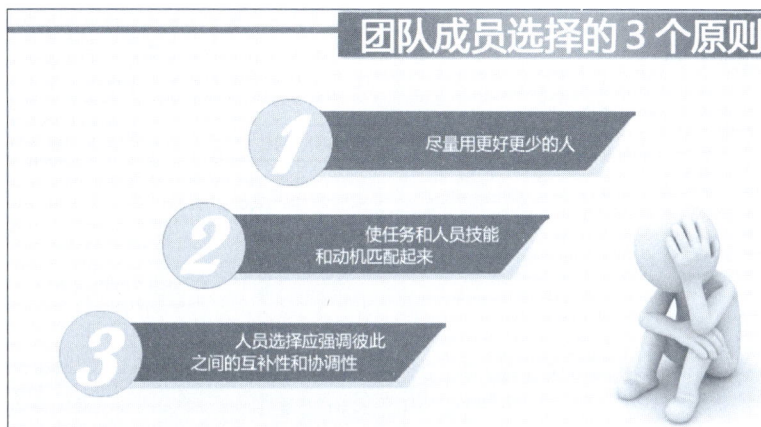

图1.4.6 团队成员选择原则

电商物流团队的组建要根据物流环节的工作任务来确定，如图1.4.7所示。

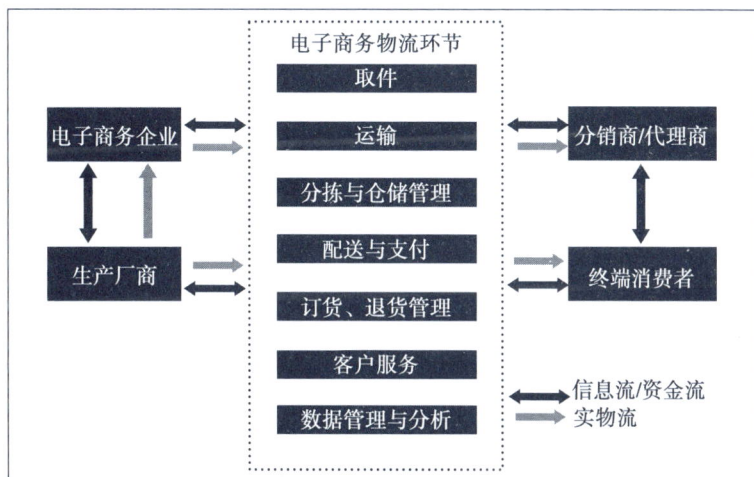

图1.4.7 电商物流环节

两人为一组，根据电商物流环节讨论物流部门应该配备哪些人员、人数多少，并画出人员配备图，如图1.4.8所示。按照配置标准：1 000~1 500单/日，在企业建立阶段，主要是进行业务推广，可以配备3~5人；在发展阶段，客户对网站已经有一定认知度，可以排至10人左右；成熟阶段，已经打开了市场局面，可以按照标准配置；在大忙阶段，客户都会从网上下单，这时要配备100人左右的大型配送队伍。

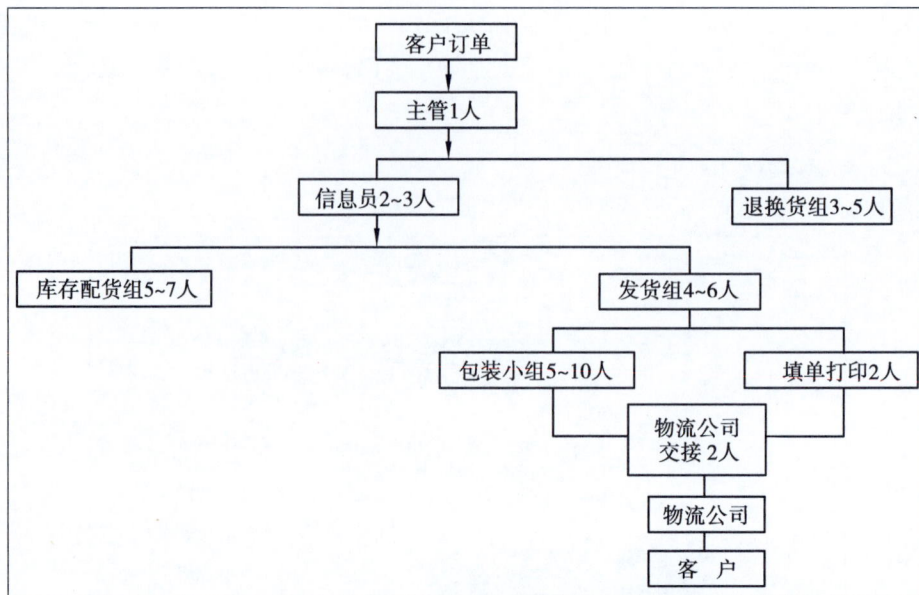

图1.4.8　电商人员配备图

第2步: 明确岗位职责。

岗位职责是指一个岗位要求完成的工作内容以及应当承担的责任范围。惠多公司物流部门要对岗位职责进行合理有效的分工,促使有关人员明确自己的岗位职责,认真履行岗位职责,出色完成岗位职责任务。

讨论确定惠多公司物流主要岗位的职责和要求,可以登录相关人才招聘网站,如智联招聘、前程无忧网、58同城等网站,了解相关岗位需求,完成表1.4.1。

表1.4.1　电商物流岗位需求表

岗位名称	年龄条件	专业要求	性别需求	岗位职责

活动拓展

目前,快递与直播间的配合主要有两种模式:一种是直播电商将预售产品提前入驻到快递公司转运中心暂存,待直播结束后实时同步订单数据,再由快递方打包发货;另一种是客户将直播间就地建在快递公司仓库内,主播现场直播,快递方现场打包发货。请分析直播电商涉及的物流岗位及其职责。

合作实训

4人为一组,根据跨境电商进出口流程,如图1.4.9所示,分析其中涉及的物流岗位及其岗位职责。

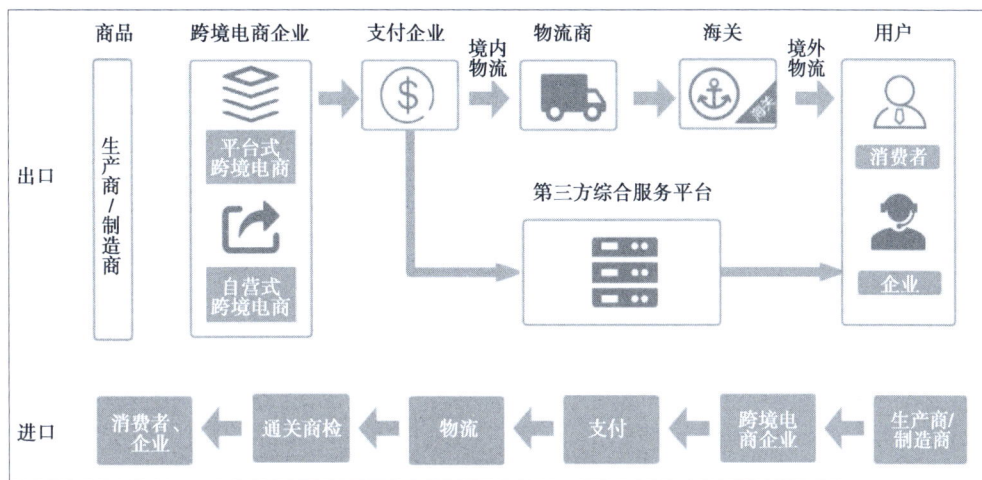

图1.4.9　跨境电商流程

项目总结

物流这个古老的行业,在电子商务的推动下正在迅速发展。目前,物流创新模式非常多,如菜鸟物流的整合物流资源模式、京东物流的自建物流体系模式、拼多多的电商物流外包模式、美团的即时配送物流模式等。不管选择哪种物流模式,电商企业都要选择合适的物流企业与之合作。同时,要加强人员管理,优化工作流程和组织结构,明确岗位职责,提高工作效率,才能在竞争中立于不败之地。

项目拓展

苏南机场的"货运工匠"

——记物流"老黄牛"潘正勇

在苏南机场,和货物打交道的,都知道物流公司有个"老潘",但是很少有人知道他的全名。老潘叫潘正勇,来自四川巴中,2006年成为无锡空港物流有限公司一名普通的装卸工。在艰苦而平凡的工作岗位上兢兢业业、埋头苦干、任劳任怨、不怕脏不怕累,先后在装卸、理货的岗位上,一干就是十个年头。他在工作中好学钻研,总结出一套"三看、三查、三总结"的安全工作法。在他工作的4 000多个日日夜夜,他经手的货物没有出现过一次差错,他带领的班组没有发生一起安全事故。正是这种耐心、专注、坚持,对装卸技术从未停止追求进步,让老潘成为物流名副其实的"装卸王",也正是这种专业、敬业,让老潘成为实至名归的"劳模"。

心无旁骛地做好自己的工作,穷尽一生磨炼自己的技能,并能很好地享受专注做事带来的内心宁静。从这个意义上说,行业虽然千差万别,但每个人都应该努力成为工作中的"匠人"。那么,你将会如何通过自己的努力成为令人肃然起敬的"工匠"呢?

☐ 项目评价

完成PMIQ表，对自己的学习情况进行评价。

PMIQ表

P（Plus） 学习收获（我已经学懂的知识）	M（Minus） 不足之处（我还没学懂的地方）	I（Interesting） 我还感兴趣的内容（我还想学的知识）	Q（Question） 我感到疑惑的问题（我还想弄清楚的问题）

☐ 项目检测

1.单项选择题

（1）（　　）是指以市场为导向、以满足顾客要求为宗旨、获取系统总效益最优化的适应现代社会经济发展的模式。

A.电子商务物流　　　　　　　　　　B.电子商务物流模式

C.电子商务物流管理　　　　　　　　D.电子商务物流系统

（2）（　　）模式从配送中心到运输队伍，全部由电商企业自己整体建设，它将大量的资金用于物流队伍、仓储体系建设。

A.自建物流模式　　　　　　　　　　B.半外包物流模式

C.第三方物流模式　　　　　　　　　D.第四方物流模式

（3）（　　）属于电商物流相关岗位。

A.网页美工　　　B.网页设计　　　C.仓储管理　　　　　D.售后服务

（4）物流App"裹裹"是由（　　）推出的手机物流服务查询软件。

A.京东商城　　B.1号店　　　　C.当当网　　　　　　D.菜鸟网络

（5）（　　）是国有快递公司。

A.中国邮政（EMS）　B.顺丰速运　　C.宅急送　　　　　D.申通快递

2.多项选择题

（1）电子商务物流模式包括（　　）。

A.自建物流模式　　　　　　　　　　B.半外包物流模式

C.第三方物流模式　　　　　　　　　D.第四方物流模式

（2）自建物流模式的典型代表有（　　）。

A.京东商城　　　B.当当网　　　　C.苏宁云商　　　　D.1号店

（3）淘宝店铺中DSR评分包括哪些指标?（　　）

A.卖家的服务态度　B.物流服务的质量　C.宝贝与描述相符　　D.包装满意度

（4）（　　）属于外资快递企业。

A.联邦快递（FedEX）　　　　　　　B.民航快递（CAE）

C.天地快运（TNT）　　　　　　　　D.联合包裹（UPS）

（5）电商物流部主要负责（　　　　）等工作。

A.进货、收货　　　　B.上架、盘点　　　　C.拣货、包装　　　　D.订单处理

3.判断题

（1）以拼多多为代表的大部分电商采取以自建物流为主的模式。　　　　　　（　　）

（2）菜鸟通过遍布中国城乡的菜鸟驿站（包括社区、校园、乡村）与线上数字化产品菜鸟App，以及菜鸟裹裹，为消费者提供便捷的寄递、代收、查询等物流服务。　（　　）

（3）美团跑腿指的是下单指定物品一小时内同城送达的配送服务，以骑手抢单的模式派单。　　　　　　　　　　　　　　　　　　　　　　　　　　　　　　　（　　）

（4）交易达成后24小时内京东的消费者可以查询到订单的物流公司揽件跟踪信息（以物流公司系统揽收时间为准）。　　　　　　　　　　　　　　　　　　　　　　（　　）

（5）物流公司和快递公司都是送货物的服务公司，两者没有什么区别。　　　（　　）

4.简述题

（1）分析菜鸟物流模式与京东物流模式的不同之处。

（2）说出物流公司与快递公司的区别。

5.案例分析题

物流在我国古代最初是以"镖局""驿站"这类机构的形式存在。最出名的莫过于杜牧在《过华清宫》一诗中所云："一骑红尘妃子笑，无人知是荔枝来"，说的就是邮驿站八百里加急来运送给杨贵妃的荔枝，这就是早期物流的雏形。

第二次世界大战时期，"物流管理"（Logistics management）这个词汇主要用于对军火的运输、补给及仓储等进行管理。第二次世界大战结束后，被用于提升国内货物运输效率，真正意义上的现代物流出现了，定义为一种将信息、运输、仓储、库存、装卸搬运及包装等物流活动综合而成的现代化集成式管理。我国改革开放以前，尚未形成真正意义的现代物流，当时实行的计划经济意味着所有的物资流动都由国家统一进行运输、调配。直到1979年，在改革开放的春风下，拉开了我国物流行业发展的序幕，逐渐走出了一批拥有强劲实力的物流企业。

以菜鸟物流的发展为例，2013年阿里联合了顺丰、"三通一达"等快递企业，以及银泰、复星等集团共同组建了菜鸟网络。2016年，菜鸟对战略进行调整，由最初的物流信息网络细化到物流全链路，包括快递、仓配、末端、国际和农村。2017年起，菜鸟开始尝试与线下实体店合作，将线下门店改造成前置仓，实现"线上下单，楼下拿货"的前置仓、仓配模式，针对末端推出了菜鸟驿站、菜鸟裹裹等末端设施。

此外，2015年菜鸟网络开始与海外物流企业合作，建设跨境物流业务。在天猫国际、全球购等阿里海外购平台上，菜鸟提供了无忧保税服务，提升了客户海外体验。

基于先前两个阶段的铺垫，菜鸟所做的主要业务就是专注于构建物流网络，通过为物流基础设施引入数字化解决方案，利用数字化来赋能物流公司，最终织起一张连接运输、仓储、包装、信息等节点的智慧物流网络。

根据案例资料回答以下问题：

（1）案例中电商物流的概念发生了哪些演变？

（2）菜鸟的物流战略发生了哪些变化？

项目 2
物流模板设置与制作

项目综述

惠多公司的网上订单越来越多，但客服接到的关于配送发货、快递运费等物流方面的问题也越来越多，而且客户反馈的问题很多时候都是相似的，所以当务之急是要进一步改善物流模块，包括配送说明模板、物流运费模板、退换货流程模板等。这不仅能提高买卖双方的沟通效率，而且更重要的是能给客户带来更加便利的服务，让客户享受愉快的网购经历。

项目目标

知识目标

◇了解物流模板的功能模块；

◇熟悉物流配送说明、店铺公告的编写方法；

◇掌握运费模板的设置方法；

◇掌握退换货的流程。

能力目标

◇学会制作物流配送说明模板;

◇能够设置物流运费模板;

◇学会制作店铺公告模板;

◇学会制作退换货流程模板。

素质目标

◇增强专业意识和岗位意识;

◇培养认真负责、注重合作、刻苦耐劳的职业品质。

▢ 项目思维导图

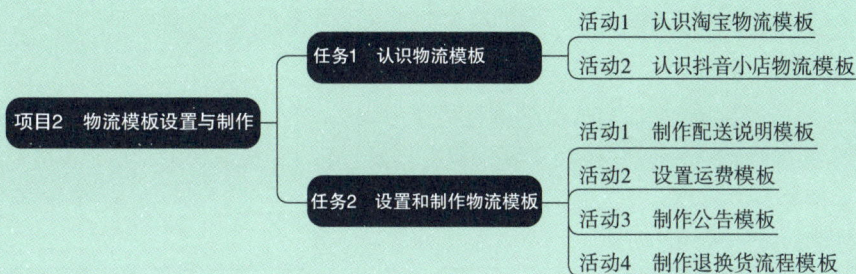

```
                                      ┌─ 活动1  认识淘宝物流模板
                         ┌─ 任务1 认识物流模板 ─┤
                         │            └─ 活动2  认识抖音小店物流模板
项目2  物流模板设置与制作 ─┤
                         │            ┌─ 活动1  制作配送说明模板
                         │            ├─ 活动2  设置运费模板
                         └─ 任务2 设置和制作物流模板 ─┤
                                      ├─ 活动3  制作公告模板
                                      └─ 活动4  制作退换货流程模板
```

》》》》》任务1
认识物流模板

情境设计

惠多公司从经营实体店到经营网上商店,传统的经营模式和操作方法已经不适用。在电子商务下,物流的运作是以信息为中心的。罗莉必须学会制作、使用各种物流模板,才能顺利地把工作做好。

任务分解

罗莉的主要任务是认识淘宝、抖音等热门平台的物流模板,了解其功能模块。具体活动包括两个方面:认识淘宝物流模板、认识抖音小店物流模板。

任务实施

活动1 认识淘宝物流模板

活动背景

为了公司的产品能够完好、顺利送达客户手中,让客户了解货品相关的物流信息,罗莉必须掌握各个网购平台的物流模板的制作、设置和使用方法。

活动实施

⊟ 知识窗

问题:淘宝物流功能模块有哪些?

淘宝物流主要有发货、物流工具、物流服务和我要寄快递几大功能模块。

第1步:认识发货模块。

(1)等待发货的订单:指所有成交的交易买家付款后,需要卖家发货的物流订单。通过输入订单编号、买家昵称等信息查询以及显示所有未发货订单、被取消的订单,以此来及时发货,处理订单信息。

①未发货的订单,如图2.1.1所示。

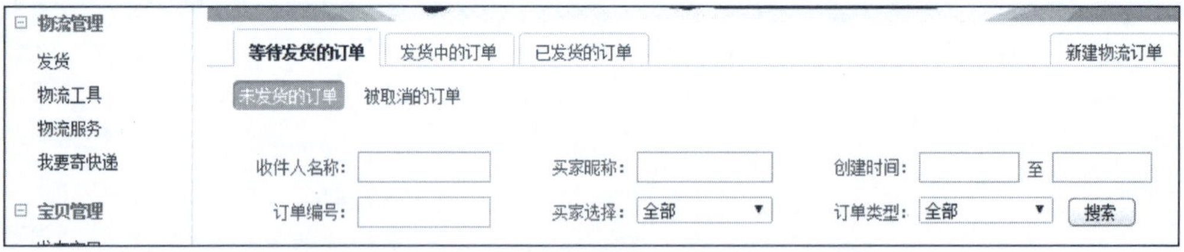

图2.1.1 未发货的订单

②被取消的订单,如图2.1.2所示。

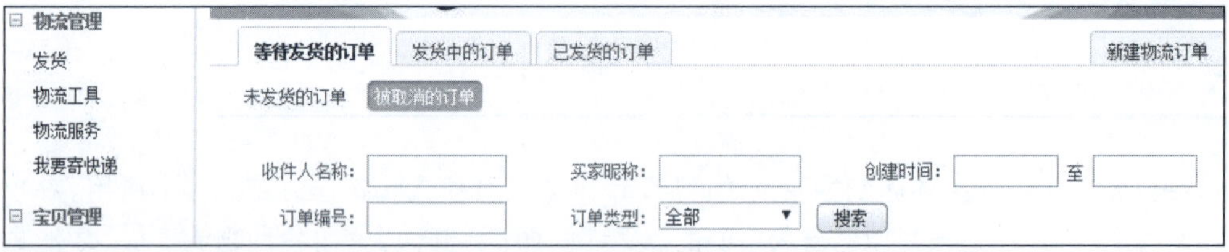

图2.1.2 被取消的订单

(2)发货中的订单:卖家已经选择通过在线下单的方式,将订单发送给淘宝推荐的物流公司,但该物流订单还未补充运单号。卖家需要做的就是补充好运单号后发货,确认后交易状态就变为"卖家已发货"了,如图2.1.3所示。

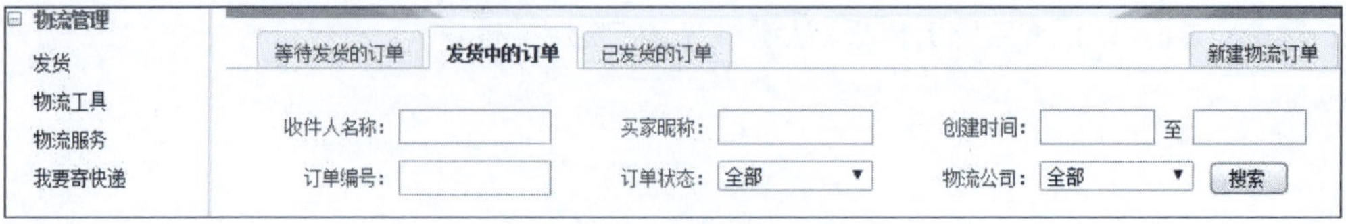

图2.1.3 发货中的订单

（3）已发货的订单：指所有交易状态为"卖家已发货"的订单。通过输入信息可以查询订单状态，如图2.1.4所示。

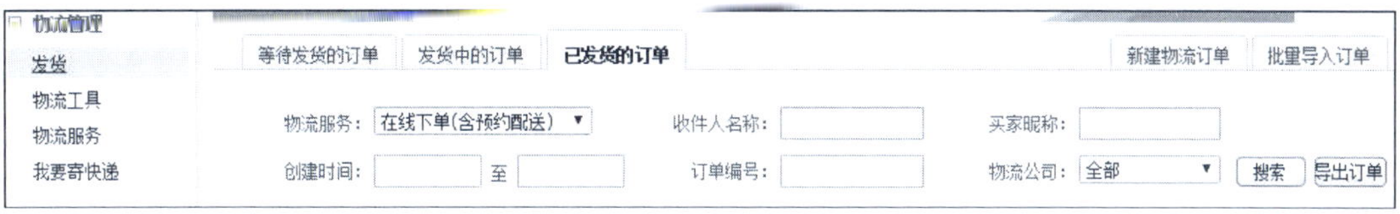

图2.1.4　已发货的订单

🖥 说一说

对不同状态的订单该如何进行处理？

第2步：认识物流工具模块。

（1）服务商设置。根据不同物流公司的优缺点进行比较，选择一个适当的物流服务商更有利于淘宝店发展，如图2.1.5所示。

图2.1.5　服务商设置

（2）运费模板。淘宝运费模板的作用就是买家购物时，淘宝系统会根据设置的运费模板自动计算该产品的运费，而不用买家询问淘宝卖家，以节约买卖双方的时间。在模板中修改运费的时候，关联商品的运费将一起被修改，如图2.1.6所示。

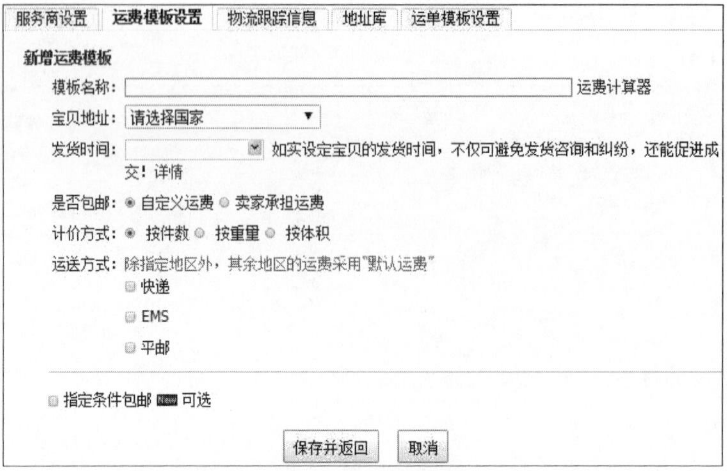

图2.1.6　运费模板

（3）物流跟踪信息。其作用是方便买家及时查看物流跟踪信息，以便及时收件。卖家发货后在对应的物流公司输入已发货的运单号，系统就自动显示物流信息了，如图2.1.7所示。

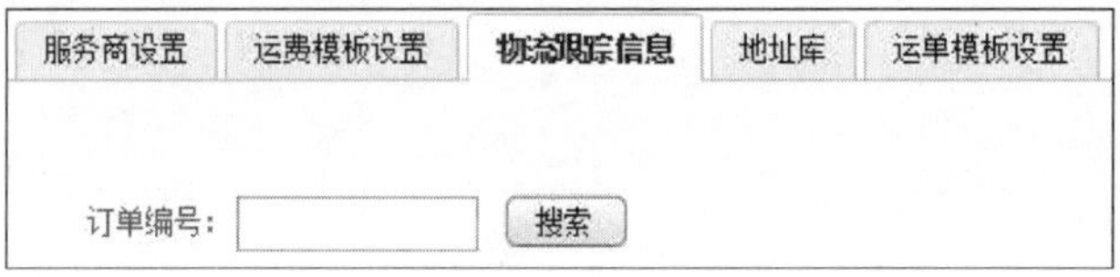

图2.1.7　物流跟踪信息

（4）地址库。地址库用来保存自己的发货、退货地址，最多可添加20条地址。地址库中填写联系人信息，如图2.1.8所示。

图2.1.8　地址库

（5）运单模板设置。自定义各个物流公司的运单模板并保存，如图2.1.9所示。

图2.1.9　运单模板

第3步：认识物流服务模块。

按照买卖双方的需求，结合商品实际情况选择订购物流服务，如图2.1.10所示。

图2.1.10　物流服务

第4步：认识"我要寄快递"。

"我要寄快递"就是选择要发货的商品，填写详细信息，联系物流公司发货。它主要是卖家自主发货的渠道,如图2.1.11所示。

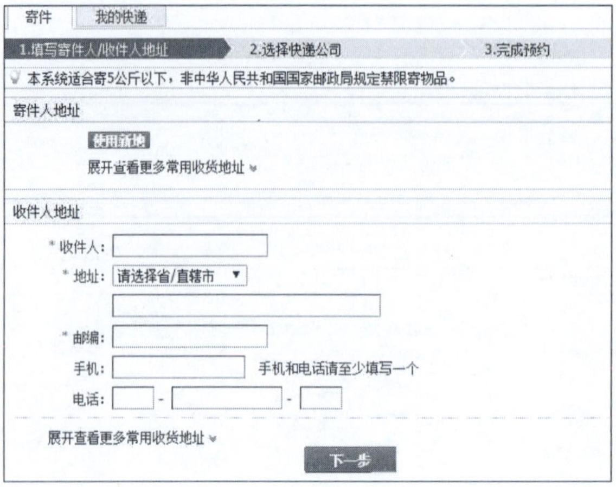

图2.1.11　我要寄快递

小提示

创新改变中国,创新改变世界。党的二十大报告提出,要完善科技创新体系,加快实施创新驱动发展战略。"科技""创新"成为高频词汇。

活动拓展

了解京东的物流模板功能模块,分析其与淘宝物流模板的区别。

合作实训

4人为一组,分别登录唯品会、当当网、拼多多、苏宁国际等网站,归纳不同电商平台的物流模板的功能模块。

活动2　认识抖音小店物流模板

活动背景

在新媒体时代,微信、微博、短视频App等承载内容的平台拥有上亿级用户群体,特别是抖音平台对抖音小店及直播带货的政策扶持和流量倾斜,越来越多商家在抖音开店,所以罗莉也开始摸索学习抖音后台物流模板的设置。

活动实施

知识窗

问题1:一单多商品的运费如何计算?

如果买家在下单时,一个订单中如果包含了多件有运费的商品,那么这些运费将会根据商家的设置进行计算,向用户收取。

按最高商品运费:收取同一订单中所有商品运费中的最高运费。

所有商品运费叠加:收取同一订单中所有商品的运费总和。

问题2: 运费模板有哪几种运费设置形式?

1.阶梯计价

支持按件数、按重量两个维度进行阶梯计价设置。可以设置指定地区运费、限制地区下单、指定条件包邮等功能,如图2.1.12所示。

图2.1.12　阶梯计价

(1)指定地区运费:添加区域后,会出现设置运费模块,按实际情况填写运费收费情况即可(目前支持设置省以下"市")。

(2)限制地区下单:设置后的区域将不能进行下单,会在用户的下单页面进行提示并且不能下单成功。

(3)指定条件包邮:支持设置满"n"件包邮,或满"n"元包邮。

2.固定运费

按实际情况填写运费收费情况即可,可以设置限制地下单,指定条件包邮等功能,如图2.1.13所示。

3.卖家包邮

可以设置限制地区下单,如图2.1.14所示。

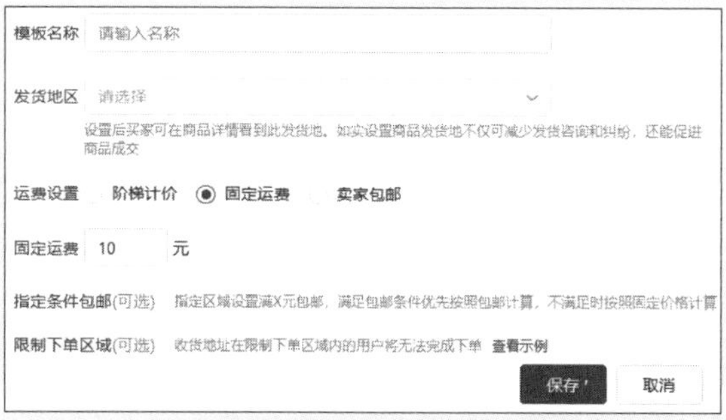

图2.1.13　固定运费

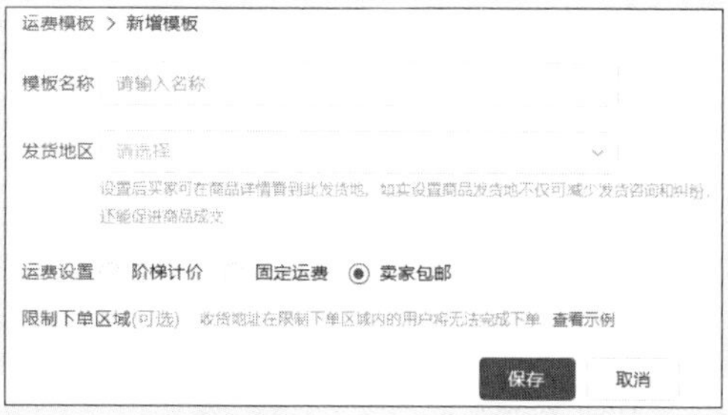

图2.1.14　卖家包邮

第1步: 登录抖音小店后台的"物流-运费模板",如图2.1.15所示。

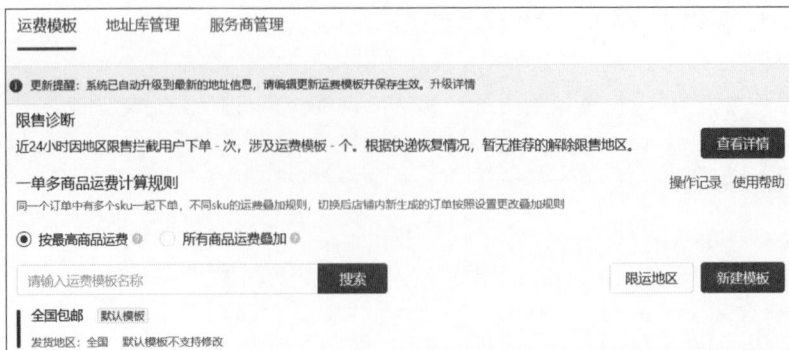

图2.1.15　物流—运费模板

　　点击进入运费模板设置界面，在默认的情况下，是全国包邮的，如果需要设置偏远地区不包邮，需要额外设置，如图2.1.16所示。

第2步：设置模板名称。

　　模板名称方便设置多个运费模板的时候能清晰查看，发货地区要填写真实发货的省和市，运费设置（一般选阶梯计价，看产品挑选合适的）；计价方式，如果不是超重的产品，一般是按件数；然后就是设置运费了，运费设置看成本要求，如图2.1.17所示。

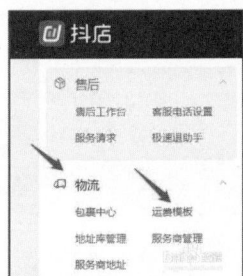

图2.1.16　新建模板

图2.1.17　运费模板设置

第3步：保存和查看运费模板。

　　设置好了之后，点击"保存"按钮，保存之后就可以查看到设置好的运费模板了，如图2.1.18和图2.1.19所示。

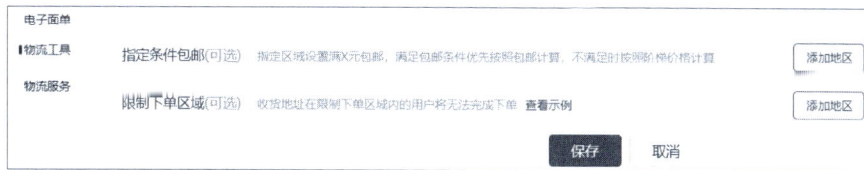

图2.1.18 保存运费模板

图2.1.19 查看运费模板

📖 小提示

创新、协调、绿色、开放、共享的发展理念，是管全局、管根本、管长远的导向，具有战略性、纲领性、引领性。新发展理念，指明了"十四五"乃至更长时期我国的发展思路、发展方向和发展着力点，要深入理解、准确把握其科学内涵和实践要求。

活动拓展

抖音小店的运费险是在用户购物时，商家为用户购买的退货运费保险服务。购买过运费险的订单在进行退货时，可直接获得一定理赔抵扣运费。请说出运费险的理赔流程。

合作实训

4人为一组，了解拼多多店铺、小红书店铺等其他新媒体平台店铺的物流模板，并尝试运费模板的设置。

>>>>>> 任务2
设置和制作物流模板

情境设计

最近，罗莉仔细研读了平台规则，了解到如果店铺没有公示配送说明是要被处罚的。一份详细的配送说明，可以拉近卖家和买家的距离，让卖家的后台操作更加透明，让买家买得更加舒心、更加放心。

任务分解

罗莉的主要任务是设置和制作物流模板，让顾客了解卖家的物流配送情况。具体要完成4个活动：制作配送说明模板、设置运费模板、制作公告模板、制作退换货流程模板。

任务实施

活动1　制作配送说明模板

活动背景

罗莉开始尝试制作配送说明模板，包括配送方式、配送费用、发货时间以及可能导致配送异常的原因等。

活动实施

📖 知识窗

> **问题：什么是电子商务物流配送？**
>
> 电子商务物流配送是指物流配送企业采用网络化的计算机技术和现代化的硬件设备、软件系统及先进的管理手段，针对社会需求，严格、守信用地按用户的订货要求，进行一系列分类、组配、整理、分工、配货等理货工作，定时、定点、定量地交给没有范围限度的各类用户，满足其对商品的需求。

第1步：确定配送说明模板中通常包含的要素。

例如，配送方式、配送费用、发货时间、发货说明、影响正常发货的原因等。

第2步：编辑配送说明模板内容。

配送说明如下：

（1）配送方式：本店默认圆通快递，如需要发其他快递请提前与客服交流（可选快递有"圆通""顺丰""韵达"和"EMS"）。

（2）配送费用：部分包邮商品，只针对大陆地区享有包邮优惠，请港澳台同胞拍下宝贝前咨询在线客服，补齐邮费，否则概不发货，敬请谅解！

（3）全程运输保险：全场商品均购买全程运输保险，由运输原因发生的丢失均由快递公司提供全额赔付。丢失货品后，快递公司需7个工作日查实丢失的邮件详情（即货品信息），快递公司确认赔款后我司将先行退款给客户。

（4）发货时间：每日付款订单72小时内发货（法定节假日、大型促销活动除外）。正常情况下，每天15：00之前的订单会在当天发出，15：00以后付款的订单都会在次日发货。

（5）发货说明：在您支付成功并生成了有效订单后，如是定制订单，我们将安排生产部门尽快进行生产；如是现货，我们将在接到生效订单后尽快安排发送货物。

影响正常发货有以下原因：

①地址错误或地址不全将直接导致无法配送或者延误配送时间。

②买家在填写收件人地址时要尽量完整详细，如要变更地址，请在拍下之前修改，请不要填写信箱地址（快递公司不派送，会延误收货时间）。联系电话非常重要，请保持开机状态，只有这样才能保证商品安全、快速地送达。

③买家留言。在确认订单付款后，客服中心会对留言进行确认，根据留言内容会联系买家进一步核实。如果买家的订单有留言，将有可能影响正常的发货。

第3步：设计配送说明模板。

（1）运行Photoshop，新建文件，命名为"配送说明模板"，设置宽度为750像素，高度为

290像素，分辨率为72像素，如图2.2.1所示。

图2.2.1　新建文件

（2）绘制模板框架。新建图层1，选择矩形选框工具绘制外边框并描边，设置描边笔触颜色为#2b09fa，笔触大小为6像素，然后选择直线工具绘制内边框，笔触大小为3像素，如图2.2.2所示。

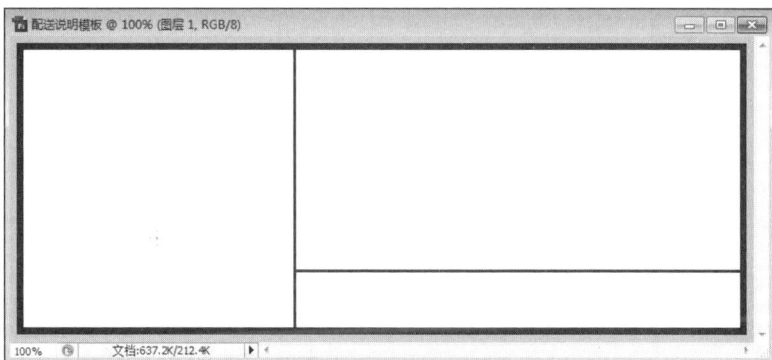

图2.2.2　绘制模板框架

（3）绘制虚线。首先设置画笔笔尖形状，直径为3像素，间距为145%，如图2.2.3所示。

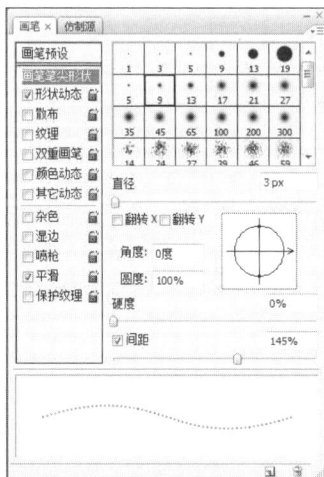

图2.2.3　设置画笔笔尖形状

然后选择钢笔工具绘制直线路径，再用画笔描边路径，如图2.2.4所示。

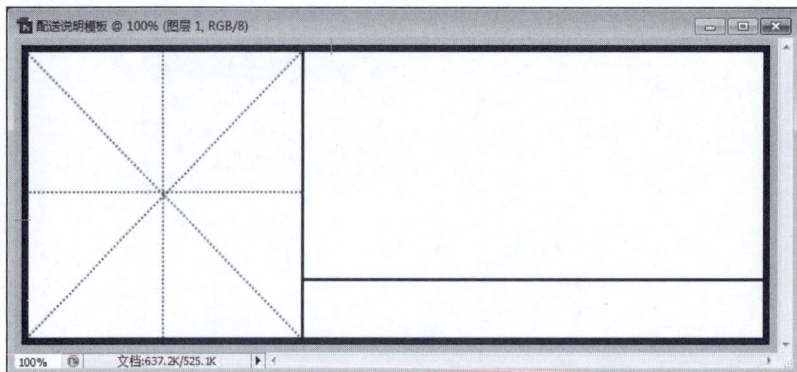

图2.2.4　绘制虚线

（4）选择文字工具：输入左边单元格的文字"温馨提示"，字体样式为黑体，字体大小为120，并在单元格中填充为黄色，如图2.2.5所示。

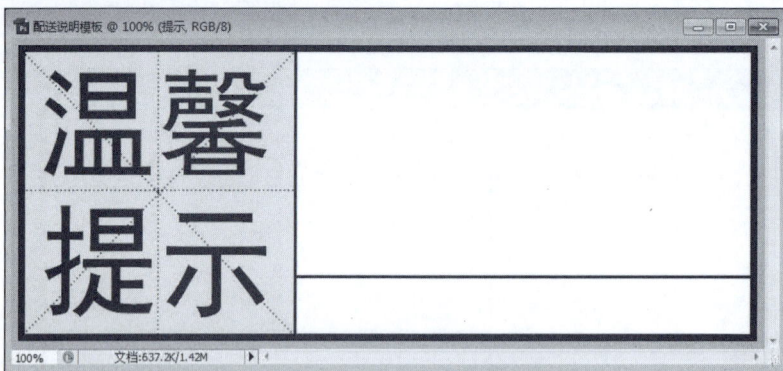

图2.2.5　输入左边单元格文字

（5）选择文字工具：输入右边单元格的文字，重要信息要重点强调，如图2.2.6所示。

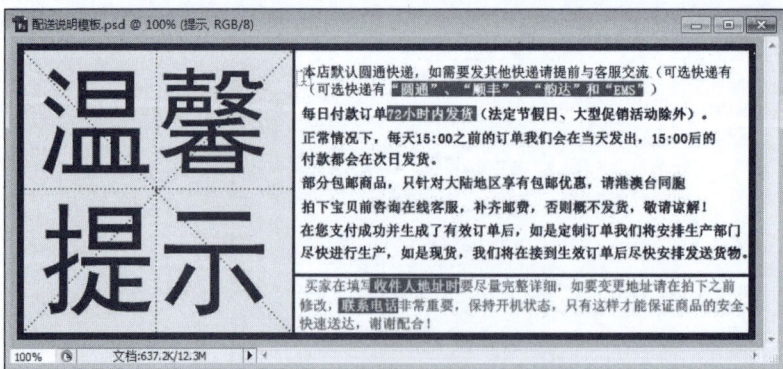

图2.2.6　设计配送说明模板

🗐 **小提示**

　　弘扬"工匠精神"在任何一个时代都不会过时，我们需要脚踏实地对待工作，在自己的岗位上践行"工匠精神"，努力成为一名新时期各工种的匠人。

活动拓展

收集不同平台的店铺配送说明模板,对比分析其优缺点。

合作实训

3人为一组,分别为惠多公司京东店铺、天猫店铺、抖音小店制作一份配送说明,以"班级+学号"的形式命名,上传图片。

活动2　设置运费模板

活动背景

全国各地都有惠多公司的网店买家,惠多的商品也会随着快递发往不同地区。为了提高竞争力,有些地区可以包邮,但偏远的地方往往做不到包邮。遇到这样的情况,运费究竟怎么设置呢? 罗莉在同事的帮助下,利用运费模板解决了这个难题。

活动实施

📑 **知识窗**

问题: 运费模板的各个功能模块是什么?

• 模板名称:卖家可自行输入模板的名字,用于区分不同设置的运费模板。

• 宝贝地址:即商品的所在地,搜索页面宝贝所在地的展示地址。

• 发货时间:商品被拍下并付款之时起,卖家承诺多少时间内,物流有揽件记录显示的时间。

• 是否包邮:商品是否由卖家承担运费。

• 计价方式:商品运费的计算方式分为按件数、重量、体积进行计算。

• 运送方式:选择相应的运送方式,如快递、EMS、平邮;设置默认运费,除了指定的地区外,其他地区的运费采用"默认运费"进行计费。

• 设置指定地区的运费:点击编辑,可设置指定城市的运费。

第1步: 登录后台。

登录店铺,在菜单栏中点击"物流管理"→"物流工具",如图2.2.7所示。

第2步: 新增运费模板。

在"运费模板设置"中点击"新增运费模板"按钮,如图2.2.8所示。

图2.2.7　点击选择"物流工具"　　　　图2.2.8　点击"新增运费模板"

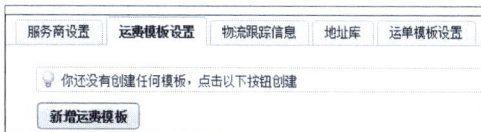

第3步: 设置运费模板。

设置运费模板的名称、计价方式、运送方式以及相关地区对应的首费和续费等, 如图2.2.9所示。

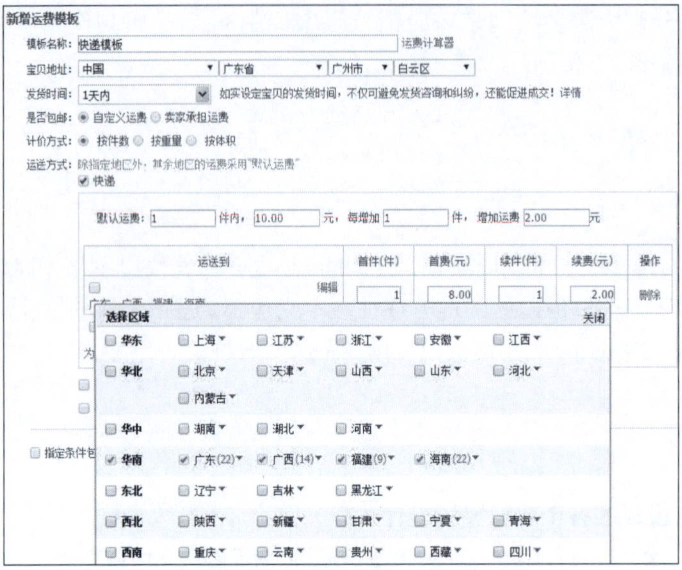

图2.2.9 设置运费模板

⊟ 说一说

首费和续费有何不同?

第4步: 保存设置。

完成设置后, 点击 "保存并返回" 按钮, 如图2.2.10所示。

图2.2.10 保存设置

第5步: 查看模板。

浏览该运费模板的详细情况, 如图2.2.11所示。

新增运费模板				使用帮助	
快递模板			最后编辑时间: 2019-08-24 20:26 复制模板 | 修改 | 删除		
运送方式	运送到	首件(个)	运费(元)	续件(个)	运费(元)
快递	全国	1	10.00	1	2.00
快递	福建,广东,海南,广西	1	8.00	1	2.00
				1/1　**1**　下一页	

图2.2.11　浏览新增运费模板

🖥 小提示

　　要增强成本意识。企业节约文化的核心是企业员工拥有共同的节约观点和勤俭办企业的责任意识。这与当代构建资源节约型社会也是密不可分的。只有当节约成为整个企业的价值观，成为全体员工共同认同的信念和行为准则，才能推动企业战略目标的实现，同时服务于资源节约型社会的建设。

活动拓展

了解不同电商平台的运费模板设置步骤。

合作实训

　　2~3人为一组，根据个人店铺的情况，为自己的C店制作运费模板，并且将该运费模板应用到相关产品中。

活动3　制作公告模板

制作公告
模板

活动背景

　　春节放假，罗莉得知很多亲戚朋友都在用惠多公司的产品，而且都说惠多的产品确实物美价廉，惠利多多。罗莉趁此机会向亲戚朋友宣传惠多公司的京东、天猫店铺，大家纷纷登录网店准备扫点年货，不仅可以过把网购瘾，还能支持罗莉的工作，享受电商带来的生活便利。

活动实施

🖥 知识窗

　　问题：节假日发货公告的注意事项是什么？

　　节假日发货公告可以悬挂在店铺首页或者商品详情页中。

　　节假日发货公告必须包含"停止营业时间、恢复营业时间、明确发货时间、紧急联系方式"。对于没有达到以上几点且未将商品下架的不营业商家，卖家管理部门将按照平台规则进行处罚。

　　第1步：确定节假日发货公告的框架。

　　首先，明确节假日的主题，如新年、国庆等；其次，明确公告标题，如春节放假公告、国庆放假公告等；然后，清楚说明通知内容，排版要注意层次分明。

　　第2步：制作设计放假发货公告模板。

　　（1）运行Photoshop，新建文件，命名为"节假日发货公告模板"，设置宽度为750像素，高度为290像素，分辨率为72像素，如图2.2.12所示。

图2.2.12　新建文件

（2）绘制模板背景。新建图层1，选择钢笔工具，绘制帘布轮廓路径，将路径转换为选区，填充线性渐变色，设置前景色为#ff0018，背景色为#690505。复制图层1，按快捷键Ctrl+T，选择"水平翻转"命令，得到另一边的帘布轮廓并移到适当的位置，如图2.2.13所示。

图2.2.13　绘制模板背景

（3）输入标题。选择文字工具，输入主题文字"新年快乐"，字体类型为华文行楷，字体颜色为#ff0018，给该文字图层添加描边和投影的图层样式，参数设置如图2.2.14和图2.2.15所示。

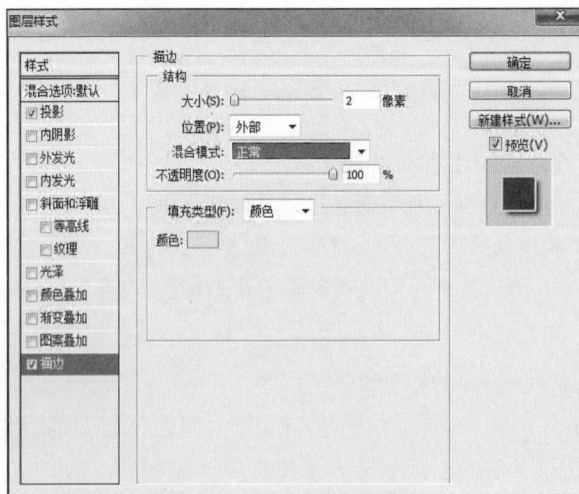

图2.2.14　描边图层样式

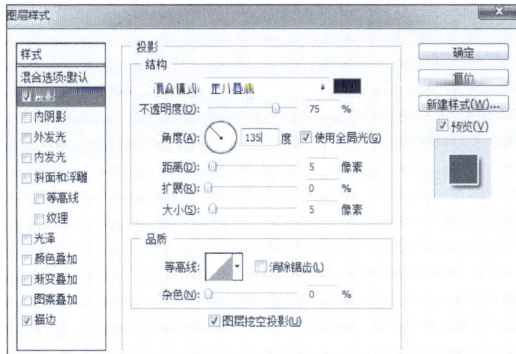

图2.2.15　投影图层样式

（4）输入正文内容。选择文字工具，设置字体类型、字体大小和字体颜色，并且给通知内容添加项目编号或项目符号，如图2.2.16所示。

图2.2.16　制作节假日发货公告模板

📋 **小提示**

商家要注意主动承担主体责任，加强内部监督管理、规范有序经营，减少交易纠纷的产生，共同促进互联网数字经济行业的有序发展。

活动拓展

为惠多淘宝店制作国庆放假公告。

合作实训

两人为一组，制作一份放在商品详情页中的新年发货公告（日期型），天猫店的图片大小是790像素×292像素，个人C店的图片大小是750像素×277像素，样图如图2.2.17所示。

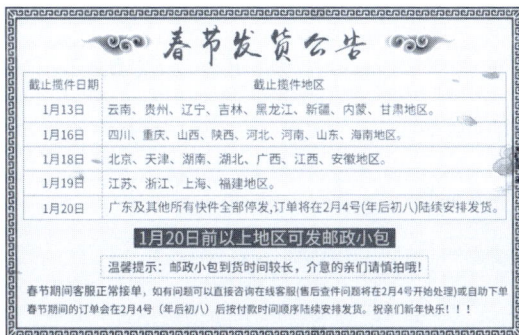

图2.2.17　新年发货公告

活动4 制作退换货流程模板

活动背景

"双11"当日，有一客户在淘宝网下单购买了惠多公司的儿童浴巾，但是在收货时却发现商品的颜色不是当时自己选择的，犹豫着是换货还是退货。于是，她马上联系网店客服，花了将近1小时的时间才弄清楚这个退换货的流程，最后她干脆申请退货退款了。

制作退换货
流程模板

活动实施

知识窗

问题：可退换货与不可退换货的先决条件是什么？

可退换货的先决条件：收到货品的24小时内联系卖家；保证货品全新，未穿未洗过，原包装、标牌齐全；商品本身存在质量问题。

不可退换货的先决条件：不属于质量问题的商品细小瑕疵，比如线头、漏针跳针、拉链不流畅、脱毛现象等；色差问题，拍照势必会受到光源条件等不可控因素影响，并且任何显示器都会有色差；商品已存在人为损毁或使用痕迹，比如已穿已洗、二次剪裁或缝合印记等；尺寸误差、标志尺码可能存在一定误差属正常，如购买后穿不了，在有尺码可调换的情况下可由买家自付邮费调换，若无尺码可换可以留言转让，不可退换。

第1步：确定退换货的处理办法。

买家收到商品后，要当场检查外包装，如果破损，请拒签并第一时间联系客服；如若签收，物品缺少或损坏的损失由买家承担。如果是商品本身的质量问题，收到货后24小时内拍照给客服，卖家承担往返运费，如未提供照片或过时联系，损失由买家承担。如果不属于商品质量问题，24小时内联系客服，买家承担往返运费。退换货商品需未经使用、未破坏原包装并不影响二次销售，若质检后不符合退换货标准，卖家有权拒绝退换货。卖家收到退换货商品后，72小时内办理换货或退款手续。

第2步：制作退换货的流程草图，如图2.2.18所示。

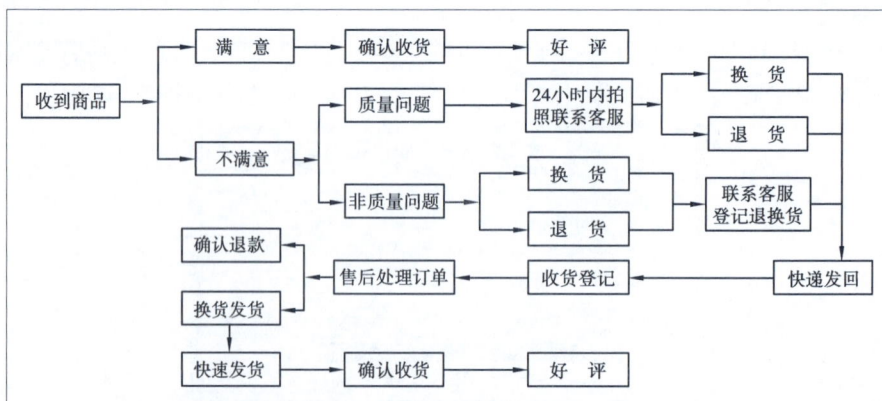

图2.2.18 制作退换货流程图

第3步：美化修改退换货的流程图。

（1）运行Photoshop，新建文件，命名为"退换货流程模板"，设置宽度为750像素，高度为350像素，分辨率为72像素，如图2.2.19所示。

图2.2.19　新建文件

（2）绘制流程图框架。选择圆角矩形工具绘制出若干个图示框，并使用油漆桶工具填充相应的颜色，然后选择直线工具或者箭头形状工具绘制连接符号，如图2.2.20所示。

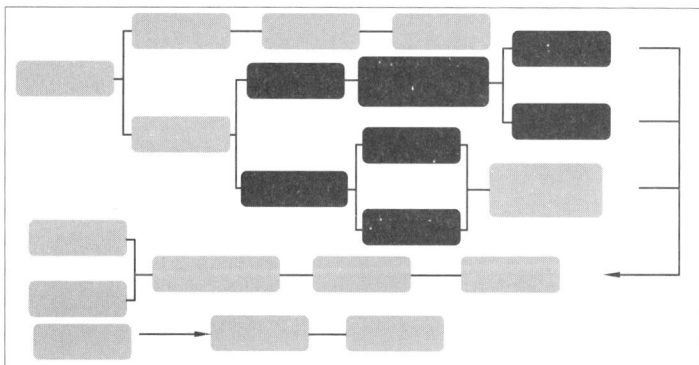

图2.2.20　退换货流程图框架

（3）输入退换货流程的相关文字，如图2.2.21所示。

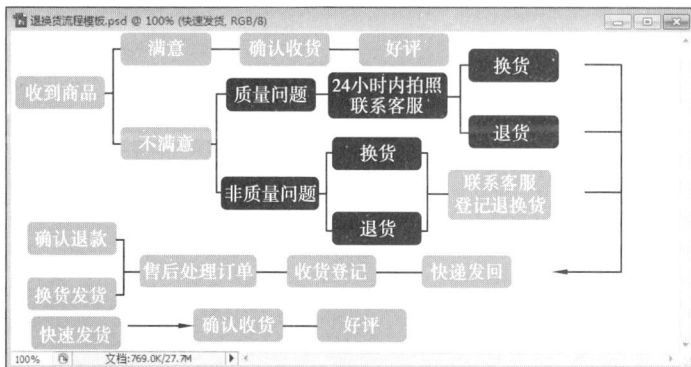

图2.2.21　退换货流程图效果

⊟ **小提示**

党的二十大报告提出，加快发展数字经济，促进数字经济和实体经济深度融合，打造具有国际竞争力的数字产业集群。我们要更加坚定信心，锐意进取，助力电商产业发展。

活动拓展
收集不同平台的退换货流程图，了解其异同。

合作实训
3人为一组，仔细研读天猫、京东、唯品会等B2C电商网站的退换货规则，分别为惠多公司在以上的3个电商平台的店铺制作具体的退换货流程图。

项目总结
通过本项目的学习，可以了解物流模板各个模块的功能作用，学会编写店铺发货公告、配送说明、退换货流程等内容，掌握使用图片编辑工具制作这些物流模板的方法。一个详细、漂亮的物流模板，不仅能吸引客户，更能提高转化率，节省卖家和买家的沟通成本。

项目拓展

腾讯对QQ的创新之路

回顾一下腾讯对QQ的创新之路，在出第一版本QQ时，国内的网络状态并不好，下载速度极慢，而当时软件普遍的安装包大小都为1~2 MB，所以下载一款软件往往需要花费半个小时，用户的体验感非常糟糕，腾讯就是发现了这个用户痛点，立即做出了关键性的创新，做出了只需要200 KB就能下载的QQ，极大节约了用户的下载时间，从而增加了产品被用户体验的机会。这是腾讯的第一个创新，而它的第二个创新是用服务器保存关系链，在腾讯之前，几乎所有的软件商都在用软件思维做产品，用户的资料基本上都保存在主机上。在当时，电脑真是奢侈品的存在，不少人都会选择在网吧上网，多人共用一台电脑，资料储存在本地这一设计，必定会泄漏用户的信息，关系链极易被窃取。腾讯再次找到用户的痛点，做出了极大的创新，将用户的资料和信息都保存在服务器端，用户再也不用担心信息被泄漏了。然而腾讯的创新之路还未停止，第三个创新主要出现在社交方面，腾讯创新出了陌生人在线显示功能，满足用户陌生交友的需求，不仅如此，还在QQ上让用户自行设置头像，营造出逼真的聊天环境。从腾讯的案例中我们可以看出，它是以用户为中心做出的产品创新，它的一切创新都围绕着用户，不断地探索用户需求和寻找痛点。

请结合自身的情况和已有的资源，思考如何培养创新意识，分析有什么方法提升自己的创新能力。

项目评价
完成PMIQ表，对自己的学习情况进行评价。

PMIQ表

P (Plus) 学习收获 (我已经学懂的知识)	M (Minus) 不足之处 (我还没学懂的地方)	I (Interesting) 我还感兴趣的内容 (我还想学的知识)	Q (Question) 我感到疑惑的问题 (我还想弄清楚的问题)

项目检测

1.单项选择题

（1）商家未在店铺中公示物流配送说明、发送商品时间，这种行为会被扣除多少分？（　　）

A.6分　　　　　　　　B.2分　　　　　　　　C.1分　　　　　　　　D.4分

（2）某商品标价为1元，运费为50元，该种行为属于违规发布商品范畴，将被扣除多少分？（　　）

A.2分　　　　　　　　B.1分　　　　　　　　C.6分　　　　　　　　D.4分

（3）以下哪些商品不在延迟发货指定类目内？（　　）

A.定制与预售类商品　　B.化妆品　　　　　　C.童装　　　　　　　　D.皮包

（4）买家申请退货，卖家超过多少天未处理，退款协议将生效，交易进入退货流程？（　　）

A.5天　　　　　　　　B.10天　　　　　　　　C.15天　　　　　　　　D.20天

（5）下列哪种情况不违反淘宝规则？（　　）

A.没有报名淘金币，放置淘金币的标识　　　　B.强调"全网最低价格"

C.标题中出现"特价包邮"　　　　　　　　　　D.未经授权使用明星的照片

2.多项选择题

（1）电子商务物流配送的特点包括（　　）。

A.经营市场化　　　　B.流程自动化　　　　C.管理规范化　　　　D.组织网络化

（2）以下哪些商品属于商品价格与邮费不符？（　　）

A.芳香杜松果纤体紧实按摩精油1 kg120元，邮费20元

B.2022新款太阳镜一口价198元，邮费20元

C.商品是一条女士内裤，售价5元，国内邮费设置为30元

D.商品是一条裘皮大衣，售价13 000元，国内邮费设置为100元

（3）节假日需放假一周，无法看管店铺，为了避免纠纷，可以（　　）。

A.下架商品　　　　　B.通知淘宝客服中心　C.公告留言　　　　　D.店铺留言

（4）宝贝描述中的交易说明能使买家有放心购物的感受，其内容可包括（　　）。

A.付款方式　　　　　B.卖家联系方式　　　C.保修条款　　　　　D.退换货流程

（5）"三通一达"包括（　　）。

A.顺丰快递　　　　　B.EMS　　　　　　　C.申通快递　　　　　D.韵达速递

3.判断题

（1）淘宝运费是支持换货的。　　　　　　　　　　　　　　　　　　（　　）

（2）客户购买时如遇到需要修改邮费的情况，客服回应："等会儿，我得算下我们给您去掉邮费还赚不赚。"　　　　　　　　　　　　　　　　　　　　　　　　（　　）

（3）店铺节假日发货公告可以放在店铺首页公告中，也可以放在商品详情页中。（　　）

（4）买家申请7天无理由退换货，卖家是没有办法拒绝退款申请的。　　（　　）

（5）淘宝平台发布商品时部分类目要求第5张商品主图上传白底图。　　（　　）

4.简述题

（1）店铺运费模式和单品运费模式有何异同？

（2）如何在淘宝网中申请退货退款？

5.案例分析题

近日，淘宝根据《中华人民共和国未成年人保护法》以及中央网信办"清朗·未成年人保护系列专项行动"，全面升级《儿童类商品行业规范》。此次行动重点排查、严处商品类目包括但不仅限于儿童服饰、玩具和儿童影像、照片等，审查认定范围覆盖商品文字描述、商品图片和商品评价等内容。平台针对无主观意识、不存在恶意违规的商家，淘宝将下架问题商品并责令其限期整改、自清自查；针对违规程度较重的商家，淘宝将删除问题商品链接并对店铺进行扣分处置；针对恶意违规且造成恶劣影响的商家，淘宝将永久清退违规、违法店铺，并移送执法机关、追究其法律责任，绝不姑息。

淘宝正式上线商家端儿童类商品发布合规提醒功能，即商家在淘宝平台发布儿童类商品时，后台会出现明显提示——"请您发布儿童商品时，参照《淘宝儿童类商品行业规范》进行发布，否则可能有下架/删除/扣分等处罚风险"，并进一步建议儿童服饰类商家尽可能减少使用真人模特，注意贴身衣物等儿童类商品聚焦敏感部位等问题。在消费者端，针对涉及儿童低俗问题等相关搜索关键词，淘宝对此类搜索词进行主动干预和积极引导，在手淘搜索相关关键词将直接跳转至"绿网计划"公益的未成年人保护宣导页面。

根据案例资料，回答以下问题：

（1）淘宝平台此次重点排查哪些商品？对违规商家将会采取哪些处理措施？

（2）淘宝针对商家端和消费端发布哪些保护未成年人的功能？

项目 3
商品采购管理

□ 项目综述

　　惠多公司对采购工作非常重视，制订了一套完善的商品采购制度及流程。为了使实习生罗莉尽快熟悉工作，公司安排她先到采购部门培训学习。培训期间，罗莉认识了什么是采购，采购人员的工作职责，如何发布采购信息以及怎样实施采购等重要内容，对采购流程有了深刻认识。公司还让采购员李伟指导罗莉进行实践，罗莉用在校所学的专业知识，以及在培训中迅速成长起来的综合能力完成了一次采购任务。罗莉对未来更有信心了。

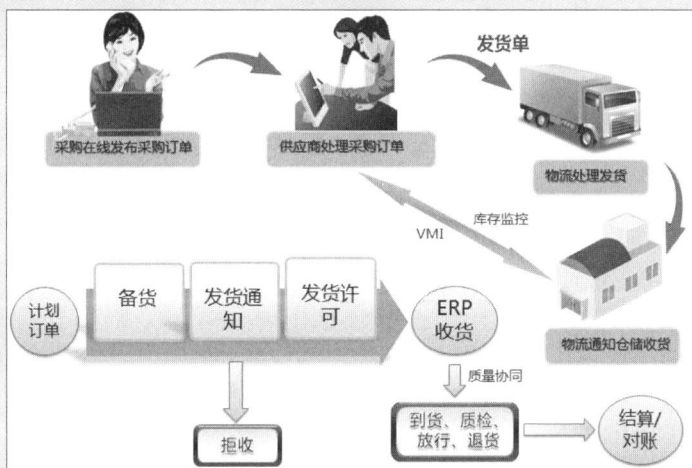

□ 项目目标

知识目标

◇了解采购的定义及流程；

◇认识采购人员的工作职责；

◇认识采购电商平台；

◇掌握实施采购的过程和方法。

能力目标

◇能发布采购信息；

◇会根据采购货物属性做好到货准备；

◇能填写采购单据。

素质目标

◇培养爱岗敬业、不断钻研、提升业务素质的意识；

◇树立团队协作、细致认真、一心为公、公平公正的工作理念；

◇遵守采购人员诚实守信、廉洁自律、坚守原则、优质服务的职业道德规范。

▢ 项目思维导图

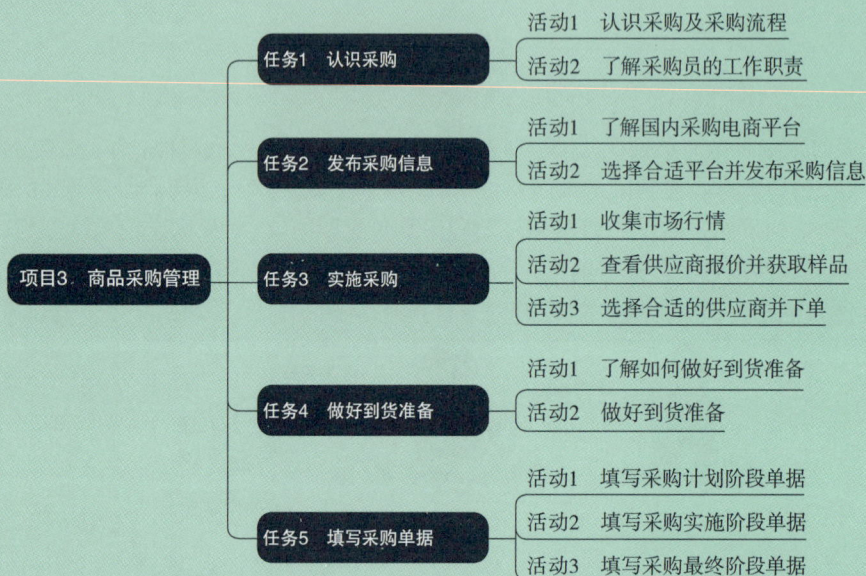

```
                                        活动1   认识采购及采购流程
                       任务1  认识采购
                                        活动2   了解采购员的工作职责

                                        活动1   了解国内采购电商平台
                       任务2  发布采购信息
                                        活动2   选择合适平台并发布采购信息

                                        活动1   收集市场行情
项目3  商品采购管理     任务3  实施采购    活动2   查看供应商报价并获取样品
                                        活动3   选择合适的供应商并下单

                                        活动1   了解如何做好到货准备
                       任务4  做好到货准备
                                        活动2   做好到货准备

                                        活动1   填写采购计划阶段单据
                       任务5  填写采购单据  活动2   填写采购实施阶段单据
                                        活动3   填写采购最终阶段单据
```

❯❯❯❯❯❯❯ 任务1
认识采购

情境设计

培训期间，罗莉为了更快地适应工作，计划学习更多有关采购的知识。她向采购部许经理请教，许经理热情地告诉罗莉，要想做好采购工作，第一需要从认识采购及采购流程着手，第二还要了解采购员的工作职责，这样才能做到心中有数，逐步开展采购工作。罗莉深受启发，于是赶紧通过网络资料及公司的部分文件开始着手了解相关知识。

任务分解

罗莉利用搜索引擎，搜索与采购相关的关键词，学习采购概念、采购流程，了解采购员的工作职责。本任务可以分解为两个活动：认识采购及采购流程、了解采购员的工作职责。

任务实施

活动1 认识采购及采购流程

活动背景

采购,既是一个商流过程,也是一个物流过程。在这个商流过程和物流过程都完成后,企业才算真正从外部获得维持经营所需要的资源,从而得以发展壮大。罗莉知道采购对企业的成功经营至关重要,为了更好地开展工作,她决定先了解采购的定义及采购流程。

活动实施

第1步:认识采购。

▢ 知识窗

问题:什么是采购?

采购是指企业在一定的条件下从供应市场获取产品或服务作为企业资源,以保证企业生产及经营活动正常开展的一项企业经营活动。

通过百科网站,如百度百科、互动百科、360百科等,搜索"采购"词条,学习采购的定义及相关知识,如图3.1.1所示。

图3.1.1 百度百科中"采购"词条

在百度输入"采购""采购管理"等关键词,点击视频,可以看到与采购相关的视频推送,可以通过视频更直观地学习到"采购"的相关知识,如图3.1.2所示。

图3.1.2 百度的"采购"相关视频资源

第2步：了解采购的流程。

利用搜索引擎查找"采购流程"，可以通过相关网页了解采购流程。可以从众多的信息、资料中梳理、提炼出常见的采购流程，还可以通过画"流程图"形成完整的知识点。

📋 **知识窗**

问题：采购流程包括哪些步骤？

采购流程在不同的企业或者针对不同的采购物料都有很多不同的形式。但归纳起来，可以把采购流程分为6步：提出采购需求、采购询价、选择供应商、签订订购合同、到货验收、付款结案。采购流程图如图3.1.3所示。

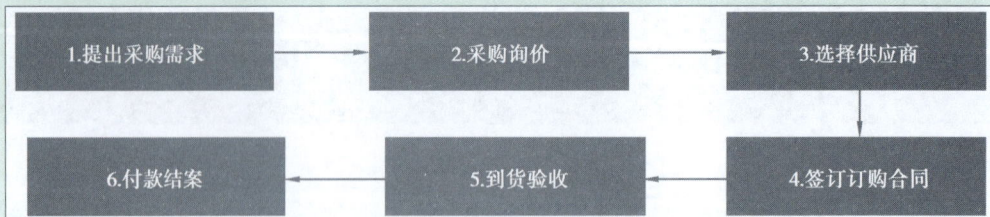

图3.1.3 采购流程图

活动拓展

招标采购比一般的询价采购要复杂一些，提出采购需求后，需要制作标书，发布招标公告，招投标后还需要评标、开标，最终签订订购合同，后面就和询价采购一致了。请你找找招标采购的流程，并画出招标采购流程图。

活动2　了解采购员的工作职责

活动背景

采购员是一个较成熟的岗位,要想成为一名优秀的采购人员就要明确采购员的工作职责。罗莉决定通过网络以及公司的相关文件进行学习,了解采购员的岗位要求。

活动实施

第1步:了解采购员的职责要求。利用搜索引擎,搜索"采购员的岗位职责"了解相关内容,如图3.1.4所示。

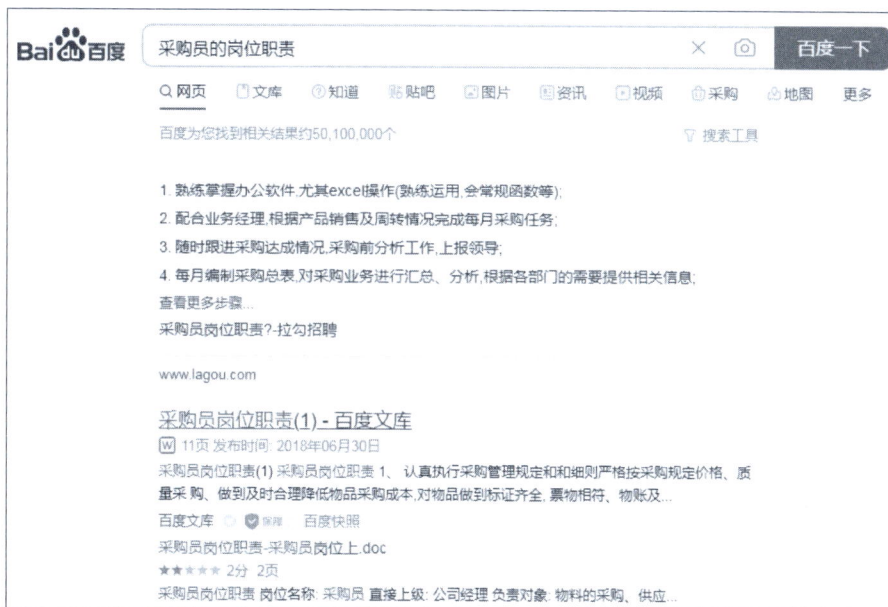

图3.1.4　百度"采购员的岗位职责"搜索结果

🖳 知识窗

问题:什么是岗位职责?

岗位职责是指一个岗位所需要去完成的工作内容以及应当承担的责任范围,职责是职务与责任的统一,由授权范围和相应的责任两部分组成。

第2步:查看公司"采购员岗位说明书"。

企业通常会对所有工作岗位的岗位职责形成书面文件,以便明确和约束企业员工的工作职责,这类文件就是"岗位说明书"。以下是惠多公司的"采购员岗位说明书",见表3.1.1。

表3.1.1　惠多公司的采购员岗位说明书

岗位名称	采购员	所在部门	采购部	直接上级	采购主管	直接下级	无
工作职责：负责商品采购、接收、结算工作							
职责与工作内容							
职责一	工作内容	根据采购计划完成商品采购的前期准备工作					
		根据"月份采购计划表"制订"采购进度表"					
		根据库存对异常现象进行分析，及时调整采购计划，不得超过库存，造成积压					
		根据"采购计划表"购进各网络店铺当月销售所需商品					
		对非常规商品严格控制采购，特别是进口商品、季节性商品					
职责二	工作内容	负责商品的采购及结算工作					
		全过程完成采购商品的询价、收集报价、选定供应商、订单签订、进货、退货、跟催工作					
		完成采购商品入库结算手续					
		负责网络店铺间商品调拨工作					
		处理商品的退货、索赔事项（面向上游供应商）					
职责三	工作内容	负责商品信息采集工作					
		对采购商品的资料、供应商资料整理、归档					
		做好对采购商品的质量信息、价格信息、供应动态信息的采集工作					
		做好采购商品的市场调研工作，掌握商品销售行情					
任职资格							
技能要求： ①确保所采购的商品质量满足网络销售的要求； ②保证采购价格控制在预算内； ③根据行业或公司内控质量标准，组织、协调、处理质量纠纷； ④根据相关业务流程，提出合理化建议。							

🖳 **小提示**

采购人员的职业道德规范

　　由于采购人员的职责涉及选择供应商、与供应商结算等资金交易工作，其职业道德规范显得尤为重要。总的来说，优秀的采购人员应遵守诚实守信，廉洁自律，坚守原则，优质服务等四大职业道德规范。详情可通过扫描二维码查看。

采购人员的
职业道德规范

活动拓展

采购员这一岗位就是负责企业的采购工作,但是采购员的上级领导又有哪些工作职责呢? 采购员的晋升渠道是怎么样的? 请通过搜索引擎或者招聘网站了解相关内容。

合作实训

采购行业中职业乱象频发,不少采购员利用自己的职务之便牟取私利,给企业带来了极大的损害。同时,这些行为既违反了采购人员的职业道德,也是不同程度的违法犯罪行为。为了规范自己的采购行为,请同学们以小组为单位,讨论自己对"采购人员的职业道德"的认识,归纳"采购人员应该具备的职业道德",并进行展示、分享。

任务2
发布采购信息

情境设计

岗前培训结束后,采购部许经理安排罗莉辅助采购员李伟完成采购业务,以便锻炼罗莉的采购技能。李伟查看了他负责的"采购计划",最近惠多公司为迎接"开学季"大促,采购部门需要为文具类商品的促销活动采购一批文具袋(笔袋)作为赠品。于是,李伟让罗莉对外发布采购信息。罗莉接到任务马上开始着手发布采购信息。

任务分解

罗莉本次采购的是一批作为促销赠品的小商品,要在公司预算范围内采购到最受顾客欢迎的礼品。因此,她认为要先了解国内发布采购信息的网站,以便进行多方比价。本任务可以分解为两大活动:了解国内采购电商平台、选择合适平台并发布采购信息。

任务实施

活动1　了解国内采购电商平台

活动背景

传统的企业采购效率低、成本高、不透明,采购环节信息缺失,需要采购人员耗费很多的时间和精力。现在借助互联网,借助采购电商平台,让采购人员可以足不出户进行询价、比价,全程信息化,方便快捷。但目前国内采购电商平台也越来越多,要找到合适的平台还要了解更多一点,罗莉打算使用搜索引擎找到相关平台,并了解这些平台的功能以及可采购的商品。

活动实施

第1步：访问百度搜索引擎，输入多个关键词，如发布采购信息、采购平台、采购电商平台等，搜索相关采购平台信息，如图3.2.1所示。

图3.2.1 百度"发布采购信息"的搜索结果

📑 **知识窗**

问题：采购电商平台有哪些类型？

采购电商平台可分为垂直型采购平台、综合型采购平台（也称为水平型采购平台）。垂直型采购平台指在某一个行业或细分市场深化运营的电商平台，如"中联钢采购中心"就是钢材行业的垂直电商采购平台；综合型采购平台则提供多行业产品的网上采购业务，如中国采购与招标网就是这样的平台。

📑 **想一想**

垂直型采购平台和综合型采购平台有何不同？

第2步：进入部分采购电商平台，了解其可采购商品的种类并整理相关信息，以方便进行比较，完成表3.2.1。

表3.2.1 采购电商平台信息表

序号	网站名称	网址	网站定位
1	中国政府采购网		
2	百度爱采购		
3	慧聪网		
4	阿里巴巴		
5	招标网		

活动拓展

中国政府采购网是财政部唯一指定政府采购信息网络发布媒体、国家级政府采购专业网站，想一想为什么要"唯一指定"呢? 有什么作用?

🗐 小提示

> 企业会通过一些制度来约束采购过程中可能出现的违规行为。但是，作为采购人员应该遵守法律法规，诚实守信，拒绝"回扣"，保质保量完成采购任务。

活动2　选择合适平台并发布采购信息

活动背景

网上采购平台种类繁多，供应商水平参差不齐，罗莉难以抉择。罗莉决定在选择平台之前，先查询各个网站的访客排名，以此作为判断依据之一进行筛选。

活动实施

第1步: 了解采购平台的访客排名。

🗐 知识窗

问题: 什么是Alexa排名?

Alexa提供了包括综合排名、访客排名、页面访问量排名等多个信息，大多数人把它当作当前较为权威的网站访问量评价网站。通过Alexa流量排名，可以评价一个网站的用户是否多，排名越靠前的网站，用户越多，网站越活跃。

登录Alexa网站，录入需要查找的网站网址，如1688(阿里巴巴)，可以看到其目前访客排名是85，如图3.2.2所示。

图3.2.2　查询Alexa访客排名

查询列表中平台的Alexa访客排名，以此为依据选择合适的供应商，完成表3.2.2。

表3.2.2　各候选网站Alexa访客排名

序号	网站名称	网址	Alexa访客排名
1	阿里巴巴		
2	百度爱采购		
3	慧聪网		
4	招标网		
5	中国政府采购网		

第2步：登录注册选定的平台。

罗莉经过对比分析，发现阿里巴巴的货源比较丰富，有合适的商品，而且可以允许个人以及企业注册，将是大多中小型电商企业首选的采购平台。所以，萝莉决定在阿里巴巴发布采购信息。并按照平台要求进行注册和登录。阿里巴巴首页如图3.2.3所示。

图3.2.3　阿里巴巴网站首页

阿里巴巴账户分为个人账户和企业账户，如图3.2.4所示。企业账户需要有企业营业执照才能注册，其权益是既可用买家身份采购，也可用卖家身份开店；个人账户只能作为买家采购。注册需要手机接收验证码，所以需要使用真实有效的手机号码。

📋 **说一说**

个人账户和企业账户有何不同？

第3步：填写询价单。

图3.2.4 阿里巴巴账户分类

知识窗

问题：阿里巴巴采购寻源有几种方式？

在阿里巴巴导航条中点击进入"买家中心"，点击"采购"，进入"采购管理"页面。在该页面可以看到采购寻源的方式有4种，如图3.2.5所示。

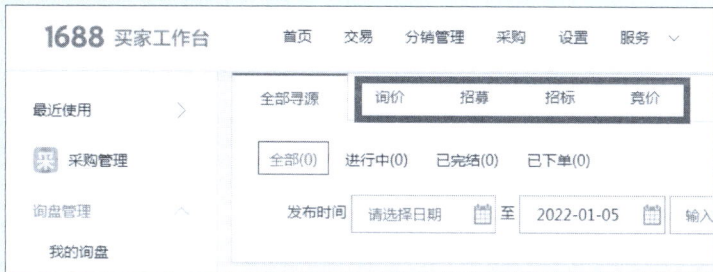

图3.2.5 阿里巴巴采购寻源的4种方式

●询价：买家发布询价单，供应商报价，可以公开询价，也可以邀请多家供应商询价，是最常用的采购寻源方式。

●招募：买家提出需求，供应商报名并提供相关资质证明，买家经查看报价及资质后可以把相关供应商列为长期供应商。目前仅支持入驻大买家业务的买家进行发布招募书。

●招标：招标人可以公开招投标，也可以邀请招投标。公开报名的供应商以及被邀请的供应商均需要经过报名流程并且通过采购商的资质审核后，才可以正式参与投标、提交投标文件。

●竞价：1688采购平台的竞价采购（又称反向竞价、反向竞拍），是一种最大程度帮助采购商降低采购成本的极高效的采购方式。在竞价过程中，供应商的每一次报价均不能高于其上一次报价，直至价格降至最低。

在首页导航条中找到"我的阿里"，可以看到菜单栏，选择"发布询价单"，如图3.2.6所示。

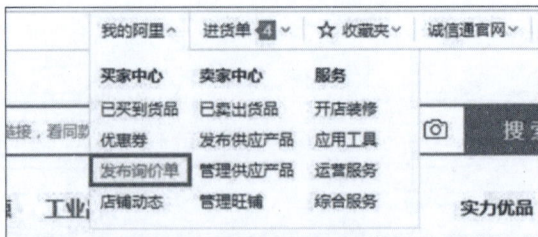

图3.2.6 "我的阿里"菜单栏

打开询价单页面，根据营销部门提交的"采购申请单"见表3.2.3。填写询价信息、采购要求、对供应商要求等，如图3.2.7所示。

表3.2.3 采购申请单

No 0000001

申请部门: 营销部   年　月　日

产品名称	所属行业	单位	申请数量	费用预算/元	产品描述
文具袋/笔袋	办公、文教类	个	1 000	4 500.00	简约、卡通、帆布制品
采购说明		审批意见			

申请人: 审批人:

图3.2.7 填写询价信息

第4步: 发布询价单。

根据采购需求填写好询价单后, 点击"确认发布", 则完成采购信息的发布。

🗐 **想一想**

除了上述的询价采购外, 阿里巴巴还提供哪些发布采购信息的方式?

活动拓展

采购需求发布的方式有好几种,每一种方式针对的采购目标各不相同。讨论询价、招募、招标、竞价分别适合于哪些采购需求!

合作实训

分组合作,4人为一组,通过浏览网页充分了解相关信息,回答以下两个问题,并把收集到的信息整理成PPT形式,在课堂上向老师和同学们展示、说明。要求PPT图文并茂,每组讲解2~5分钟。

(1)找出国内3~4个发布采购信息的平台,简要做出比较分析。

(2)试着将表2.2.3的采购任务发布到另外一个采购信息发布平台上,并分步骤截图保存。

》》》》》任务3
实施采购

情境设计

采购信息发布成功后,接下来就是等待供应商报价。"师傅"李伟跟罗莉说,等待报价这段时间可以直接搜索阿里巴巴平台上卖家发布的商品信息,以了解市场行情。获得报价后,可根据所了解的市场行情、供应商报价、信誉等选择几家供应商取样,最后综合样品质量、价格、供应商信誉等因素,决定合作的供应商并下单采购。罗莉觉得需要做的事情还真多,赶紧忙活起来。

任务分解

根据李伟的描述,罗莉要先收集市场行情,接着查看供应商报价并获取样品,最后再选择合适的供应商下单。本任务可以分解为三大活动:收集市场行情、查看供应商报价并获取样品、选择合适的供应商并下单。

任务实施

活动1　收集市场行情

活动背景

在获得报价之前,罗莉可以根据"采购申请单"的产品描述直接搜索采购平台发布的商品信息,充分了解市场流行的样式、合适的商品规格、相关价格行情等信息。注意,这些信息是综合的、抽象的,需要罗莉具备一定的综合分析能力。

活动实施

第1步： 搜索商品。

登录阿里巴巴，根据表3.2.3 "采购申请单"中的商品描述提取关键字，如笔袋、文具袋、帆布、卡通等，组合搜索商品，如图3.3.1所示。

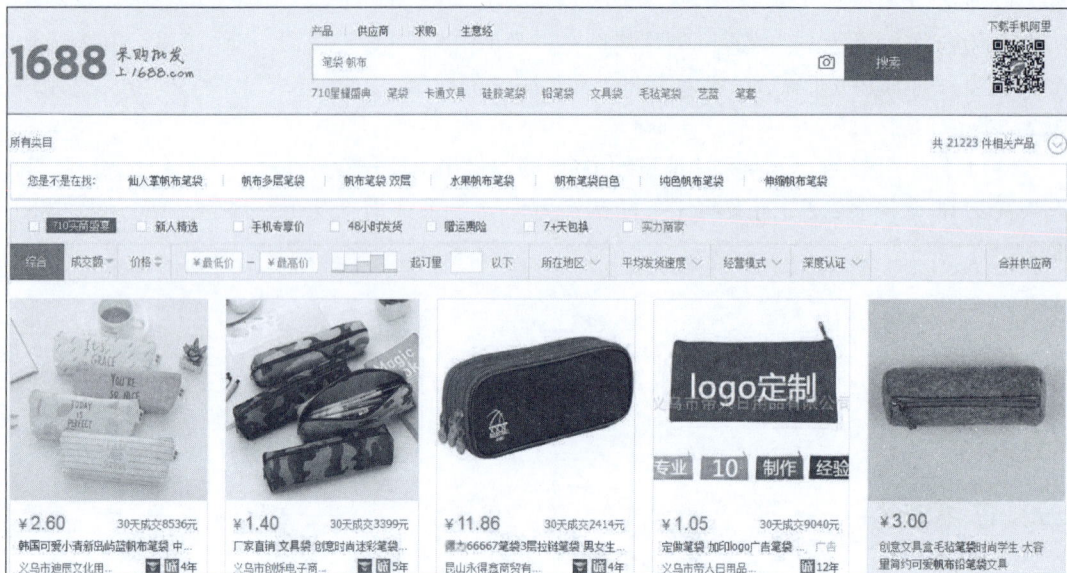

图3.3.1　搜索"笔袋 帆布"关键字的结果页

第2步： 查看和整理商品信息。

📖 **知识窗**

问题：什么是采购的分析因子？

"采购商品行情分析表"可以根据采购商品本身的特性，选择几个企业重视的特点作为分析因子进行采集，如表3.3.1中的"规格"和"价格"就是分析因子。

根据表3.2.3中的预算，选择在预算范围内的商品，收集信息，整理成表，见表3.3.1。

表3.3.1　采购商品行情分析表

序号	图片	商品链接	规格/cm	价格/元	备注
1		（略）	21×5.5	1.40	
2		（略）	19.5×9×4.5	4.50	
3	（略）				

活动拓展

罗莉在阿里巴巴平台上采购,可以选择直接发布询价单,让供应商主动报价;也可以选择搜索商品,采购商主动联系供应商,请分别说说这两种方式的优点和缺点?

活动2　查看供应商报价并获取样品

活动背景

罗莉发布采购信息后,很快就有供应商给出了自己产品的详细信息和报价,罗莉根据预先了解的市场行情及自身的预算,联系了其中3家供应商获取样品。

活动实施

📖 知识窗

问题:什么是询价单报价单?

询价单是指采购人员将所需要的材料名称、规格型号、数量、单位等信息集合,并向供应商发出询价的单据。报价单是指供应商收到询价单后,根据材料信息将价格、到货时间、税率、付款条件等情况填写回传而形成的单据。

第1步: 查看供应商报价。

目前阿里巴巴有3种方式通知采购商收到报价:千牛工作台、阿里巴巴消息中心以及买家工作台。当有新的报价时,在阿里巴巴的消息中心可以查看新消息,如图3.3.2所示。

图3.3.2　阿里巴巴消息中心入口

直接进入"买家工作台"→"采购"→"我的询盘"就可以看到收到的所有报价,如图3.3.3所示。

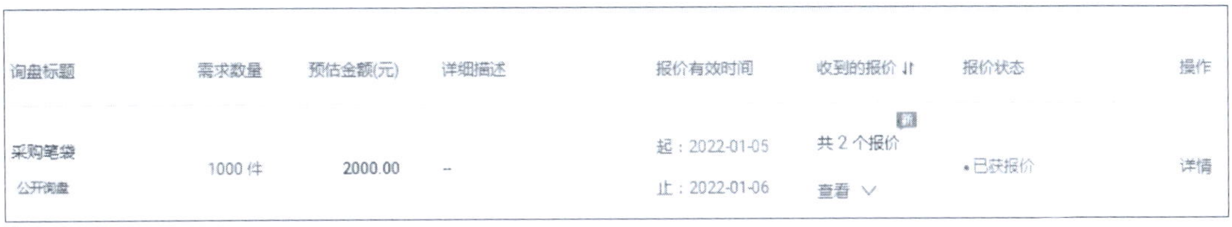

询盘标题	需求数量	预估金额(元)	详细描述	报价有效时间	收到的报价 ↓↑	报价状态	操作
采购笔袋 公开询盘	1000 件	2000.00	—	起:2022-01-05 止:2022-01-06	共 2 个报价 查看 ∨	● 已获报价	详情

图3.3.3　旺旺报价提醒消息

点击查看收到的报价,如图3.3.4所示报价列表。

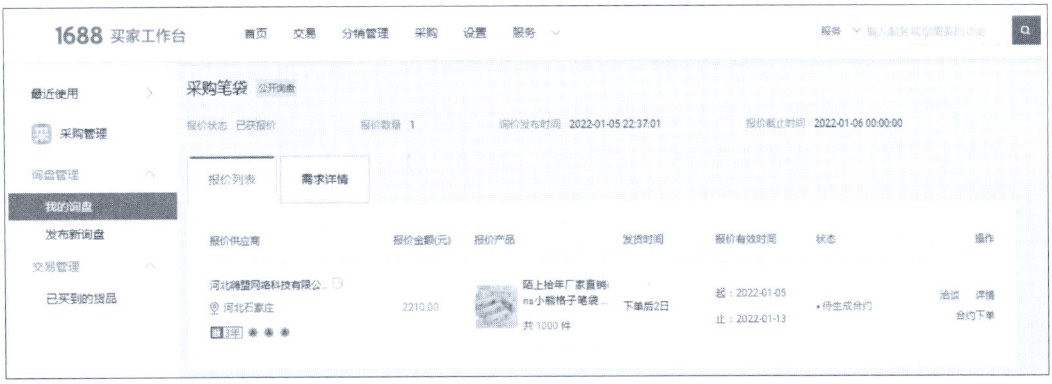

图3.3.4　已收到的报价

第2步：联系供应商获取样品。

罗莉认真查看每家供应商发来的报价信息，首先根据自己所掌握的市场行情、预算、商品描述等，选出较合适的供应商3~5家；然后通过平台联系这些供应商，获取样品。阿里巴巴提供"免费拿样"，即首次付费拿样，二次进货返还样品费用，在商品的详情页可以看到"免费拿样"功能，如图3.3.5所示。

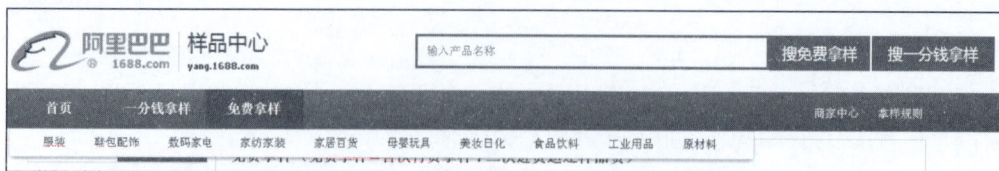

图3.3.5　阿里巴巴"免费拿样"功能

获取供应商样品并不是必需的，在采购周期允许的情况下可以获取样品，以便决定选择哪家供应商。如果供应商是曾经合作过且信任的，就无须获取样品。

活动拓展

如果收到了多家供应商发来的报价，要通过哪些条件来考虑该供应商是否最优或者最合适？请登录阿里巴巴，查看商家信用评分、评价等，看看是否能帮助买家判断该供应商是否值得合作。

活动3　选择合适的供应商并下单

活动背景

李伟告诉罗莉，决定与哪个供应商合作需要考虑诸多因素，最重要的两个因素当然是商品质量及价格，用最优的价格获得最好的商品是采购的宗旨。除此之外，还要考虑供应商的信誉、供应商的备货周期等是否合适。罗莉觉得李伟给了自己一个提醒，她首先要明确合适的供应商必须具备哪些要素，然后根据这些要素指标进行比较选择。

活动实施

第1步：了解影响供应商选择的因素。

🖻 知识窗

> **问题：如何选择合作供应商？**
> 　　对于长期合作供应商的选择以及短期合作供应商的选择，其考虑因素的侧重点会有所不同。对长期合作的供应商，企业往往更看重供应商是否能实现稳定的供应，对于短期合作供应商则更看重其产品的质量与价格。

访问百度搜索引擎，输入关键词"如何选择供应商"或"选择供应商要考虑哪些因素"，结合李伟的经验，总结出选择合适供应商的因素，如图3.3.6所示。

第2步：根据罗列的因素进行综合比较，也可以进一步洽谈，经洽谈确认后可以确定供应商，并下单订购。单击"合约下单"按钮，如图3.3.7所示。将进入"生成合约"页面，双方进一步确认后即可支付。

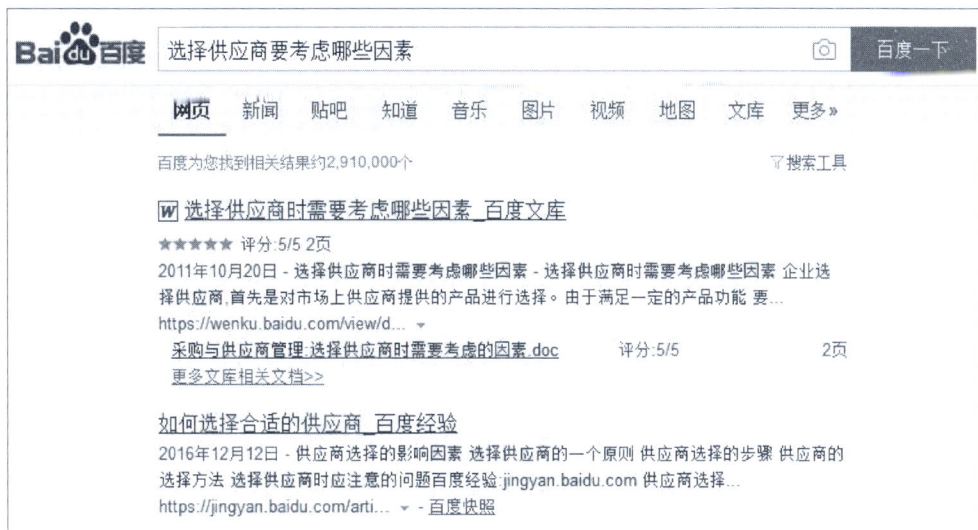

图3.3.6 百度的搜索结果页

图3.3.7 合约下单

📋 **小提示**

　　和采购有关的法律法规都有哪些？作为采购从业人员不可不懂法，知法守法，拥有良好的法制精神才是新时代职业人应有的素质。

活动拓展

　　小型的采购往往凭采购员的经验综合分析来确定供应商，但大型的采购必须设计供应商选择量表，列举采购商要考虑的诸多因素，按照比重进行评分，评分高者获得该订单。请通过网络找到一份"供应商选择评分表"。

与采购有关的法律法规知多少

合作实训

两人为一组,分组研讨,通过浏览网页充分了解相关信息,回答以下问题:如何选择合适的供应商?字数要求不少于200字,将答案以文档的形式保存,以"班级+姓名"的方式命名提交。

>>>>>>>>>>> **任务4**
做好到货准备

情境设计

经过综合分析,惠多公司最终选择与江西联成印花箱包厂签订本次的采购合同。目前订单显示,江西联成印花箱包厂已经发货,货物预计明天到货。罗莉作为本次采购的负责人,需要协助仓储部门做好到货准备。

任务分解

在货物到达之前应该做些什么准备工作呢?罗莉对此毫无头绪,于是决定借助互联网和搜索引擎学习"到货准备"的相关知识,做好到货准备。本任务可分解为两个活动:了解如何做好到货准备、做好到货准备。

任务实施

活动1 了解如何做好到货准备

活动背景

采购的最后一步是做好到货准备,这是为了防止由于突然到货而造成忙乱,以至于拖延入库时间。罗莉打算通过网络先了解如何做好到货准备。

活动实施

访问百度搜索引擎,输入关键词"做好到货准备",打开相关网页,学习相关知识,总结到货准备工作的主要内容,如图3.4.1所示。

活动拓展

在货物到达仓库前,要在仓库做好接货的准备,面对不同的货物也会有不同的要求,尝试为1 000个笔袋到货列出需要准备的事项或者设备等。

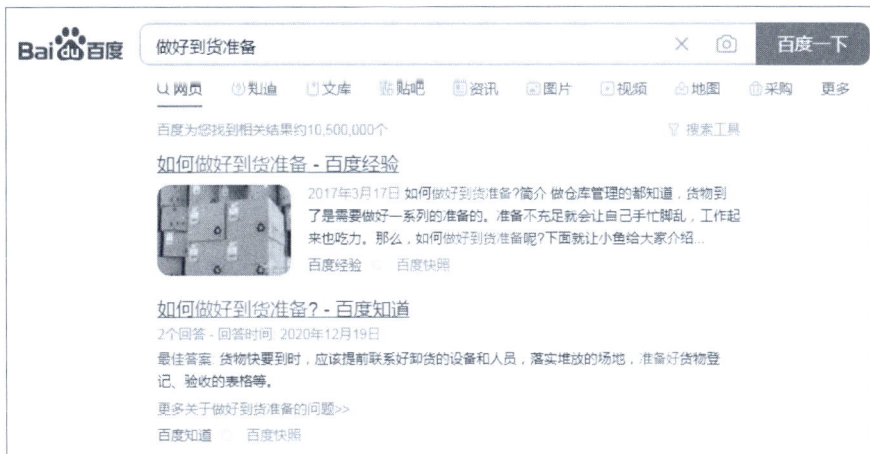

图3.4.1　百度"做好到货准备"搜索结果页

活动2　做好到货准备

活动背景

1 000个笔袋明天就要到货了。为了保证到货工作的顺利开展，罗莉和仓储部的工作人员提前做好了到货的准备工作。

活动实施

第1步：熟悉入库货物。

入库前，需要先对即将入库的货物进行必要了解，熟悉入库货物的基本信息。表3.4.1标明了本次采购货物的基本信息。

表3.4.1　拟入库货物

序号	货物名称	规格	单位	数量	毛重/kg	搬运/保存注意事项
1	卡通拉链笔袋	50个/箱， 40 cm×27 cm×45 cm	箱	20	80	防潮、防油污

🗂 **想一想**

入库前，应该了解入库货物的哪些信息？如何获取这些信息？

第2步：了解仓库情况，准备好货位。

首先需要了解仓库是否有足够的位置存放将要到达的货物，并且确定该仓库的存储条件是否符合该货物的存放要求。然后根据入库货物的相关信息,准备好足够的货位空间,与仓库管理员一起制订好仓储计划,落实安排。

⊟ 想一想

入库前,需要掌握哪些仓库情况,以便于制订仓储计划?

第3步:清洁、整理货位。

及时清洁货位、清除残留物、更换货物指示牌、盘点卡。有些货物入库前,还需要对货架进行消毒除虫、改造等。

第4步:准备验收工具。

货物入库前,必须进行验收,不同的货物验收要求、验收方式不一样。

⊟ 知识窗

问题:一般的验收工具有哪些?

一般的验收工具有卷尺、电子台秤、试电插座、橡皮锤等,如图3.4.2所示。

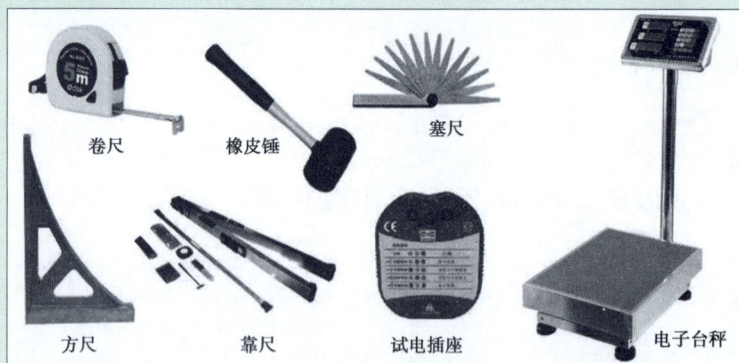

图3.4.2 验收工具

第5步:合理组织人力。

对于人员的组织配备要到位,安排好相关货物验收人员、搬运堆码人员,确定好各个环节所需要的人员与设备。

活动拓展

做好到货准备充分体现了采购从业人员的职业精神之一——具有预见性,在接收货物有充分的准备也体现了采购从业人员的"服务意识",思考采购从业人员需要具备哪些职业素养?

合作实训

4人为一组,分组合作,通过网络查找相关信息,回答以下问题:

(1)目前常见的验收工具有哪些?

(2)验收工具分别有什么功能?

(3)验收工具主要用于验收哪类货物?

将答案以PPT形式,图文并茂地向全班同学展示、说明。

任务5
填写采购单据

情境设计

在整个采购活动中，由于采购工作涉及部门众多，流程比较复杂，各个部门之间以单据的流转来沟通、记录和交流，才能够保证采购工作的准确性和有效性。罗莉在"师傅"李伟的帮助下，每个阶段逐一填写了相关的采购单据，也将供应商填写的单据收集备案。

任务分解

罗莉在整个笔袋采购过程中，涉及的单据有采购计划表、询价单、报价单、厂商资料单、订购单、物料采购记录表等。本任务可以按照采购的不同阶段所需填写的单据分解为3个活动：填写采购计划阶段单据、填写采购实施阶段单据、填写采购最终阶段单据。

任务实施

活动1　填写采购计划阶段单据

活动背景

惠多公司为迎接"开学季"大促，采购部门需要为文具类商品的促销活动采购一批文具袋（笔袋）作为赠品。早在年中采购计划申报时，营销部门就把该批笔袋列入了采购计划，填写了"采购申请单"，采购部已经审批通过，并据此填写了"采购计划表"。罗莉要根据该"采购计划表"进行采购。

活动实施

李伟按照"月度采购计划"按部就班完成采购工作，经采购部许经理要求，他把笔袋的采购任务交给罗莉。罗莉获得了该"采购计划表"。从"采购计划表"中罗莉看到营销部门需在20××年8月15日前采购一批文具袋，文具袋需尼龙布料，大小为230 mm×55 mm左右。订购1 000个，因促销赠品，原来无库存。请根据罗莉看到的需求，试着填写表3.5.1的相关内容。

表3.5.1　采购计划表

日期：　　年　　月　　日

序号	品名	规格	计划用量	使用时间	库存量	订购量

制表：

采购的单据作为交易的依据具有一定的法律效力，因此填写不容有错。在填写的过程中应多次审核，以精益求精的态度保证单据的正确性。

📕 知识窗

问题：采购计划如何分类？

根据采购计划期的长短，采购计划分为年度采购计划、月度采购计划、日采购计划和日常经营需求采购计划。

📕 想一想

采购计划单是根据什么制订的？由哪个部门制订？

活动拓展

很多企业的采购计划需要根据经审批的"采购申请表"来制订，回顾一份"采购申请表"需要填写哪些内容？

活动2　填写采购实施阶段单据

活动背景

惠多公司需要采购笔袋1 000个，费用预算为4 500元，计划7月21日发布询价，8月15日需交货。采购专员罗莉根据需求实施了采购：她首先填写了"询价表"，多名供应商发给她"报价单"，其中联成箱包厂报价4元/个，其适用增值税率是13%，运送1 000个笔袋到惠多公司预计运费为600元，运输方式为公路运输；罗莉根据公司的费用预算与供应商进行谈判议价；经议价，联成箱包厂发给罗莉"报价单2"，单价修改为3.3元/个，其他不变；罗莉认为该报价较合适，于是根据该厂的相关信息填写了"货品申购单"提交给公司。

相关企业资料见表3.5.2。

表3.5.2　相关企业资料

公司名称	地址	邮编	电话	传真	联系人
惠多公司	劳动路8号	324002	863245××	863245××	罗莉
联成箱包厂	中山路11号	324005	862106××	862106××	郑成

活动实施

第1步： 填写询价单。

罗莉根据公司"采购计划表"（见表3.5.1）填写并发布"询价单"，要求供应商在一周内报价，见表3.5.3。

表3.5.3　询价单

编号：　　　　　　　　　　　　　　　　　　　　　　日期：　　　年　　月　　日

序号	货品名称	单位	申购数量	货品描述

续表

序号	货品名称	单位	申购数量	货品描述

备注: ①交货地点: _____。

　　　②付款方式: 银行转账, 付款条件: 验收通过。

　　　③逾期罚款: 每逾期一日扣总价款 __0.1__ %。

　　　④报价期限: 请于_____前邮寄或传真本公司。

　　　⑤请使用贵公司报价单报价, 并附详细规格及型号, 报价时请含税。

　　　⑥如对本询价单规格有疑问或贵公司无意报价请赐知为荷。

　　　⑦联络电话: _____。

第2步: 第一次报价。

各供应商根据询价单要求进行详细报价, 并向惠多公司发出"报价单", 其报价在7月21日当天就发出, 有效期为5个工作日。请帮联成箱包厂填写第一次报价的"报价单", 见表3.5.4。

表3.5.4 报价单 (Ⅰ)

公司名称:

客户名称: 　　　　　　　　　　电话: 　　　　　　　　　传真:

编号: 　　　　　　　　　　报价日期:

编号	品名	规格	数量	单位	单价	金额/元	备注
					小计		
					税金		
					运费		
					总计		
					付款方式		

公司章戳:

经办人:

日期: 　　　　年　月　日

备注: ①上列报价已含_____税金, _____税率。

　　　②本报价单有效期限至_____为止。

第3步: 第二次报价。

根据采购计划预算, 罗莉与候选供应商进行议价, 供应商根据议价结果于7月23日向惠多公司发来第二次报价单。请根据活动背景,帮助联成箱包厂填写第二次报价单,见表3.5.5。

表3.5.5 报价单(Ⅱ)

公司名称:

客户名称: 电话: 传真:

编号: 报价日期:

编号	品名	规格	数量	单位	单价	金额/元	备注
					小计		
					税金		
					运费		
					总计		
					付款方式		

公司章戳:

经办人:

日期: 年 月 日

备注:①上列报价已含_____税金,_____税率。

②本报价单有效期限至_____为止。

第4步:填写货品申购单。

罗莉根据议价结果,确定合作的供应商,在与供应商签订采购合同前,罗莉需要得到公司对于该次采购的认可及授权。这就需要罗莉填写一份"货品申购单",递交上级领导签名。罗莉根据报价单及厂商资料填写表3.5.6的"货品申购单"。

表3.5.6 货品申购单

申购部门	计划编号	申购日期	需用日期	申购编号		承办人
		年 月 日	年 月 日			
项次	品名及规格说明	数量	单位	预估金额	单价	总价
预算金额:		合计:				

续表

一 需求原因简述:				

二 参考厂商/代理商名称,地址或电话等:1._____ 2._____ 3._____

三 以前曾有相同或类似的申购? □否 □是(申购编号_____)

四 □不指定厂牌 □要指定厂牌_____理由如下:

五 是否属于现有财产设备的附属机件? □否 □是

原有财产设备的财产编号:1._____ 2._____ 3._____ 4._____

六 是否需维护服务? □否 □是

七 验收时间须超过七日? □否 □是(请说明所需日数及理由)

核决	财务部	预算中心主管	审核人	申购人
	(略)	(略)		

活动拓展

上述的系列单据并不全是罗莉填写的,请把上述单据的撰写人员再次明确,以保证掌握整个采购流程。

活动3 填写采购最终阶段单据

活动背景

在"货品申购单"获得审批后,罗莉可以与联成箱包厂签订"采购合同",并填写最终的"订购单"。联成箱包厂承诺于8月15日前交货,逾期则扣除货款0.1%/天,附产品图样1张,检验标准1份,多附0.1%备品。

活动实施

第1步:填写"订购单"。

作为采购合同的一部分,罗莉填写了"订购单",见表3.5.7。

表3.5.7 订购单

编号:　　　　　　　　　　　　　　　　　　　　　　　日期:　　年　月　日

厂商名称					厂商编号		
厂商地址					电话/传真		
序号	料号	品名规格	单位	数量	单价	金额	交货数量及日期
合计				万 仟 佰 拾 元 角 分			

续表

交货方式			交货地点	

交易条款：

1. 交期：承制商必须遵循本订购的交货期或本公司采购部电话及书面通知调整的交货期，若有延误，每逾一日扣除该批款_____%。

2. 品质：

2.1 检验方法：按MIL-SID-105EII抽样检验，AQL=__4.0__。

2.2 按工程图样要求。

2.3 品质保证期限为3个月。

3. 不良品处理：

3.1 检验后如发现品质不良或承制损坏时，承制厂商接获通知后3日内应将该退货部分取回，并尽快补回，逾期本公司概不负责。

3.2 若急用需选别的，所需人工费用由承制厂商负责。

4. 其他：

4.1 承制厂商送货时应多付_____%备品。

4.2 交货时请在送货单上注明本订购单号，并附上开立金额统一的发票，单据上应注明物料编号。

4.3 附产品图样_____张，检验标准_____份。

承制厂商	总经理	采购经理	采购主管	采购员

第2步：保存供应商资料。

为了方便以后的合作，应该把新的供应商的详细资料存档备用，填写表3.5.8 "厂商资料单"。

表3.5.8　厂商资料单

编号：　　　　　　　　　　　　　　　　　　　　　　　日期：　　　年　月　日

厂商名称	电话号码	公司地址	负责人	接洽人	主要供应材料

活动拓展

订购单中需要填写货品的检验方法，请查找 "按MIL-SID-105EII抽样检验" 具体是什么意思，AQL是什么意思。

合作实训

（1）分组实训。两人为一组，每组抽签分别组成6种产品的生产型企业（全班小组数应为6的倍数），每个企业内部进行分工，一名组员担任采购员，另一名组员担任销售员。

（2）任务要求。以销售订单（见表3.5.9）驱动方便面生产企业带动整个供应链进行运转。

要求各企业严格按照订单要求分别制订采购计划,按照计划内容选择供应商、采购谈判、签订采购合同等,并在每个关键节点形成相应的采购文件或单证记录。

表3.5.9 销售订单

编号: QH202001001 时间: 2022年3月23日

需方						供方			
		青华超市							
序号	品名	规格	单位	数量	价格	金额/万元	到货时间要求	质量要求	备注
1	OK碗装方便面	1箱=12碗	箱	5 000	60元/箱	30	2022.4.12	合格品	生产日期须在2020年3月后,超市交货,货到付款
2	OK袋装方便面	1箱=24袋	箱	5 000	60元/箱	30	2022.4.12	合格品	
合计				10 000		60		大写: 陆拾万元	

实训启动时,有销售订单的企业根据自己的库存情况向下游企业发起采购活动(目前方便面企业已有订单,见表3.5.9),采购员填写"采购计划表"(见表3.5.1)、"询价单"(见表2.5.3),销售员必须根据自己的产品找到需求企业拿订单。例如,面粉企业小组要找到方便面企业小组拿订单,订单就是"询价单",并根据询价单填写"报价单"(见表3.5.4),采购员再根据"报价单"填写"订购单"(见表3.5.7)以及"厂商资料单"(见表3.5.8)。

(3)企业资料。6家企业相互构成一条以方便面生产企业为核心的食品生产供应链,具体见表3.5.10。

表3.5.10 企业资料

公司名称	地址、电话	主要原料
方便面生产企业	白云路1号863245××	面粉、调料包、塑料袋、纸箱等
面粉公司	面包路1号863267××	主要原料为小麦、面粉添加剂等
调料包公司	调料路1号863278××	主要原料为各种调料、蔬菜、塑料袋等
塑料包装公司	塑料路1号863290××	主要原料为各种塑料树脂、添加剂等
纸箱包装公司	纸箱路1号863212××	主要原料为牛皮箱板纸、瓦楞纸、黏合剂等
造纸企业	造纸路1号863223××	主要原料为麦秸秆、废纸浆等

(4)生产条件预设:见表3.5.11。

表3.5.11　生产条件预设

组别	产品规格	生产设备	生产能力	投入产出关系	备品	原料起购点	价格	备注
方便面企业	面饼180 g、调料50 g/袋（碗）	袋装、碗装各1条线	10 000袋（碗）/天/条线	1袋（碗）=150 g面粉+1套调料包+1套塑料包装；1箱=24袋或12碗	5%	面粉1 t、调料包10 000套、塑料包装10 000套、纸箱100个	（略）	
面粉企业	25 kg/袋	1条线	5 000 kg/天/条线	1 kg面粉=1.2 kg小麦+1 g添加剂	0%	小麦1 t、添加剂1 kg	70元/袋	
调料包企业	酱包、粉包：20 g/包；蔬菜包：10 g/包；尺寸10 cm×10 cm/个	酱包、粉包、蔬菜包各1条线	20 000包/天/条线	酱包、粉包、蔬菜包、塑料袋：成品/原料=1∶1.1	10%	酱料10 kg、粉料10 kg、脱水蔬菜1 kg、塑料袋10 000个	均价0.05元/包	各种原料均按套计
塑料包装企业	材质：聚丙烯PP；薄膜厚度：10 μm；薄膜幅宽：20 cm/30 cm；薄膜克重：8 g/m²；泡沫碗10 g/套	薄膜1条线；泡沫碗1条线	薄膜5 000 m/天/条线；泡沫碗20 000个/天/条线	1米薄膜=10 gPP树脂+0.001 g添加剂；1套碗=5 g PP树脂+0.001 g添加剂	0%	PP树脂100 kg、添加剂1 kg	薄膜0.01元/包泡沫碗0.05元/套	
纸箱包装企业	5层瓦楞纸箱，尺寸40 cm×30 cm×20 cm，重量0.5 kg	2条线	1 000个/天/条线	1个纸箱=200 g牛皮纸+300 g瓦楞纸+200 g黏合剂	1%	牛皮纸1 t、瓦楞纸1 t、黏合剂100 kg	1.00元/个	
造纸企业	牛皮纸：200 g/m²，瓦楞纸：120 g/m²	2条线	2 000 kg/天/条线	1 kg纸=2 kg麦秸秆+1 kg废纸浆+100 g化工原料	10%	麦秸秆1 t、废纸浆1 t、化工原料100 kg	牛皮纸0.5元/m²，瓦楞纸0.1元/m²	

注：①库存假定为0。
　　②每家生产企业组织生产皆假定需要4天，运输到采购厂家仓库需要1天，皆采取公路运输方式，运费为0，报价单最迟需于组织生产前一周获得。
　　③付款方式皆为银行转账，逾期交货皆扣除货款1%/天。

□ **项目总结**

　　采购既是一个商流过程，也是一个物流过程。在商流过程和物流过程都完成后，企业才算真正从外部获得维持经营所需要的资源，从而得以发展壮大。因此，采购对企业的成功经营至关重要。罗莉从了解采购的定义着手，最终掌握了采购的整个流程，并且能够填写采购不同阶段的单据。

▢ 项目拓展

舟山好人陆世杰，守信奉献的采购员

　　某食品公司采购经理陆世杰多年来坚守原则，始终把食品安全摆在首位，是采购人员的榜样。公司常用的400多种原辅料和100多种内外包材的采购工作都是陆世杰负责。他始终坚持以最低的价格为企业采购高质量的商品为原则，把诚实守信作为企业的重中之重来抓。担任采购经理10年，多次拒绝供应商的"好意"。陆世杰紧紧围绕公司的生产经营开展工作，在平凡的岗位上默默无私的奉献，以强烈的诚信意识和契约精神，以崇高职业道德和守信精神，营造公平诚信的经营氛围。如果你是采购员，你会如何履行好自己的岗位职责？

▢ 项目评价

　　完成PMIQ表，对自己的学习情况进行评价。

PMIQ表

P（Plus）学习收获（我已经学懂的知识）	M（Minus）不足之处（我还没学懂的地方）	I（Interesting）我还感兴趣的内容（我还想学的知识）	Q（Question）我感到疑惑的问题（我还想弄清楚的问题）

▢ 项目检测

1.单项选择题

　　（1）采购是指企业在一定的条件下从（　　　）获取产品或服务作为企业资源，以保证企业生产及经营活动正常开展的一项企业经营活动。

　　A.需求市场　　　　　　B.供应市场　　　　　　C.买方市场　　　　　　D.卖方市场

　　（2）下列哪一项不属于采购人员应有的职业道德规范？（　　　）

　　A.坚守原则　　　　　　B.诚实守信　　　　　　C.中饱私囊　　　　　　D.廉洁自律

　　（3）以下哪项不是采购员的职责？（　　　）

　　A.根据采购计划完成商品采购前期准备工作

　　B.负责商品的采购及结算工作

　　C.负责商品信息采集工作

　　D.负责商品的入库工作

　　（4）以下哪个单据是在与供应商签订采购合同前，需要得到公司对于该次采购的认可及授权所需要填写的？（　　　）

　　A.订购单　　　　　　　B.采购计划单　　　　　C.报价单　　　　　　　D.货品申购单

　　（5）可以协助买家寻找长期供应商的采购寻源方法是（　　　）。

A.询价   B.招募   C.招投标   D.竞价

2.多项选择题

(1)阿里巴巴发布采购信息的方式有(　　　)。

A.询价采购   B.招募供应商   C.招标采购   D.竞价采购

(2)阿里巴巴的账户类型有(　　　)。

A.企业账户   B.个人账户   C.第三方账户   D.个体工商户账户

(3)采购员的必备能力包括(　　　)。

A.成本意识与价值分析能力   B.预测能力   C.表达能力

D.良好的人际沟通与协调能力   E.专业知识

(4)采购流程分为6步:提出采购需求、采购询价以及(　　　)。

A.选择供应商   B.到货验收   C.付款结案   D.签订订购合同

(5)在采购过程中,由采购员填写的单据包括(　　　)。

A.询价单   B.报价单   C.厂商资料单   D.订购单

3.判断题

(1)采购既是一个商流过程,也是一个物流过程,是商流过程与物流过程的统一。
                                                   (　　　)

(2)当今竞争环境下,没有哪一种采购策略适用于一个企业所有的产品和服务。
                                                   (　　　)

(3)采购价格应以达到最低价格为最高目标,采购员必须根据市场行情,分析物料的质量状况和价格变动情况,选择物美价廉的物料进行购买。   (　　　)

(4)通过Alexa流量排名,可以评价一个网站的用户是否多,排名越靠前的网站,用户越多,网站越活跃。   (　　　)

(5)注册阿里巴巴必须要有营业执照。   (　　　)

4.简述题

(1)简述采购的一般流程。

(2)试列举采购员的工作职责。

5.案例分析题

某年,多起因注射了某药厂制造的"亮菌甲素注射液"而造成的患者肝功能衰竭事故相继发生,引起了全国范围内的药物恐慌。经查明,该药企采购了劣质的工业用溶剂代替了药用溶剂,供应商每吨从中获利数千元,采购人员吃了"回扣"。使用劣质溶剂制作的注射液最终流入市场,产生了极其重大的医疗事故,从采购到产品加工都处处凸显了该药企存在重大问题。

请回答:

(1)本案例中,采购人员违反了什么职业道德?

(2)如何避免出现类似的采购风险?

项目 4
商品入库管理

▢ 项目综述

在优秀的电商团队的打造下，惠多公司网上销售业绩突飞猛进，然而支撑电商企业的物流模块难以跟上，导致物流管理方面相继出现难题。以往企业对货物的入库检验、堆垛整理、库位安排、单据整理等方面的处理能力相对薄弱，所以在销售业绩飞速上升后，物流后勤工作无法及时跟上，仓库的进出库流程和商品的存放显得一片混乱，严重阻碍商品的配送进程。针对此问题，公司决定重置物流工作流程，特别是入库环节的工作程序，以提高货物上架放置的合理化程度。

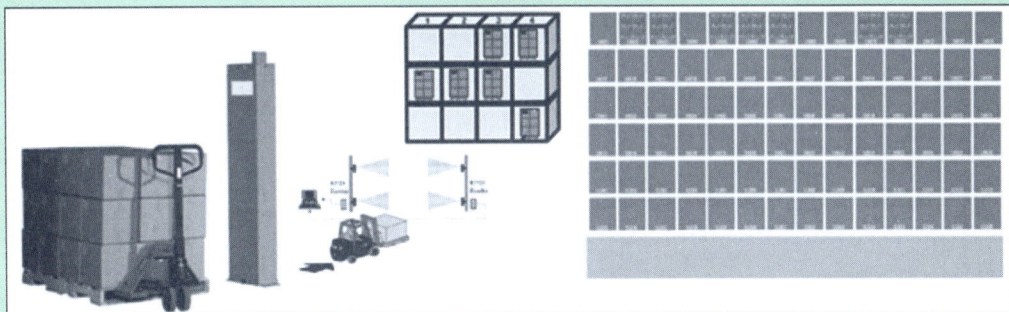

▢ 项目目标

知识目标

◇了解商品入库的具体流程和工作要点；
◇熟悉仓管人员的基本岗位职责；
◇掌握商品入库过程中的单据类型和填写规范。

能力目标

◇能按工作流程和规范完成商品验收；
◇能根据商品的特性合理安排库位存放；
◇会按要求完成商品的堆码、整理、上架等操作；
◇会按规范正确填写入库过程中的各项单据。

素质目标

◇增强专业意识和岗位意识；
◇培养责任意识和安全意识；
◇养成认真负责、注重合作、刻苦耐劳的职业态度。

项目思维导图

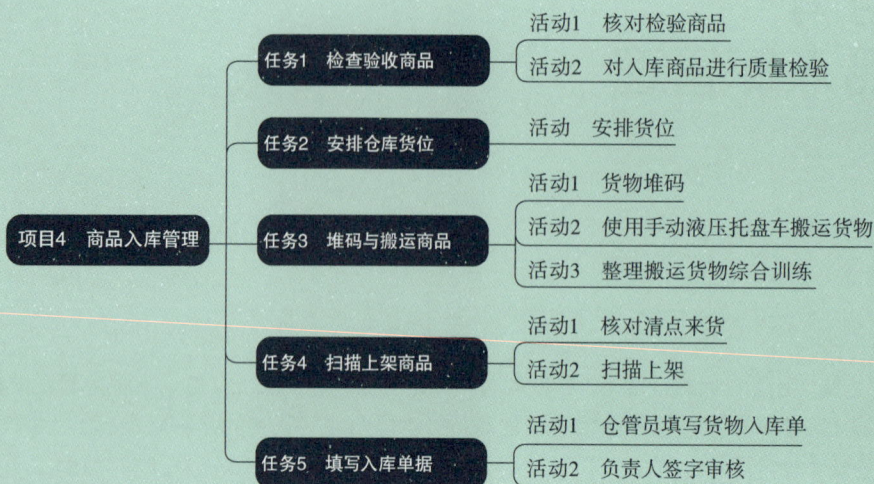

```
                                      活动1  核对检验商品
                     任务1  检查验收商品
                                      活动2  对入库商品进行质量检验

                     任务2  安排仓库货位   活动  安排货位

                                      活动1  货物堆码
  项目4  商品入库管理   任务3  堆码与搬运商品  活动2  使用手动液压托盘车搬运货物
                                      活动3  整理搬运货物综合训练

                                      活动1  核对清点来货
                     任务4  扫描上架商品
                                      活动2  扫描上架

                                      活动1  仓管员填写货物入库单
                     任务5  填写入库单据
                                      活动2  负责人签字审核
```

任务1
检查验收商品

情境设计

惠多公司最近销售量大,采购部门已经提前向供应商下单补货。补货的商品由3家供应商发货,分别是广州明达公司送来的一次性纸杯20箱,广州王老吉公司发来的凉茶饮料20箱,以及深圳恒景公司发来的陶瓷碗40箱。3种商品分别于同一天到货,在仓管部实习的罗莉提前接到仓库主管的通知,将参与到货物的入库验收工作中。

任务分解

罗莉的主要任务是清点供应商送来的货物,根据"入库通知单"上的内容核实商品信息和商品数量,利用适当的检验方式对商品的质量进行检验,并对商品信息有误的货物进行标记,及时反馈送货人员协商处理。具体可以分解为两个活动:核对检验商品、对入库商品进行质量检验。

任务实施

活动1 核对检验商品

活动背景

3家供应商发来的3种货品分别到货,罗莉跟随仓库人员一起根据"入库通知单"的信息核对商品的规格及数量,并验收登记。

活动实施

🗐 知识窗

问题:商品入库前要做好哪些工作?

商品入库前,必须依据入库通知单的信息一一核对商品的相关信息,如商品名称、规格、包装、商品条码、商品数量等。如果商品信息或数量出现差异,应及时做好登记,并与送货人员协商处理。

入库商品的数量检验包括3个部分,分别是清点件数、丈量体积、称量重量。

第1步:核对入库单据。

罗莉将"入库通知单"与送货员出示的"送货单"进行核对,若商品不一致则放置待验区不能验收,本次入库通知单与送货单商品信息一致,可以组织卸货。

第2步:卸货。

罗莉指引送货人员将3种货物手工搬运到仓库收货区,并分开堆放。根据作业安全操作规范,每人每次只能搬动一个箱子,且必须双手抬举或背扛货物,注意搬运过程中轻拿轻放,禁止暴力搬运,如图4.1.1所示。

第3步:对入库商品进行数量检验。

根据"入库通知单"(见表4.1.1),罗

图4.1.1　人工搬箱卸货

莉核对供应商名称、商品名称、规格、生产日期等重要信息,清点每种货物的数量,并对货物进行称重。由于"入库通知单"上只标明了总毛重,因此须对每种商品抽取一箱进行称重,再以单位重量×数量的方式计算总重量,与通知单上的内容进行核对,若信息无误则在备注处打钩。

表4.1.1　入库通知单

时间:_____年_____月_____日									
序号	供应商	商品名称	条码	规格	生产日期	运送单位	数量	总毛重	备注
1	广州明达公司	环保纸杯	6908763927424	200 mL×50只(20包箱装)	20210801	箱	20	40 kg	
2	广州王老吉公司	凉茶	6946849399332	500 mL(20支箱装)	20210705	箱	20	200 kg	
3	深圳恒景公司	青花瓷陶瓷碗	6930857362662	碗面直径5 cm(20只箱装)	20210402	箱	40	400 kg	
合计							80	640 kg	

第4步: 信息差异处理。

在核对商品信息过程中,罗莉发现王老吉公司送来的凉茶只有18箱,比单据上的信息少了两箱,及时报告主管并在"入库通知单"上备注,并要求送货人员签字确认,备注补送,如图4.1.2所示。

图4.1.2 验收签字

📋 **小提示**

质量意识是企业生存和发展的思想基础。提高质量意识,在工作岗位上踏踏实实把好每一道质量关,才能对国家、行业、企业的振兴作出贡献。

活动拓展

商品入库前的信息和数量核对是入库验收的第一道关口。严格把好这一关,可以避免日后商品入错库、库存不足、迂回搬运等状况出现,为商品的入库作业提供保障,同时也有利于维护仓库的正常运作秩序。请对所有货物进行称重,并核对单据上重量数据是否有误。

活动2 对入库商品进行质量检验

活动背景

当天送货的三个供货商中,明达公司与广州王老吉公司是本公司合作已久的供应商,以往的运送质量也都达标,而深圳恒景公司则是新合作的企业,其运送质量有待检验。在完成数量检验后,仓库人员开始对商品进行质量检验。

淘宝网商品
品质抽检规范

活动实施

📋 **知识窗**

问题: 商品质量检验的内容和检验程度有哪些?

商品的质量检验包括外在检验和内在检验两种。外在检验是对商品的包装、外观、标签标志、颜色、气味、手感等进行检验。内在检验是对商品的物理结构、化学成分、使用功能等进行检验。

商品的检验程度可分为全检和抽样检查。

第1步: 商品外包装检验。

仓管人员分别对到货的纸杯、凉茶和陶瓷碗进行外包装检验。操作员需要手工搬动每个货箱,仔细检查货箱的四面和底部是否存在渗水、污渍、破裂、未封箱等情况。若包装出现问题,如图4.1.3和图4.1.4所示,须及时与送货人员协商处理。

图4.1.3　货损（破箱）　　　　图4.1.4　货损（污渍）

第2步：拆箱检查。

在检验过程中，罗莉发现王老吉公司送来的凉茶有两箱出现渗水现象，广州明达公司运来的纸杯有1箱外包装出现破损。仓库主管得知情况后，及时与送货的两位工作人员进行交接，要求进一步拆箱检查。罗莉利用刀片把问题货物的外包装拆开，一一检查内在商品是否存在破损和泄漏。经检查发现，3箱货物内在质量均无问题，进行重新包装后即可入库。

第3步：抽样检查。

由于送来的纸杯和凉茶均由长期合作的供应商提供，而且以往运送质量较好，售后服务也相对合理，因此无须进行拆箱检查。而陶瓷碗为新合作的供应商提供的货品，经仓库主管和送货人员协商，要求按10%的比例进行抽样拆箱检验。罗莉接到指令后，随机抽取了4箱货物拆箱检验，如图4.1.5所示，拆的货物均完整无缺。

第4步：封箱待入库。

将拆箱的货物一一封箱，如图4.1.6和图4.1.7所示，等待入库。

图4.1.5　拆箱验货　　　　　　图4.1.6　封箱操作细节

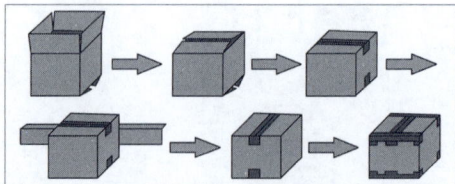

图4.1.7 封箱流程

第5步：确认签收。

仓管员与送货人员确认签收货物，并在单据上备注清楚拆箱的检验数量和检验结果。

📋 **小提示**

> 诚信是为人之道，是立身处事之本。在物流质量检验工作中，要秉承诚实守信、实事求是的理念，尊重客观事实，做到廉洁自律，保护国家和企业利益不受损害。

活动拓展

商品的质量检验直接影响商品的储存和销售，是入库前的重要环节，仓管人员需要根据实际情况做出具体分析，以选择既省时又有保障的办法进行检查。请按5%、30%对货物进行抽检。

合作实训

把同学们分成3~4人一组，分组准备模拟货物纸箱40箱，分别对若干货物进行货损标记，如图4.1.8和图4.1.9所示。以小组为单位在限定3分钟内对货物进行检验，并做好检验记录。按封箱流程完成纸箱封装。注意实训过程中做到认真仔细、动作规范、分工合作。

图4.1.8 污渍标记

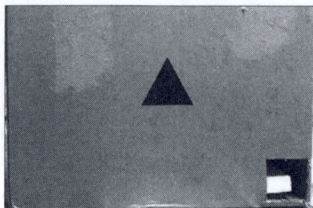

图4.1.9 破损标记

》》》》》任务2
安排仓库货位

情境设计

> 近日，仓库又有三批货物到货，分别是广州明达公司送来的一次性纸杯、东莞恒心公司运来的塑料杯以及珠海银通公司运来的玻璃酒杯，每种商品各20箱。经仓管员验收，全部合格，即将安排入库。罗莉接到仓库主管的指令，要求根据仓库的实际情况对这些货物进行合理的货位安排。

任务分解

在活动中，罗莉需要先熟悉储位安排的几项重要原则，然后根据仓库货位的剩余情况、货位分配的原则和各种商品自身的周转特性、保存特性进行分析，对商品做出最合理的储位安排。本任务的活动是安排货位。

任务实施

活动　安排货位

活动背景

仓库现有空余货位12个，仓库主管要求罗莉根据商品的特点为3种货品进行库位安排。

3种商品的到货信息如下：

（1）广州明达公司送来的一次性纸杯有20箱，此类商品是企业的次要推销产品，销售利润较低，销量也小，常以搭配销售的形式才能推销出去。

（2）东莞恒心公司运来的塑料杯有20箱，此类商品是企业的主要推销产品，销量最大，因其质量过关且外形美观而深受客户的青睐。企业杯子类的产品利润主要来源于这种商品。

（3）珠海银通公司运来的玻璃酒杯有20箱，此类商品同样不是企业的主力产品，销售量居中，销售利润中等。

活动实施

📋 知识窗

问题：选择货位的原则有哪些？

（1）最接近商品出口原则。在规定固定货位和机动货位的基础上，要求商品摆放在离库房出口最近的位置上。

（2）以库存周转率为排序依据的原则。出入库频次高且出入量比较大的品种应放在离仓库出口最近的固定货位上。当然，随着产品的生命周期、季节等因素的变化，库存周转率也会变化，同时货位也应重新排序。

（3）关联原则。由于调拨单或习惯，两个或两个以上相关联的商品常常同时出库，假如放在相邻的位置，就可以缩短分拣人员的移动距离，提高工作效率。

（4）唯一原则。（合格的）同一商品要求集中保管在唯一货位区域内，便于统一管理，避免多货位提货；当然，自动化立体仓库不用严格遵守这个原则。

（5）系列原则。对同一系列的货物，可设置一个大的区域存放，如奶粉一段区、奶粉二段区、奶粉三段区等。

（6）面对通道原则。即把商品的标志面对通道，不仅是把货架外面的一列商品标志面对通道，而且要使所有的商品标志都面对通道，面对同一方向，使分拣人员能够始终流畅地进行工作，不用中断工作去确认标志。

（7）合理搭配原则。要考虑商品的外形大小，根据实际仓库的条件合理搭配空间。

（8）上轻下重原则。楼上或上层货位摆放质量轻的商品，楼下或者下层货位摆放质量重的商品，这样可以减轻搬运强度，保证货架、建筑与人员的安全。

第1步: 规定货位的编码方法。

货位的编码方法分别按照货架—层数—货位号来对剩余货位编号。如A货架第一层靠近通道的货位编号为A0101,以此类推,为其余11个库位进行编号,如图4.2.1所示。

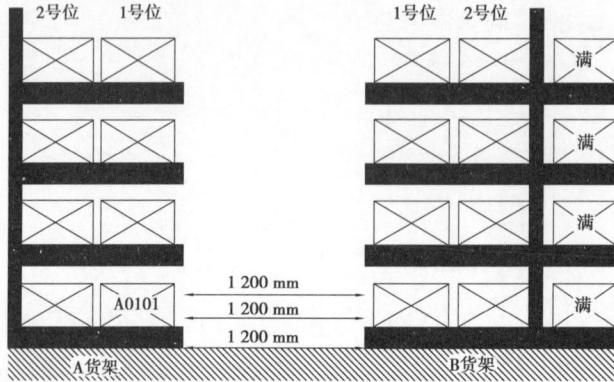

图4.2.1 仓库空余货位

第2步: 判断货物所占货位量。

根据3种商品的到货量,判断3种商品分别需要多少个托盘装载及占据多少个货位(一般情况下,一托盘货物占据一个货位)。

第3步: 以库存周转率为排序依据安排货位。

3种商品按照周转率由高到低的排列分别为塑料杯、玻璃酒杯和纸杯。根据周转率排序这一依据,塑料杯适合放置于靠近底层和通道等最方便作业的位置;玻璃酒杯适合放置于次靠近底层和通道等次要方便作业的位置;纸杯适合放置于顶层和远离通道等作业较麻烦的位置,如图4.2.2所示。

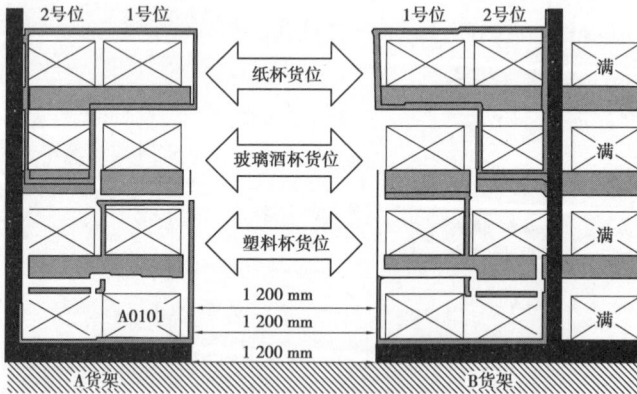

图4.2.2 初定货位分区

第4步: 根据系列原则安排货位。

纸杯、塑料杯、玻璃酒杯为同一系列产品——杯子类,为了方便日后查询管理,应尽量挨近存放,因此可把目标储位锁定在A货架上进行排位,同理,选择B货架存放亦可。

第5步: 兼顾上轻下重原则确定最终货位。

由于玻璃酒杯属于笨重且易碎货品,即使周转率不是特别高也应尽量靠近地面存放,而纸杯质轻且容易受潮,因此应尽量往高处存放。综合各种原因,可为3种商品安排货位:塑料杯存放于A0101货位；玻璃酒杯存放于A0102货位；纸杯存放于A0302货位，如图4.2.3所示。

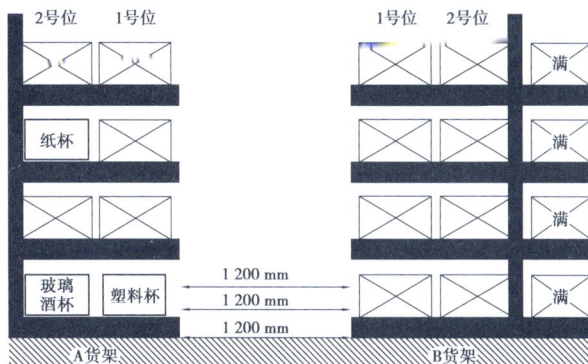

图4.2.3　货位定位

想一想

除了以上货位分配以外，还可以怎样安排这3种商品的存放位置？

小提示

工匠精神是职业道德、职业能力、职业品质的体现，在每个岗位上都要不断提高工作要求，追求精益求精的品质精神、用户至上的服务精神。

活动拓展

商品的货位安排决定了商品的储存保管和商品出库的便利程度，这是合理进行仓库布局的重要一步，除了需要考虑货物本身的特性进行储位分配外，还需要根据仓库布局进行安排。请选择3种不同的货品，对货位进行安排。

合作实训

以小组为单位（5～6人一组），选择一家超市作为调查对象，研究一下超市的商品货位安排有何特点，并撰写出一份小报告，以PPT的形式在课堂汇报。在调查过程中，根据组员特点分配照片拍摄、资料记录、工作人员采访、资料汇总、报告制作等任务，分工合作，完成任务。

》》》》任务3
堆码与搬运商品

情境设计

惠多公司下午有一批货物到货，验收入库和储位分配工作由熟手李师傅负责，待完成验收和储位分配以后，由罗莉和林凯负责整理货物并搬运入库。由于罗莉和林凯是新进员工，对仓库的很多操作不太熟悉，李师傅早上抽空给他们进行了一次整理搬运商品的相关培训。

任务分解

罗莉和林凯需要熟悉4种常规堆码方式的特点和堆码步骤,通过不断训练做到快速、整齐地完成托盘码垛;需要熟练掌握手动液压托盘车的基本操作方法,通过观摩图片和反复练习,灵活运用手动液压托盘车进行安全快速的托盘搬运操作;运用已经掌握的码垛方法和手动液压托盘车的操作技术,对准备入库的商品进行整理、搬运。具体来说,本任务分为3个活动展开:货物堆码;使用手动液压托盘车搬运货物;整理搬运货物综合训练。

任务实施

活动1 货物堆码

活动背景

常见的堆码方式有4种,分别是重叠式堆码、纵横交错式堆码、正反交错式堆码和旋转交错式堆码。罗莉需要熟知各种堆码方式的特点,选用最合适的堆码方式进行码垛。

重叠式堆码

活动实施

📖 知识窗

问题1:4种堆码方式(见表4.3.1)有何特征?

表4.3.1 4种堆码方式特征表

托盘堆码方式	特点	优点	缺点	适用范围
重叠式	各层堆码方式相同	操作简单、速度快,承压能力大	层与层之间缺少咬合,稳定性差	货品底面积较大的情况下,比较适合自动装盘操作
纵横交错式	相邻两层货品旋转90°摆放	操作相对简单,稳定性比重叠式好	咬合强度不够,稳定性不足	主要适用于管材、捆装、长箱装等物品的堆码
正反交错式	同一层中不同列货品以90°垂直码放,相邻两层货物码放相差180°	不同层间咬合强度较高,相邻层次间相互压缝,稳定性较好	操作较麻烦,人工操作速度慢	常用规格纸箱装载的货物均适合采用此法
旋转交错式	每一层中相邻两边的包装体都互为90°,上下两层之间的堆码相差180°	相邻两层之间咬合交叉,稳定性较高,不容易塌垛	堆码难度大,中间形成空穴,降低托盘利用率	适合需要恒温保存或储存条件有通风需求的货品

问题2:4种堆码方式如何码放货物?(见图4.3.1—图4.3.4)

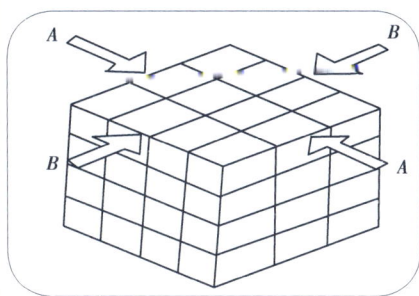

图4.3.1　重叠式

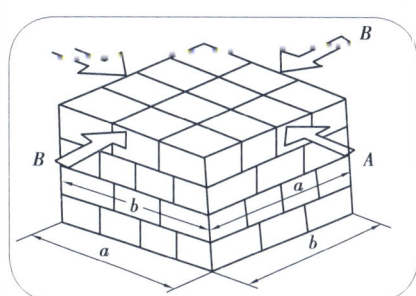

图4.3.2　纵横交错式

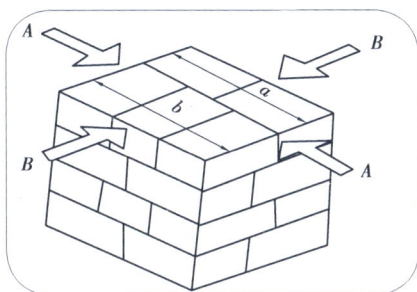

图4.3.3　正反交错式

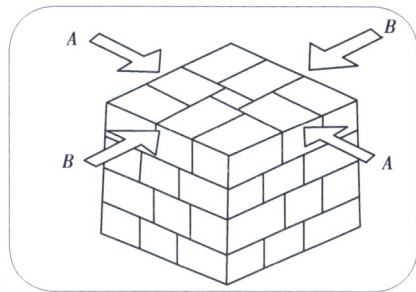

图4.3.4　旋转交错式

问题3：堆码作业基本要求及规则有哪些?

①选择正确的堆码方式；

②四面均能看到纸箱条码标签和包装标志(同一面的条码标签和包装标志的数量比例不限)；

③人工搬运时，不能一次搬运超过1个纸箱或者整列移动货物；

④避免不合理托盘堆码，包括纸箱变形、堆码层数超过限制、货箱倒置、货垛超出托盘等。

第1步：重叠式堆码。

（1）丈量货物和托盘尺寸。

将纸箱平行排列，用卷尺丈量纸箱尺寸和托盘尺寸，根据托盘规格决定纸箱摆放列数和每列的数量。

（2）堆叠底层货物。

在堆码过程中，按先远后近的原则堆码，将底层的纸箱码放整齐，箱与箱之间不留空隙。

（3）逐层堆码。

根据重叠式的堆码要求向上堆叠货物，要求层与层之间的纸箱平行，纸箱的四个角边重叠且方向相同，直到堆码完成，如图4.3.5所示。

第2步：纵横交错式堆码。

（1）同重叠式（1）。

（2）同重叠式（2）。

纵横交错式堆码

图4.3.5　重叠式堆码　　　图4.3.6　纵横交错式堆码

纸箱的每层堆码方式同重叠式一样，水平同方向摆放。

（3）逐层堆码。

根据纵横交错式的堆码要求逐层往上堆码，纸箱的第二层与底层错开90°摆放，如此循环，直到堆码结束，如图4.3.6所示。

第3步：正反交错式堆码。

（1）同重叠式（1）。

（2）堆叠底层货物。

依据从远至近的原则堆叠，并根据正反交错式的特点，堆叠过程中底层纸箱在排列的时候，列与列之间的纸箱垂直放置。

（3）逐层堆叠。

根据正反交错式的堆码要求逐层往上堆码。层与层之间的纸箱在摆放的时候，上层的纸箱与下层的纸箱错开90°摆放，如图4.3.7所示。

正反交错式堆码

第4步：旋转交错式堆码。

（1）同重叠式（1）。

（2）堆叠底层货物。

依据从远至近的原则堆叠，并根据旋转交错式堆码的特点，在堆叠过程中相邻的纸箱相互垂直旋转摆放。根据托盘及纸箱的规格，也可以把两个纸箱作为一个单位相互垂直摆放。

旋转交错式堆码

（3）逐层堆叠。

根据旋转交错式的堆码要求逐层往上堆码，上、下两层的堆码相差180°，如图4.3.8所示。

图4.3.7　正反交错式堆码　　　图4.3.8　旋转交错式堆码

小提示

在国家和社会各行各业建设中，许许多多物流人生动诠释了爱岗敬业、争创一流、艰苦奋斗、勇于创新、淡泊名利、甘于奉献的劳模精神。

活动拓展

不同的堆码形式有各自的优缺点，应掌握各种堆码方式的特征，熟悉各种堆码方式的堆叠方法，更好地为商品的整理堆垛提供保障。请为水管和陶瓷洗脸盆两种货物设计堆码方案。

活动2 使用手动液压托盘车搬运货物

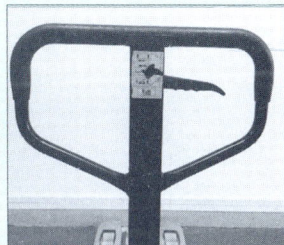

活动背景

手动液压托盘车是仓库内最常见的搬运工具，也是仓库人员必须掌握的一项物流实操技能。罗莉丝毫不敢放松，抓紧练习，尽快掌握技能。

使用手动
液压托盘车
搬运货物

活动实施

🗒 **知识窗**

问题1：使用手动液压托盘车搬运货物有何操作要求？

①在插取和退出过程中，货叉不能与托盘相刮蹭。

②行进中不能起降货叉，扳手必须居中。

③停放时，手动搬运车牵引杆应扭转90°刹车，货叉为降落状态，扳手必须居中。

④作业过程中，人员、设备、设施之间不能发生碰撞或者人员摔倒。

⑤严禁在货叉上站立和载人行驶。

问题2：使用手动液压托盘车搬运货物有哪些不规范操作？

①在手动液压搬运车上、托盘上站立或载人行驶（绝对禁止）。

②手动液压搬运车停放时扳手未居中，手柄未旋转至90°。

③手推车放置或运行时超出界限和指定区域。

问题3：如何规范使用手动液压托盘车搬运货物？

①液压托盘搬运车在静止停放或搬运行驶过程中须把把手打到中间挡位，如图4.3.9所示。

②液压托盘搬运车在起升货物时，须把把手打到下挡位才能液压起升货物，如图4.3.10所示。

图4.3.9 中间挡位

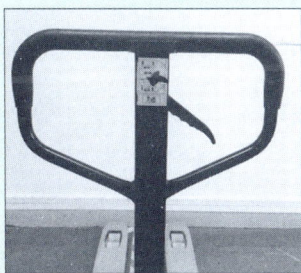

③液压托盘搬运车在卸载货物时，须将把手往上拉，直至货物完全下降贴地为止，如图4.3.11所示。

图4.3.10 下挡位

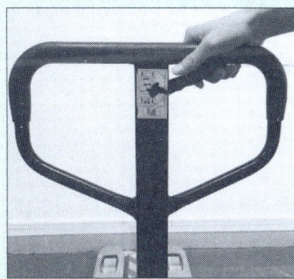

图4.3.11 上拉挡位

第1步：取托盘。

从设备停放区取一辆手动液压托盘车拉至托盘存放区，让货叉对准托盘的"川"形插口，往前推进直至液压托盘车的前臂架贴紧托盘边缘，如图4.3.12所示。

第2步：起升托盘。

操作员双脚弓步站立，一只手将手柄按下，摆动手臂将货叉升起，注意上升时保持托盘平稳上升，直到托盘离地3~5 cm为止，如图4.3.13所示。

图4.3.12　取托盘

图4.3.13　起升托盘离地3~5 cm

第3步：搬运托盘。

待托盘离地后，将扳手回至空挡（居中），将液压托盘车拉出，搬运至指定区域界限内，如图4.3.14所示。

第4步：卸载托盘。

将手柄抬至上端，直至货叉完全下降到最低，手柄恢复中间挡位，将液压托盘车的货叉抽离托盘插口。

第5步：设备归位。

将车辆拉回设备停放区，放至设备区域线内（设备不得压线停放），然后将把手旋转90°停放。

图4.3.14　搬运托盘

🖳 **小提示**

安全是企业的生命线，在物流作业中，务必做到安全第一，规范操作。

活动拓展

手动液压托盘车是仓库搬运操作的最基本的设备，也是仓库作业运用最频繁的设备之一。作为一名合格的仓管员，必须掌握这种设备的操作方法并能熟练运用，才能有效地完成仓库入库作业。请对手动液压托盘车进行清洁保养。

活动3　整理搬运货物综合训练

活动背景

通过上面几个步骤的练习，罗莉和林凯运用相关技能对下午到达的货物进行整理搬运，并运送到仓库指定位置等待上架储存。

整理搬运货物综合训练

活动实施

第1步：整理货物，码垛上托盘。

根据货箱的大小选择合适的堆码方式，两人分工合作，以标准的码垛姿势将货物整齐码垛于托盘上，如图

图4.3.15　码垛上托盘

4.3.15所示。

第2步: 叉取货物。

从设备停放区取一辆手动液压托盘牛叉取码垛好的托盘货物, 将其液压起升至适当高度, 如图4.3.16和图4.3.17所示。

图4.3.16　叉取货物

图4.3.17　液压起升货物

第3步: 搬运货物。

待托盘离地后, 将扳手回至空挡(居中), 将搬运车用"拉式"手法运行至指定区域, 如图4.3.18所示。注意: 在搬运过程中避让障碍物, 保持货物的平稳移动, 以免发生货物掉落。再用"推式"手法, 使搬运车运行至仓库内指定区域卸下托盘等待上架, 如图4.3.19所示。

图4.3.18　拉式手法搬运

图4.3.19　推式手法搬运

第4步: 设备归位。

将车辆停放至设备区, 停稳后手柄旋转90°。

小提示

物流从业人员, 需要不断提高技术技能水平, 学习人工智能、智慧物流等新知识新技术新技能, 才能适应物流行业高质量发展的新要求。

活动拓展

商品的整理搬运涉及堆码操作和手动液压搬运车的操作, 要求仓管人员必须熟练掌握这两项技能才能顺利完成整理搬运过程, 为上架作业提供效率和质量保证。请设计另一种路线进行货物搬运。

合作实训

两人一组, 在实训室内选取适量的货物模拟一次商品整理搬运的过程, 试着运用不同的堆码方式进行码垛, 为搬运设置不同的路线, 分工合作, 提高操作熟练度。

>>>>>>>>> **任务4**
扫描上架商品

情境设计

惠多公司采购了洗面奶100箱、玻璃酒杯20箱、塑料杯20箱,该批货物已检验合格等待入库上架。根据公司的安排,该批洗面奶的入库上架工作将由仓储部的王力负责,罗莉将跟着王力一起完成该批货物的入库上架工作。

任务分解

上架入库的主要任务是:核对来货信息与实物是否相符,清点数量,在仓库管理系统中录入相关的入库信息,扫描货物条码标签,根据分配的库位将货物上架入库。具体包括两个活动:核对清点来货、扫描上架。

任务实施

活动1　核对清点来货

活动背景

为了完成货物的入库上架工作,王力和罗莉需要首先确定来货的信息与实物是否相符,数量是否一致,然后根据不同情况分别进行处理。

活动实施

第1步:核对来货信息。

根据货物到货单,如图4.4.1所示,逐项检查,核对货物名称、规格、数量等是否相符。

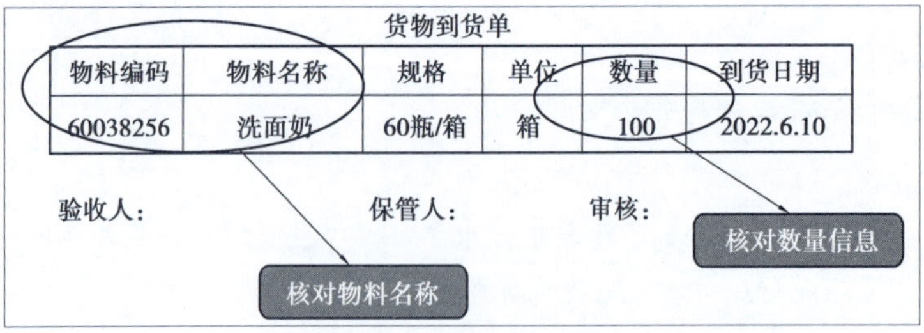

货物到货单

物料编码	物料名称	规格	单位	数量	到货日期
60038256	洗面奶	60瓶/箱	箱	100	2022.6.10

验收人:　　　　　　保管人:　　　　　　审核:

核对物料名称　　核对数量信息

图4.4.1　货物到货单

第2步:结果处理。

如核对结果与来货信息、数量一致,则转入下一程序,否则将货物退回检验部门。

第3步:录入信息。

所有的采购来货经检验合格后,都必须在仓库管理系统中录入相关的入库信息,如图4.4.2、图4.4.3所示。只有准确录入信息,才能保证采购、仓储和销售部门查到的库存信息是准确无误的。

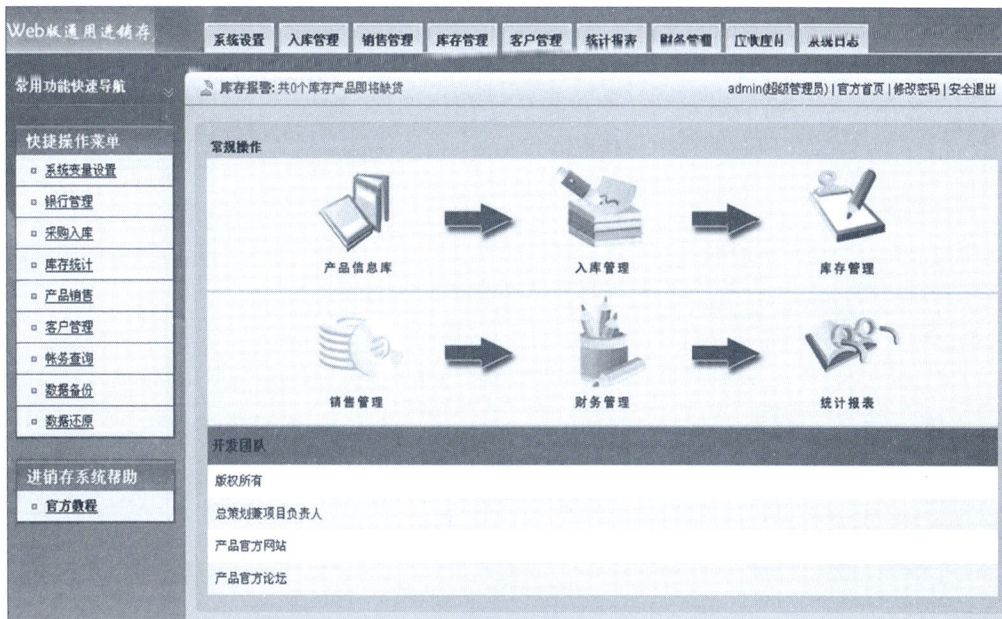

图4.4.2　仓库管理信息系统界面

图4.4.3　录入货物入库信息

☐ **小提示**

　在核对清点工作中,要耐心细心,认真细致,　才能不出差错,保证工作质量。

活动拓展

　核对清点来货工作要认真、细致,按照到货单逐项核对,信息无误后及时录入系统,进行信息化管理,减少差错。请讨论,遇到信息不一致的情况应如何处理。

活动2　扫描上架

活动背景

在系统中录入入库货物信息后,罗莉需要在系统中打印条码标签并且将其粘贴在货物外箱上,然后用手持终端扫描条码标签获取库位信息,再将货物上架到指定库位。

活动实施

第1步:打印、粘贴条码标签。

从系统中打印条码标签,然后粘贴在纸箱外侧,如图4.4.4所示。

第2步:扫描条码。

用手持终端扫描货物条码,获取库位信息,如图4.4.5所示。

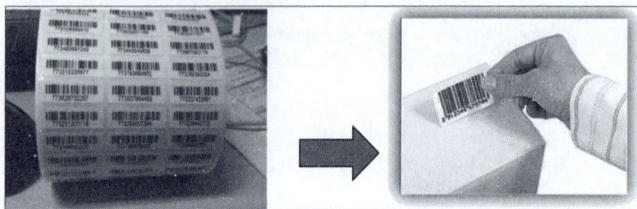

图4.4.4　打印条码标签,并粘贴在纸箱上　　　图4.4.5　扫描货物条码标签

第3步:货物上架。

从仓库设备区使用仓储上架设备将货物叉取后移动至目标库位货架,用手持终端扫描库位条码标签,再将货物整齐放置在货架上,如图4.4.6所示。

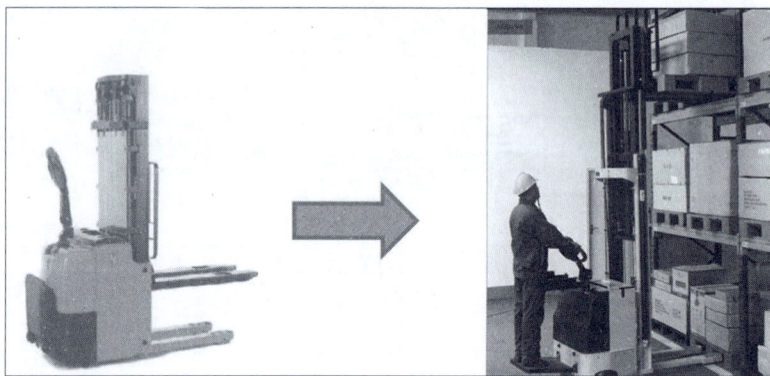

图4.4.6　将货物上架

第4步:设备归位。

上架完毕,将上架设备放回仓库设备区。

📋 小提示

物流生产中,要树立绿色环保意识,推进信息化、智能化技术在物流作业中的应用,才能达到降本增效,提高企业效率和服务水平的目标。

活动拓展

从以上活动的分解步骤来看,货物的扫描上架工作最重要的内容是根据录入的入库信息扫描条码后获取正确的库位信息，然后准确地将货物放入库位对应的货架上。请阐述使用手持终端时，应注意哪些事项？

合作实训

两人为一组，参照流程进行分组实训：仓库的入库缓冲区内有20箱某品牌洗发水，物料编码60038278，检验部门已完成对货物的检验，一人负责核对来货信息，录入入库信息及打印货物条码标签，另一人负责完成货物的入库上架。

任务5
填写入库单据

情境设计

王力和罗莉已经完成洗面奶、塑料杯、玻璃酒杯的上架工作，但是公司的仓储管理系统中的库存数据仍然是入库前的数量，这是什么原因造成的呢？为此公司的财务人员专门过来和罗莉一起查找数据错误的原因。原来，罗莉在将货物上架后未能及时填写入库单，导致了库存数据的错误。

任务分解

为了做到入库后的货物数量与系统里的账面库存数据一致，罗莉应认真填好货物入库单，将填写完的货物入库单交由仓库负责人签字审核，再将仓库负责人签字审核后的单据交公司财务人员入账。具体包括两个活动：仓管员填写货物入库单、负责人签字审核。

任务实施

活动1　仓管员填写货物入库单

活动背景

在完成了货物的上架工作后，罗莉还需要根据入库信息填写"货物入库单"，并由相关人员签字，保证入库后的货物数量与系统里的账面库存数据一致。

活动实施

罗莉核对入库信息，将入库时间、供应商信息、物料编码、物料名称、规格型号、单位、数量等信息校对后，认真填写到入库单上并在保管人处签字。货物入库单见表4.5.1。

表4.5.1　货物入库单

入库时间：		供应商：		票号：	
物料编码	物料名称	规格型号	单位	数量	备注
60038256	洗面奶	60瓶/箱	箱	100	

验收：　　　　　　　　保管：　　　　　　审核：

小提示

填写单据时必须专注仔细，按规定接受审核，遵守作业规范和要求，确保数据的正确完整。

活动拓展

入库单是货物入库的有效记录和凭证，单据上的每个细节都需要认真仔细地填写正确，最后签字确认。请与组员交换角色，进行入库单填写和复核。

活动2　负责人签字审核

活动背景

罗莉填写完入库单后，根据企业分级管理制度的规定，要找上级主管签字确认该笔入库业务。

活动实施

第1步：仓库负责人签字确认。

罗莉将填写完毕的货物入库单认真检查核对无误后，交由仓库负责人签字确认，见表4.5.2。

表4.5.2　货物入库单

入库时间：		供应商：		票号：	
物料编码	物料名称	规格型号	单位	数量	备注
60038256	洗面奶	60瓶/箱	箱	100	

验收：　　　　　　　　保管：　　　　　　审核：

交由仓库负责人签字确认

第2步：财务人员入账。

将仓库负责人签字确认后的入库单交给公司财务人员，由财务人员在系统中录入单据，完成入库单的入账工作。

🗂 小提示

> 各行各业工作者都需要树立职业使命，培养责任感，弘扬积极向上，勇于担当的职业精神，才能更好地胜任岗位工作，为国家、企业和个人谋求更好发展。

活动拓展

从以上活动的分解步骤来看，入库单据的填写虽然不是很复杂的工作，难度也很小，但是也从客观上体现了从事该项工作必须小心仔细，有很强的责任心才能胜任。填写的数据、物料名称和供应商信息必须和入库实物一致。请阐述在哪些环节可能出现信息出错的问题？应如何避免？

合作实训

接任务5的合作实训内容，3人为一组进行分组实训，一人担任仓管员负责填写入库单，一人担任仓库负责人负责审核签字，一人担任财务人员负责录入系统入账，完成入库流程。

🔲 项目总结

在商品入库前，仓储人员必须做好商品信息和数量的核对工作，把好入库验收第一道关口，货物检验是保证入库货物质量和划清供货商与仓库之间责任的关键环节。在货位分配的原则下，根据仓库的实际情况对货物进行合理的货位安排，选择恰当的堆码方式整理、上架货物，可以保证货物质量及其日后的出库秩序和效率。正确录入信息，扫描货物条码，及时填写入库单据，交予财务人员入账则关系到仓储管理相关数据的准确性、真实性和有效性。同学们在工作学习中还要培养认真负责、严谨细致的职业态度，注重团队沟通协作，同时树立安全和质量意识。

🔲 项目拓展

快递小哥当选二十大代表，平凡岗位上成就不凡人生

在2022年10月22日上午举行的党的二十大"党代表通道"第二次采访活动中，二十大代表、快递小哥宋学文提到，做好每一件事，过好每一天，普通人也能在平凡的岗位上实现自己的人生价值，创造属于自己的辉煌。

从一名农家子弟到成为快递小哥，从获得"全国五一劳动奖章"到当选党的二十大代表，宋学文的励志人生令人感佩。在他成为快递员的十几年中，始终坚持为客户服务，使命必达，无论刮风、下雨，从不缺席，坚持送到、送完最后一个件，30余万件包裹，32万公里，零差评、零投诉、零安全事故。从快递员、站点助理、站长，到如今负责京东快递在北京的部分运营规划工作，他始终相信的一个"法则"就是在一线岗位上总结方法，把满足客户的需求当成最大的工作目标。他坚持多学习、多思考、多总结，争取把平凡的工作做到极致，在平凡岗位上创造了不平凡的价值。

思考：快递小哥宋学文当选二十大代表给你带了什么启示？

▢ 项目评价

完成PMIQ表，对自己的学习情况进行评价。

PMIQ表

P（Plus） 学习收获（我已经学懂的知识）	M（Minus） 不足之处（我还没学懂的地方）	I（Interesting） 我还感兴趣的内容（我还想学的知识）	Q（Question） 我感到疑惑的问题（我还想弄清楚的问题）

▢ 项目检测

1.单项选择题

（1）商品入库验收时，仓管员发现商品信息或数量与入库通知单上出现差异，应（　　）。

A.立刻拒收　　　　　　B.及时做好登记，并与送货人员协商处理

C.照样签收　　　　　　D.三者均对

（2）商品的外在检验不包括（　　）。

A.包装检验　　　　　　B.标签标志检验　　　　　C.物理结构检验　　　D.颜色检验

（3）具有操作简单、速度快、承压能力大，层与层之间缺少咬合，稳定性差等特点的堆码方式是（　　）。

A.重叠式　　　　　　　B.正反交错式　　　　　　C.纵横交错式　　　D.旋转交错式

（4）填写完毕的货物入库单认真检查核对无误后，交由（　　）签字确认。

A.总经理　　　　　　　B.部门经理　　　　　　　C.仓库负责人　　　D.财务总监

（5）完成了入库货物信息的系统录入工作后，仓管员需要在系统中打印（　　）并且粘贴在货物外箱上。

A.货物标签　　　　　　B.条码标签　　　　　　　C.日期标签　　　D.入库单

2.多项选择题

（1）入库商品的数量检验包括3个部分，分别是（　　）。

A.清点件数　　　　　　B.丈量体积　　　　　　　C.称量重量　　　D.拆箱检查

（2）货物入库单的内容包括（　　）。

A.供应商信息　　　　　B.入库时间　　　　　　　C.物料编码　　　D.物料名称

（3）纵横交错式的特点有（　　）。

A.稳定性很好　　　　　　　　　　　　　B.操作相对简单

C.咬合强度不够　　　　　　　　　　　　D.相邻两层货品的摆放错开90°

（4）使用液压托盘搬运车的不规范操作有（　　）。

A.在手动液压搬运车上、托盘上站立或载人行驶

B.手动液压搬运车停放时扳手未居中，手柄未旋转至90°

C.运行时把手打到中间挡位

D.手推车放置或运行时超出界限和指定区域

（5）核对来货信息的内容包括（　　　）。

A.销售员信息　　　　　B.物料名称　　　　　C.单位　　　　　D.数量

3.判断题

（1）所有商品入库前都需要进行抽样检查,以防质量有问题。　　　　　（　　）

（2）在安排货位时,楼上或上层货位摆放重量大的商品,楼下或者下层货位摆放重量轻的商品,这样可以减轻搬运强度,保证货架、建筑与人员的安全。　　　　　（　　）

（3）纵横交错式的特点是在同一层中不同列货品以90°垂直码放,相邻两层货物码放形式旋转180°。　　　　　（　　）

（4）手动液压搬运车停放时扳手需要居中,手柄须旋转至90°。　　　　　（　　）

（5）货物的扫描上架工作最重要的内容是根据录入的入库信息扫描条码后获取正确的库位信息,才能准确地将货物放入库位对应的货架上。　　　　　（　　）

4.简述题

（1）商品入库验收需要检验哪些内容?

（2）分析4种堆码方式的特点和优缺点。

5.案例分析题

惠多公司上午入库5箱洗衣液和10箱饼干,新来的员工A和员工B负责该单货物的入库上架,A将饼干堆码到托盘上,见洗衣液数量不多,便将洗衣液放在饼干上面一起上架。当天下午入库单量突然增多,为了节省时间,B建议A站在他所操作的电动搬运车上,一起返回理货区。

请分析以上案例,回答下列问题:

（1）A在堆码上架时,存在什么问题? 请讨论如何操作才正确。

（2）返回理货区时,A和B的做法对吗? 为什么?

项目5
商品在库管理

□ 项目综述

受益于跨境电商行业的发展，在"一带一路"等国家政策的持续扶持等大背景下，加上疫情促使消费者的消费习惯向线上转移，电商物流行业迎来了广阔的发展空间。

惠多有限公司每天接受的网上订单多而杂。为了支持电商发展，快速完成客户要求，需要协调好各类物流活动作为后勤保障的支持，与电商发展齐头并进才能更好地促进电商发展。罗莉本月被分配到仓管部实习，主要协助仓库主管负责商品的在库管理工作。对商品的在库管理工作包括对存放的商品进行分类分区管理；养护和管理商品；进行定期与不定期相结合的盘点；合理控制库存，补足商品，节约库存成本；正确填写库存单据，使账、卡、货一致。

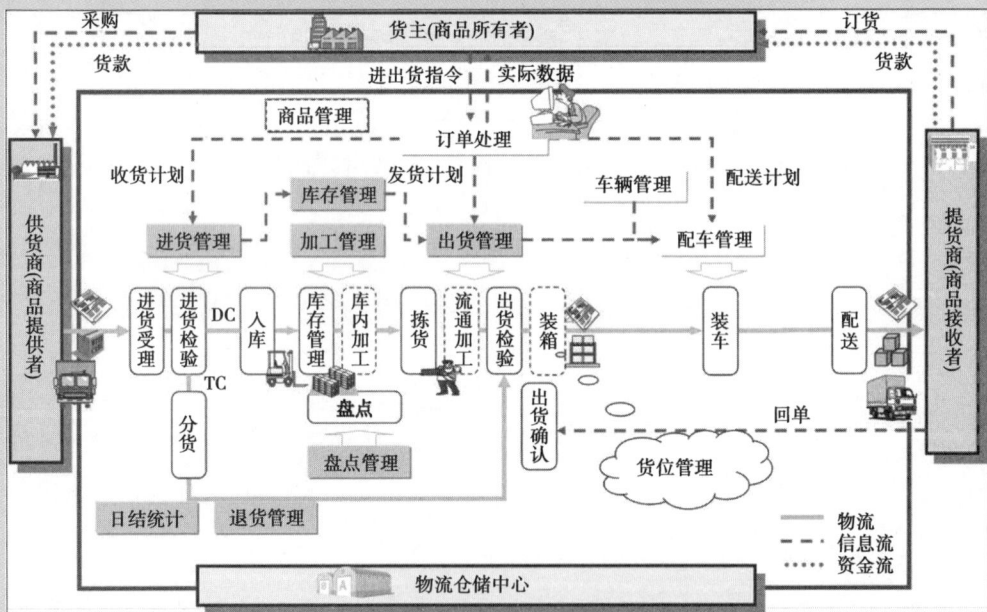

□ 项目目标

知识目标

◇了解仓库分区、储位分配的步骤和方法；

◇熟悉在库商品保管和养护的主要技术；

◇掌握商品盘点的方法；

◇熟悉盘点的步骤；

◇了解ABC分类管理方法。

能力目标

◇能对仓库进行分区和储位分配管理；

◇会计算各类商品的库存区域；

◇会填制盘点单；

◇会确定库存数量控制库存。

素质目标

◇增强团队协作精神；

◇形成独立思考、实事求是的工作习惯；

◇培养细心严谨、精益求精的工匠精神。

▣ 项目思维导图

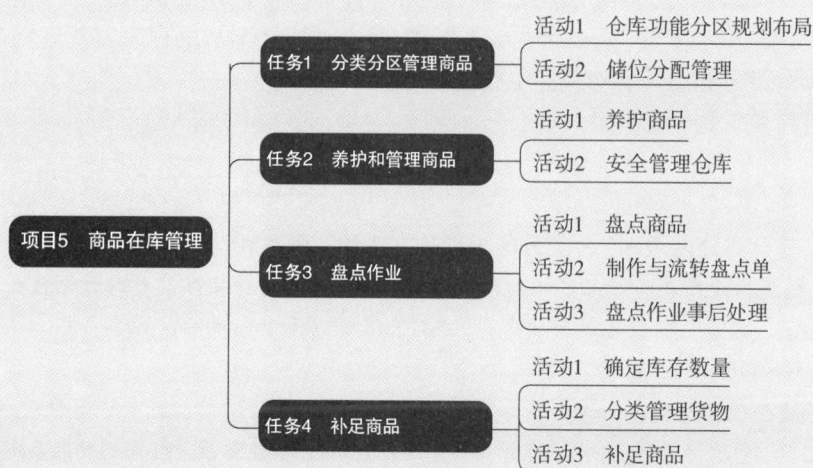

```
                                  活动1   仓库功能分区规划布局
              任务1  分类分区管理商品
                                  活动2   储位分配管理

                                  活动1   养护商品
              任务2  养护和管理商品
                                  活动2   安全管理仓库

项目5  商品在库管理                 活动1   盘点商品
              任务3  盘点作业       活动2   制作与流转盘点单
                                  活动3   盘点作业事后处理

                                  活动1   确定库存数量
              任务4  补足商品       活动2   分类管理货物
                                  活动3   补足商品
```

>>>>> 任务1
分类分区管理商品

情境设计

> 惠多公司不仅在各国内电商平台开设了店铺，在微店和抖音同步销售，还在各跨境电商平台也经营着店铺。随着公司交易量快速增长，物流成为公司发展的瓶颈。由于仓库的功能分区布局不够合理，商品进出库效率低下，商品分拣经常混乱出错。惠多公司物流服务的仓储中心急需探索出一套高效的仓储管理体系，为公司业务发展提供有力保障。

任务分解

罗莉首先要对旧的功能分区重新进行规划，使出货区、分拣区、办公区、隔离区、存储区井然有序；其次要对存储区存放的商品进行合理的储位分配，保证商品与其存放位置一一对应，实现实际商品与仓储管理系统中反映的数量、存放区域一致。具体可以分解为两个活动：仓库功能分区规划布局、储位分配管理。

任务实施

活动1 仓库功能分区规划布局

活动背景

惠多公司商品种类繁多，仓库利用率低；堆码、分区混乱，给出入库、盘点等带来诸多不便；拣货、配货时间长，影响配送。仓管部主管要求罗莉针对编号HD22的仓库重新规划功能区，绘制新的仓库平面图，该仓库储存商品主要是生鲜和日用品。

活动实施

知识窗

问题1：什么是分类分区规划？分类分区规划的方法和原则有哪些？

分类分区规划是指按照库存物品的性质划分出类别，根据各类物品存储量的计划任务，结合各种库房、货场、起重运输设备的具体条件，确定出各库房和货场的分区方案。

分类分区规划的方法：

（1）按库存物品理化性质不同进行规划。即按照库存物品的理化性质进行分类管理，如化工品区、纺织品区、金属材料区、冷藏品区等。在这种分类方式下，理化性质相同的物品集中堆放，便于仓库对库存物品采取相应的养护措施，同时还便于对同种库存物品进行清仓盘点。

（2）按库存物品的使用方向或按货主不同进行规划。即根据物品的所有权关系来进行分类分区管理，以便于仓库发货或货主提货。但这种方式很容易造成货位的交叉占用和物品间相互产生影响。

（3）混合货位规划。即综合考虑按理化性质分类和按使用方向分类的优缺点，对通用物品按理化性质分类保管，专用物品则按使用方向分类保管。

分类分区规划的原则：

存放在同一货区的物品必须具有互容性；保管条件不同的物品不应混存；作业手段不同的物品不应混存；灭火措施不同的物品决不能混存。

问题2：仓库分区包含哪些步骤？

按照ISO 9000国际质量体系认证的要求，库房储存区域要根据所储存货物的性质可划分为：验收区、管理区、废弃物处理区、生鲜处理区、储存区、进货区、出货区、分拣区等。仓库功能分区包含三个步骤，如图5.1.1所示。

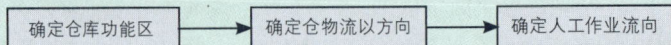

```
确定仓库功能区  →  确定仓物流以方向  →  确定人工作业流向
```

图5.1.1 仓库分区规划步骤

第1步：确定仓库功能区。

📋 **知识窗**

问题：仓库的功能区是如何划分的？

根据仓库布局的业务要求结合将来的业务发展，仓库布局必须满足以下几个方面的作业要求：

(1) 进货：包括车辆进货、卸载、点收、理货等。

(2) 储存保管：包括入库、调拨补充理货等。

(3) 分拣：订单分拣、拣货分类、集货等。

(4) 出货：流通加工、品检、出货点收、出货装载等。

(5) 运输：车辆调度、路线安排、车辆运输、交递货物等。

(6) 仓储管理：盘点（定期、不定期）、到期物品处理（食品、家电）、移仓与储位调整等。

(7) 递向物流：退货、卸载、点收、责任确认、废品处理、换货补货等。

(8) 物流后勤：车辆货物出入管理装卸车辆停车管理、包装中转容器载存、废物回收处理等。

因此，根据场地的条件、物流的需求及储存商品的性质等因素，仓库布局功能分区包括进货区、验货区、储存区、生鲜处理区、分拣区、流通加工区、仓库管理区、出货区、废物处理区、退货区、通道等。

第2步：讨论惠多公司编号HD22的仓库功能区（该仓库储存商品主要是生鲜和日用品）。

4人为一组，讨论惠多公司编号为HD22的仓库应该设置哪些功能区，画出HD22仓库布局图，并在班上进行展示交流。

第3步：确定编号HD22的仓库功能区布局图。

根据编号HD22仓库场地的条件、物流的需求及储存商品的性质，结合各小组的讨论和分析，最终确定惠多公司编号HD22仓库的功能区及布局图，如图5.1.2所示。

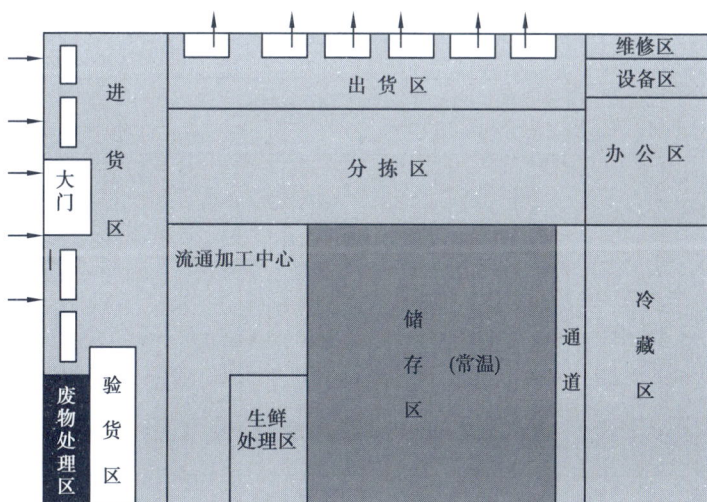

图5.1.2　仓储布局图

第4步：确定物流流向。

物流流向是指物品从起点到终点的流动方向，应尽量保持单一的物流流向，保持直线作业，避免迂回逆向作业，强调唯一的物流出口和唯一的物流入口，便于监控和治理。根据图5.1.3分析惠多公司编号HD22仓库的物流流向。

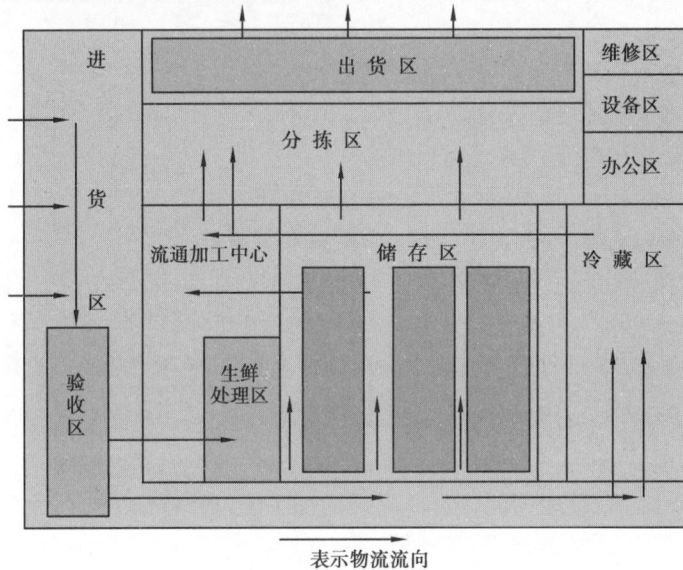

图5.1.3　物流流向图

第5步：确定人工作业流向。

仓库作业要进行优化，提高作业的连续性，实现一次性作业，减少装卸次数，缩短搬运距离，实现最短的搬运距离和最少的搬运环节。同时还要注重各作业场所和科室之间的业务联系和信息传递，保证仓库安全。根据图5.1.4分析惠多公司编号HD22仓库人工作业的流向。

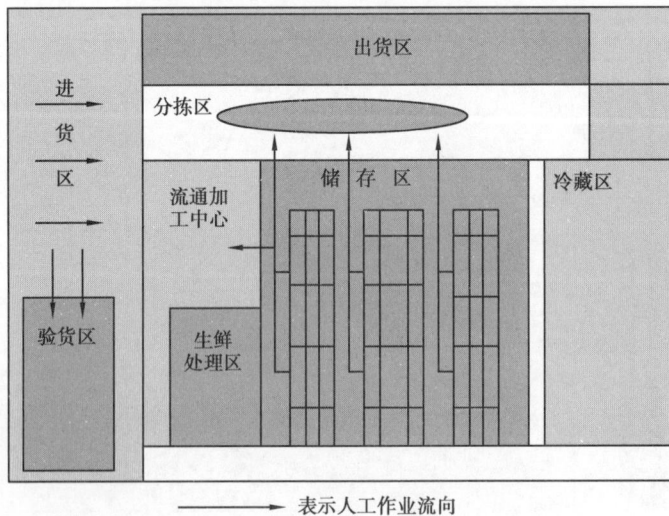

图5.1.4　人工作业流向图

第6步：确定功能区内的货位规划。

📖 知识窗

问题1：什么是货位规划？

货位规划是指将货品合理纳入仓库设施，以实现物料搬运最优化和提高空间利用率的目标。

问题2：货位规划与调整工作的步骤？

为了保证效果，在调整货位之前，需要实施以下几项准备工作：选择货位规划策略、明确货位规划目标、数据收集和货位规划需求分析工作，最后才完成货位的规划和调整。对拥有多个功能区和多种拣货设备的物流综合系统，货位布置工作可以先将相应的货品进行分区定义，再将每种货品规划至具体的货位。

罗莉根据对编号HD22仓库货物相关数据的分析结果完成了以下货位规划的相关工作（见图5.1.5）。

按照合理的拣货顺序放置货品，减少拣货人员数量对应货位规格，分配相应数量的单元化货品，减少补货人员数量平衡操作者的工作量，缩减作业周期、改善工作流程。

图5.1.5　货位规划指引图示例

将容易混淆的货品分配到不同的拣货区，提高拣货准确率；以人机工程学理论规划货品最佳摆放位置，避免作业伤害在拣货路径上，将重量货品规划在前端、怕磕碰的货品在后端，降低货品破损率。

按照货品高度分配货位，在拣货中实现货品分层紧密码放，提高托盘码放效率，提高货车车厢利用率；通过调整仓库布置、提高空间利用率，推迟或避免再建投资发货品分类码放，减少物流中心用户端的二次分拣工作量，提高供应链整体效率。

📖 小提示

对仓库进行分类分区规划在整个仓库管理中起着至关重要的基础作用，看似简单不重要的工作却能决定着仓库的整体运作效率。在这个过程中充分培养学生认真严谨细致地对待每一项工作，不分大小，都要养成工作规范、细心严谨的习惯和精益求精的工匠精神，才能在持续的生活和工作中，不断进步和成长。

活动拓展

公司按照罗莉重新规划的仓库功能分区后，整体运作效率有了显著的提高。于是，主管又让罗莉为编号为HD1011的仓库规划功能区，绘制新的仓库平面图，该仓库储存商品主要是化工用品和日用品。

活动2　储位分配管理

活动背景

储位管理是利用储位使物品处于被保管状态，利用这种管理明确地指示储位的位置，物品在储位上的变动情况等。尤其是现在仓库都是用仓储管理系统管理货物，一旦物品处于被保管状态，就能掌握物品的去向、数量并了解其位置，这能大大改善商品进出库效率低下、商品分拣经常混乱出错的问题。罗莉新的任务就是要进行储位分配管理。

活动实施

知识窗

问题：储位分配的基本原则是什么？

（1）明确标识储位

先将储存区域详细划分，并标示编号，让每一种预存储的商品都有位置可以存放。储位位置必须是很明确的，经过储位编码的，不可以是边界含糊不清的位置，如走道、楼上、角落或商品旁等。仓库的过道不能当成储位来使用，虽然短时间会得到一些方便，但会影响商品进出，违背储位管理的基本原则。

（2）有效定位商品

依据商品保管方式的不同，应该为每种商品确定合适的储存单位、储存策略、分配规则，以及其他储存商品要考虑的因素，把货品合理有效地配置在预先准备的储位上。如冷藏货放冷藏库；流通速度快的商品应该放在靠近出口处等。

（3）及时更新变动和记录

当商品按规划就位后，接下来就是储位的维护。无论是因为出货、淘汰，或是受其他因素影响，使得商品的位置或数量在发生改变时，必须及时准确地记录变动前后的情况，使库存记录和实际数量相吻合。

储位分配管理要点如图5.1.6所示。

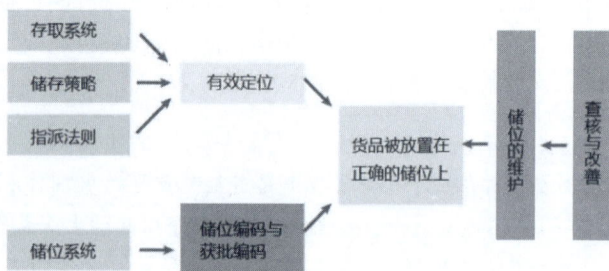

图5.1.6　储位分配管理要点

第1步： 按照商品存放的要求和储位管理的原则安排储位。

首先按库存商品周转率进行排序，然后将排序结果分段或分列。将周转率大、出入库频繁的商品储存在接近出入口或专用线的位置，以加快作业速度和缩短搬运距离。周转率小的商品存放在远离出入口处，在同一段或同列内的商品则可以按照定位或分类储存法存放。

第2步： 对储放空间进行规划配置。

进行仓库布局时，必须同时考虑商品体积、形状、重量单位的大小，以确定商品所需堆码的空间。一般重的物品保管在地面或货架上的下层位置。为了适应货架的安全并方便人工搬运，人的腰部以下的高度通常宜储放重物或大型商品。

有些库存商品具有很强的相关性。相关性大的商品，通常被同时采购或同时出仓，对这类商品应尽可能规划在同一储区或相近储区，以缩短搬运路径和拣货时间。

第3步： 对保管区域进行储位编码和商品编号。

储位编码是将库房、货场、货棚、货垛、货架及物品的存放具体位置按顺序统一编列号码，并做出明显标志。实行储位编码，有利于提高物品收、发效率，减少串号和错发现象。商品编号是将物品按其分类内容，有次序地编排，用简明的文字、符号或数字，以代替物品的"名称""类别"及其他有关资料的一种方式。货架储位编码示例如图5.1.7所示。

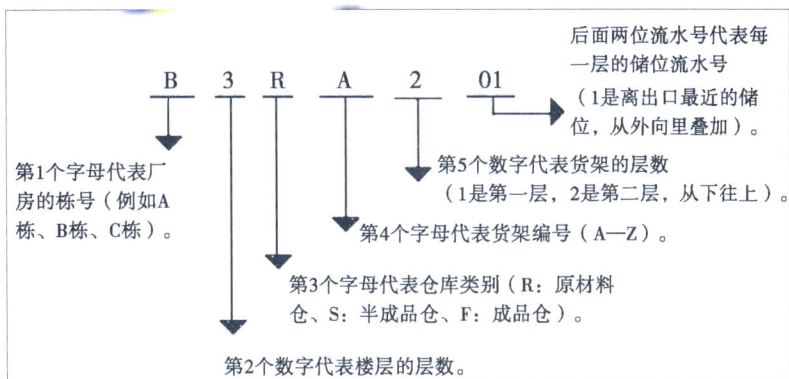

图5.1.7　货架储位编码示例

第4步：按照储位分配完成货物的上架。

为了避免商品在储存过程中相互影响，性质相同或所要求保管条件相近的商品应集中存放，并相应安排在条件适宜的库房或货架。即将同一种货物存在同一保管位置，产品性能类似或互补的商品放在相邻位置。将相容性低，特别是互相影响其质量的商品分开存放。这样既提高作业效率，又防止商品在保管期间受到损失。

特殊商品的储区规划如下：

①易燃物品必须存放在具有高度防护作用的独立空间内，且必须安装适当的防火设备。

②易腐物品需储存在冷冻、冷藏或其他特殊的设备内。

③易污损物品需与其他物品隔离。

④易窃物品必须隔离封闭管理。

第5步：进行储位维护。

商品分配到储位上后，要对储位进行维护。要做好储位维护的工作，除了使用传统的人工表格登记外，也可应用最有效率、最科学的方法来执行。借助一些核查和改善的方法来监督和鼓励让维护工作持续不断地进行。

▤ 小提示

在储位分配管理中我们始终要遵循分配管理的原则，但也要根据仓库内储存商品的不同性质进行最优的安排管理，减少错误提升效率。引导同学们要有一定的辩证思维，要有法治素养，遵纪守法，但同时也要有改革创新的思维，要有与时俱进、突破陈规、大胆探索和敢于创造的思想观念。

活动拓展

本次活动让罗莉清晰地知道了仓库进行储位管理的原理和重要性，根据商品特性来储存；大批量使用大储区，小批量使用小储区；储存笨重、体积大的品种在较坚固的层架底层及接近出货区；储存轻量商品在有限的载重层架；相同或相似的商品尽可能靠近储放；滞销的商品或小、轻及容易处理的品种使用较远储区；周转率低的商品尽量远离进货、出货区及较高的区域；周转率高的物品尽量放于接近出货区。

请思考：以下物品能否同放一个货区？为什么？

①化工日用品（消毒液、洗衣粉）与食品（茶叶、饼干、糖果）；

②五金商品（铜铝）与食品（茶叶、饼干、糖果）；

③化工腐蚀用品（硫酸）与日用电器（电视、电脑）。

>>>>>>> 任务2
养护和管理商品

情境设计

惠多公司的仓库因为业务的广泛性存在着多且杂的商品，它们有着不同的特性。罗莉其中一个重要的工作就是针对商品的不同特性，积极创造适宜的储存条件，采取适当的措施，以保证商品质量和品质，减少商品的损耗，节约费用开支，为企业创造社会效益和经济效益。

任务分解

在商品保管过程中除了要关心商品储存的环境变化及自身属性的变化，注重商品的养护之外，还要对外部的仓库环境进行实时的监测，加强仓库安全管理。本任务分解为两个活动：养护商品、安全管理仓库。

任务实施

活动1 养护商品

活动背景

物品在库期间，为防止物品因自身理化性质和外部因素而发生质量降低或丧失使用价值，不但要注意调节仓库温湿度，还要注意虫害、霉腐、锈蚀、污染、泄漏等的防治。为了保证物品质量，提高服务水平，罗莉要掌握商品养护的知识。

活动实施

🗒 知识窗

问题：什么是商品养护？

商品养护指商品在储存过程中所进行的保养和维护。从广义上说，商品从离开生产领域而未进入消费领域之前这段时间的保养与维护工作，都称为商品养护。

第1步：调节和控制仓库的温度和湿度。

📋 **知识窗**

问题1：什么是空气温度和空气湿度？

空气温度是指空气的冷热程度。仓库温度的控制既要注意库房内外的温度，也要注意储存商品本身的温度。一般来说，距地面越近气温越高，距地面越远气温越低。

空气湿度指空气中水蒸气含量的多少，通常以绝对湿度、饱和湿度和相对湿度来表示。

问题2：用什么来测定温度和湿度？

测量库内外温度常用普通温度计（见图5.2.1）、最高最低温度计（见图5.2.2）；

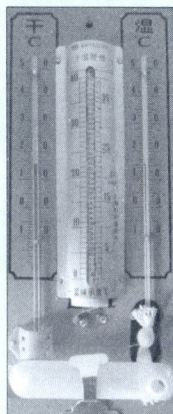

测定湿度主要用干湿球温度计（见图5.2.3）、自动记录湿度计和毛发湿度计。

图5.2.1　普通温度计　　　　图5.2.2　最高最低温度计　　　　图5.2.3　干湿球温度计

（1）通风。根据空气自然流动的规律，有目的地让库内外的空气交换，调节与改善库内的温湿度，并及时地散发商品及包装的多余水分。主要分为自然通风和机械通风。

自然通风主要指开启门窗、通风口即可。机械通风是指安装排风扇、送风扇和空气过滤设备等来通风。一般尽可能利用自然通风，不能满足要求时才考虑机械通风，如化工危险品仓库。

（2）密封。密封是把储存物品在一定空间（整库、货垛、货柜或整件商品）使用密封材料，尽可能严密地封闭起来，使之与周围大气隔离，防止或减弱自然因素对物品的不良影响，创造适宜的保管条件，达到防潮、防锈蚀、防霉、防虫、防热、防冻、防老化等综合效果。密封储存时，应注意以下几点事项：

①检查。密封前要检查商品质量、温度和含水量是否正常，如发现发霉、生虫、发热等现象就不能进行密封。发现商品含水量超过安全范围及包装材料过潮，也不宜密封。

②时间。密封的时间要根据商品的性能和气候情况来确定。怕潮、怕溶化、怕霉的商品应选择在相对湿度较低的时节进行密封。

③材料。密封材料常用的有塑料薄膜、防潮纸等。密封材料必须干燥清洁、无异味。选用何种密封材料应根据商品的性质和密封的目的合理选择。

（3）除湿。在高温高湿的季节与地区，又无适当通风时机时要排除库内湿气就必须采取吸湿措施调节库内温度，吸湿时仓库要密封，否则难以收到应有效果。通常采用吸湿剂或机械吸湿。

（4）增湿。如库内湿度过低，可采用在库内悬挂湿布条或喷雾状水等办法增大库内的湿度。

第2步：虫害防治。

知识窗

问题：仓库虫害有何特性？

仓库虫害的特点：具有较强的抗干能力；杂食性与耐饥力；较强的耐热、耐寒力；较强的繁殖能力。

仓库虫害防治措施中的重点在于"防"而非"治"，主要采用以下防治方法：

（1）做好环境卫生，杜绝害虫的来源。加强入库验收和日常清洁卫生、消毒空库喷洒药剂。

（2）物理防治。利用物理因素破坏害虫的生理机能与机体结构，使其不能生存或抑制其繁殖。常用的方法有灯光诱集、高温杀虫、低温杀虫、电离辐射杀虫、微波杀虫、远红外线和高温干燥防虫等。

（3）化学防治。利用化学药剂直接或间接毒杀害虫。常用药剂有杀虫剂、熏蒸剂和驱避剂。施药时应严格遵守药物使用规定，注意人身安全和被处理商品、库房建筑及备用品具的安全。

第3步：霉变防治。

知识窗

问题：影响霉变微生物的条件有哪些？

（1）水分和空气湿度。当空气相对湿度达到75%以上时，多数商品的含水量才可能引起霉变，因此这个相对湿度也叫作商品霉变临界湿度。

（2）温度。根据微生物对温度的适应能力，可将其分为低温性微生物、中温性微生物和高温性微生物。

（3）光线。多数霉变微生物在日光直射下经1~4小时即能大部分死亡。

（4）溶液浓度。多数微生物不能在浓度很高的溶液中生长。

（5）空气。二氧化碳不利于微生物的生长。

防治霉变的方法有常规防霉（低温防霉法和干燥防霉法）、化学药剂防霉、气相防霉、气调防霉、晾晒、加热消毒、烘烤、熏蒸、紫外线/微波/红外线辐射等。

第4步：其他防护措施。

针对不同的货品性质要采取不同的在库防治方法，常见的防护措施还包括防挥发、防熔化、防氧化和防鼠害。

小提示

商品养护需要根据不同的商品储存在不同的环境中去做相对应适合的养护措施，这个过程需要大家在以往经验的基础上不停地去探索和优化来实现让商品养护达到最好的效果。在这个实践过程中，提升学生的自主学习能力，塑造行业自信，职业自豪感。也通过出现问题进行探索培养严谨求实的科学态度，精益求精、创新探索和追求卓越的工匠精神。

活动拓展

请各小组讨论对储存的竹制品、皮革怎么进行防霉、除霉的工作。

活动2　安全管理仓库

活动背景

现代化仓储具备了先进的设备和技术，更要有各项安全管理制度，以保证职工、设备及储存物资在储运过程中的安全。罗莉在日常工作中要把仓库的安全工作贯穿于仓库管理各个作业环节中，要十分重视发现、分析和消除仓库物资管理过程中的各种危险，保护仓库中的人、财、物不受破坏和损失，在一定条件下取得最佳的经济效益和社会效益。

活动实施

知识窗

问题：什么是仓库安全管理？

仓库安全管理就是针对物品在仓储环节对仓库建筑要求、照明要求、物品摆放要求、消防要求、收发要求、事故应急救援要求等综合性管理措施。仓库安全管理员要严格遵守各项章程。

仓库安全
管理规定

第1步：加强治安保卫管理。

（1）建立库区门卫制度。仓库必须做好安全保卫工作，根据仓库大小设置警卫人员，负责门卫值勤工作，对出入库区的人员、车辆、商品要进行仔细检查、验证和登记；夜间值班人员要做好巡逻，严防商品被破坏或偷盗。

（2）建立巡回检查制度。建立每天巡回检查制度，仓库保管人员下班时拉掉电闸，关好门窗，封好门锁；上班时，检查门、窗、锁有无异样。无异样，方可开锁进库。

第2步：仓库消防管理。

仓库的消防工作，重点是防止火灾的发生，保护仓库免受火灾危害，管理过程中必须贯彻"预防为主、防消结合"的方针，实行谁主管谁负责的原则。

（1）库房内严禁使用明火。库房外动用明火作业时，必须办理动火证，经仓库或单位防火负责人批准，并采取严格的安全措施。

（2）仓库应当设置醒目的防火标志。进入易燃、易爆商品库区的人员必须登记，并交出携带火种，如图5.2.4所示。

图5.2.4　仓库标志示例

（3）仓库电气设备的周围和架空线路的下方严禁堆放商品，对提升、码垛等机械设备易产生火花的部位，要设置防护罩。

第3步：加强仓库安全作业管理。

（1）加强制度建设。仓库应制订科学合理的各种作业安全制度、操作规程和安全责任制度,并通过严格的监督,确保管理制度得以有效和充分的运行。

(2)重视作业人员资质管理和业务培训、安全教育。对员工进行仓储安全教育,对所从事的作业进行安全作业和操作培训,确保熟练掌握岗位的安全作业技能和规范。对违章和无视安全的行为给予严厉的惩罚,强化作业人员的安全责任心。

(3)仓储安全监控电子化。仓储安全管理要突破传统的经验管理模式,增加安全管理的科技含量,依靠科技手段,推广应用仓储安全监控技术,提高仓储安全水平。

(4)严格遵守仓储安全作业的基本要求。人工作业方式要根据作业环境和接触的商品性质,穿戴相应的安全防护用具,携带相应的作业用具,按照规定的作业方法进行作业。机械作业方式要使用合适的机械、设备进行作业,尽可能采用专用设备作业,使用通用设备必须满足作业需要,并进行必要的防护,如图5.2.5所示。

图5.2.5　仓库穿戴要求示例

第4步:仓库安全事故的紧急处理。

(1)相关人员的处理。事故相关人员主要有事故中伤亡人员、责任人、有功人员。根据相关的抚慰政策对事故中伤亡人员给予妥善地安置和处理;依照相关法律、规章和纪律的有关规定,根据责任人责任轻重,予以处罚或处理;按照有关规定对事故中表现突出的有功人员进行表彰和奖励。

(2)事故损失的处理。仓库事故发生后,会造成不同程度的损失,应按照有关的规定和程序进行处理:可修复的,制订计划报请有关部门批准,予以修复;报废的,报请有关部门审批;涉及责任人的应按相关规定进行赔偿;已入保险的,向保险公司进行索赔。

(3)总结教训。事故发生后,应认真总结教训。根据事故发生的原因、后果及各种影响因素,进行分析、总结,找出薄弱环节,提出相应改进措施,不断提高认识,以便更好地指导今后的工作。

(4)建立预警机制。在总结教训的基础上,有针对性地采取防范措施,提出预防事故的目标和要求,制订有关的规章制度,加强人员的思想教育,提高安全防范使得各项措施落到实处,一旦发生事故,能够及时应对。

📋 **小提示**

安全工作贯穿于所有行业,在仓库管理的一线作业环节中,更加要重视发现、分析和消除仓库各种隐患,防患于未然,让同学们树立"安全第一,生命至上"的安全意识;培养安全生产和规范操作的职业习惯和职业道德。同时也培养大家的团队意识、协作精神和服务意识的工作作风。

活动拓展

4人为一组,分组完成以下活动:

（1）连续一周检测仓库的湿度和温度，并进行记录、分析。

（2）分组讨论，写出以下不同类型商品的特性及保养方法，小组制作PPT并进行分享。

①服装；②方便面；③开心果；④菜叶；⑤手机；⑥水果；⑦首饰；⑧化妆品。

任务3
盘点作业

情境设计

惠多公司的货物在仓库作业中因进出库频繁、计量误差、记录不实、自然损耗、异常损耗等原因，很容易导致发生库存实物数量与信息系统或仓库账目数量不符的情况。因此，通过对库存货品进行定期、不定期的盘点，及时发现账物不符的问题进而查明账物差异发生的原因并调整账面数量，最终获得准确的库存情况。

任务分解

罗莉收到仓库经理下达的盘点任务后，根据任务指令召集另外2名相关的盘点人员，划分了每人所负责的盘点区域，准备了盘点工具，同时了解其他相关部门对托盘货架区商品出入库的时间限制，3人共同完成本次的盘点任务。本任务可分解为3个活动：盘点商品、盘点单的制作与流转、盘点作业事后处理。

任务实施

盘点作业

活动1　盘点商品

活动背景

"双11"大促期间，惠多公司短时间内货物进出仓的时效要求很高，因为仓库操作人员的疏忽导致货物实际在库存货数与仓储管理系统数、仓库账目库存数产生差异，仓库无库存而没提示或有实物库存但在仓储系统查询不到，导致网店不能满足客户的需求，影响网店信誉。为了有效地控制货品数量，罗莉和盘点组成员要对各储存场所进行数量清点的作业，就是盘点作业。盘点结果的盈亏往往差异很大，罗莉还要根据盘点结果进行盘点后处理，调整账目。

活动实施

知识窗

问题1：什么是盘点？

盘点是指定期或临时对库存商品的实际数量进行清查、清点的作业，即为了掌握货物的流

动情况（入库、在库、出库的流动状况），对仓库现有物品的实际数量与保管账上记录的数量相核对，以便准确地掌握库存数量，同时检查在库商品性质有无变化、货物保管条件是否达标、库存安全状况等。如图5.3.1所示。

图5.3.1　盘点示意图

问题2：盘点作业的流程是什么？

盘点作业流程如图5.3.2所示。

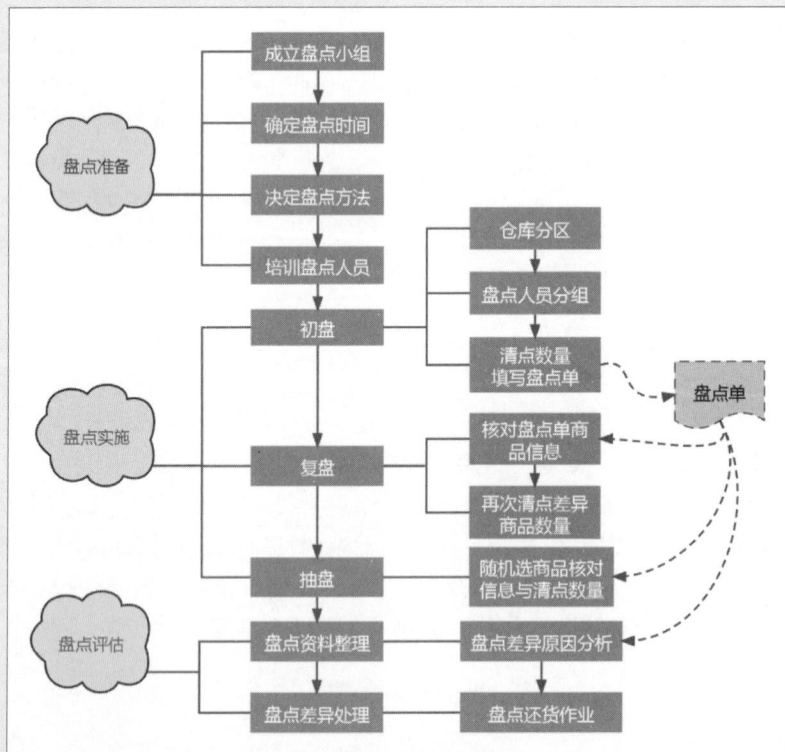

图5.3.2　盘点作业流程图

第1步： 成立盘点小组。

罗莉在惠多公司人力资源部配合下进行盘点小组人员的组织工作，具体分工：罗莉担任盘点组长（防损督导监盘）兼盘点单证员、李明为盘点员、张敏为复盘员、财务部唐果为抽盘（稽核）员。在编组时，罗莉衡量盘点工作的总量，尽量安排平均盘存数量，更好控制盘点时间，如图5.3.3所示。

图5.3.3 盘点小组组织架构图

第2步： 确定盘点时间。

一般来说，为保证账物相符，货物盘点次数越多越好，但盘点需投入人力、物力、财力，所以，合理地确定盘点时间非常必要。罗莉经过向仓库经理、主管和老员工请教学习后，发现进出库频次直接影响库存误差。对于电商行业来说，在物流中心货物出入库频率高，既要防止长期不盘点造成经济损失，又要防止盘点频繁造成过度耗费。为此，罗莉制定策略，视物品的性质来确定盘点时间，见表5.3.1。

表5.3.1 仓库货物分类盘点表

货物性质	货物分类	盘点时间
重要	A类	每天或每周一次
一般	B类	每二至三周一次
不重要	C类	每月或每季度一次

第3步： 选定盘点方法。

📖 **知识窗**

问题：盘点的方式有哪些？

盘点的方式一般分为明盘与暗盘。明盘是系统打印出指定仓库中的所有库存记录，盘点人员按照盘点单上的库存记录去仓库逐一核实，并将实际库存情况填入盘点单。暗盘是系统打印没有货品的空白盘点单，盘点人员把盘点货物手工填入空白盘点单。抽盘（财务稽核）员导出库存账面数，将库存账面数与盘点员填报的盘点单对比，查核差异或账实不符。明盘的效率高，但盘点人员容易做假。暗盘法能有效的防止盘点人员作假。

罗莉通过比较后最后采取了暗盘的方式进行盘点，并与盘点组成员讨论确定盘点方法。

（1）永续盘点法。永续盘点法又称动态盘点法，就是入库的时候就盘点，随时知道准确的库存量，化整为零。通常货架上的吊牌或者货卡用两种颜色表示：一面白色，另一面黄色。

入库时填白色面,如果货物没有异动,保持白色。一旦货物发生异动,就把它翻过来,填写数量在后面黄色部分。下次盘点时,只要是白色的部分就免于盘点,可以减少重复的劳动,如图5.3.4所示。

图5.3.4 永续盘点法

（2）循环盘点法。循环盘点是将库存货物进行分区或分类,然后按照一定的周期(比如每日、每周),逐区、逐类的进行分批盘点的一种盘点方式。按照入库的先后顺序来进行,先进来的货品先盘,后进来的货品后盘。循环盘点每次只盘一个区域或一部分物料,今天盘一部分,明天再盘一部分,分批分次地完成全部货物清盘。循环盘点可以减轻单次仓库盘点的压力和盘点工作量,节省人力。循环盘点是仓库日常盘点尤其是仓库进行自盘时最常采用一种盘点方式,如图5.3.5所示。

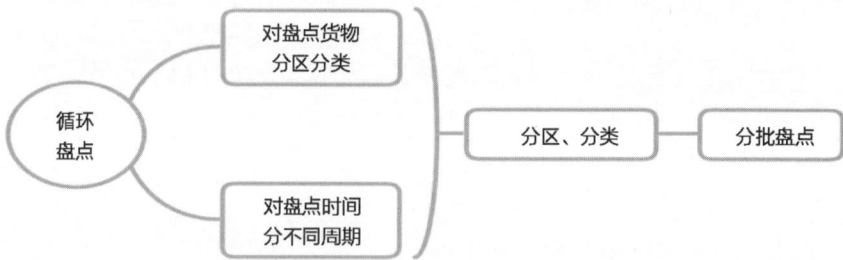

图5.3.5 循环盘点法

（3）低位盘点。低位盘点或者称低水位盘点,是为了解决货物断供问题而采用的简便的盘点方式。低位盘点是指定期(如每天)监控货物的库存量,当货物的库存量,低于事前设定的库存量最少数时,即专门针对该物料进行清盘和对账,以保证账实相符,如图5.3.6所示。

图5.3.6 低位盘点法

（4）定期盘点法。定期盘点是每隔一定的时间间隔对库存货物盘点一次。一般仓库都要定期盘点,视货物和仓库实际情况,分别有每一周盘一次,也有每个月盘二次,还有每个季度或年末盘一次。周期越短,越容易及时处理那些超过储存期的呆滞的库存,并及时处理,如图5.3.7所示。

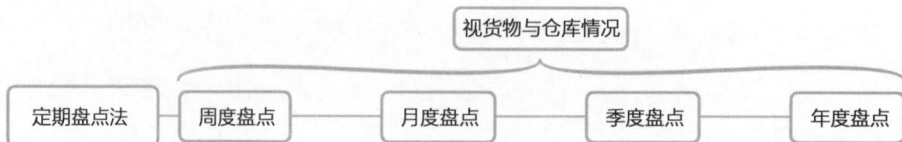

图5.3.7 定期盘点法

🖰 **想一想**

惠多公司适合采用哪种盘点方法进行盘点?

第4步:加强盘点人员培训。

仓库盘点前罗莉组织盘点员李明、复盘员张敏、抽盘(财务稽核)员唐果进行盘点作业培训,包括盘点作业流程培训、历史盘点错误经验、盘点中需要注意事项等。在仓库主管的协同下,罗莉的盘点组进行了"模拟盘点"。模拟盘点的主要目的是让所有参加盘点的人员了解和掌握盘点的操作流程和细节、对大多数货物熟悉、熟悉盘点单证填写,避免出现错误。

第5步:盘点实施。

盘点实施及评估过程包括盘点员初盘、复盘员复盘、抽盘员(财务稽核)抽盘、盘点单证员数据录入步骤,如图5.3.8所示。

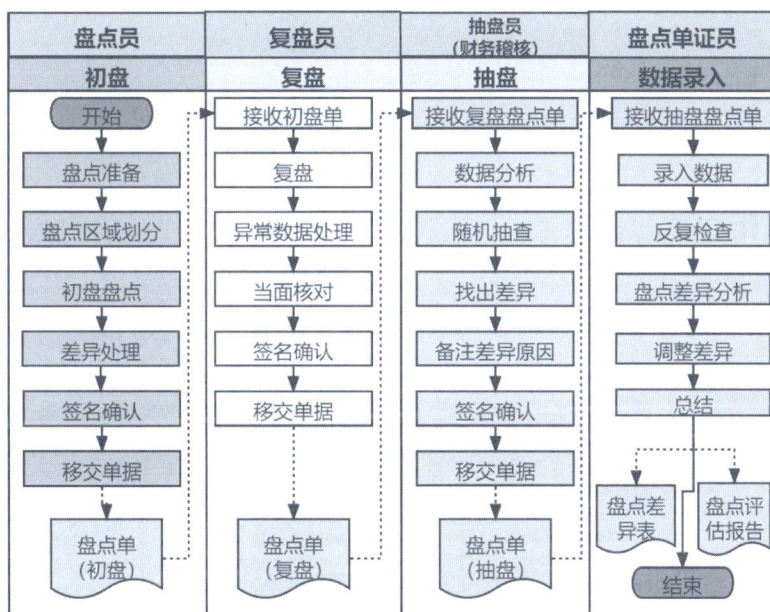

盘点员	复盘员	抽盘员(财务稽核)	盘点单证员
初盘	复盘	抽盘	数据录入
开始	接收初盘单	接收复盘盘点单	接收抽盘盘点单
盘点准备	复盘	数据分析	录入数据
盘点区域划分	异常数据处理	随机抽查	反复检查
初盘盘点	当面核对	找出差异	盘点差异分析
差异处理	签名确认	备注差异原因	调整差异
签名确认	移交单据	签名确认	总结
移交单据		移交单据	盘点差异表　盘点评估报告
盘点单(初盘)	盘点单(复盘)	盘点单(抽盘)	结束

图5.3.8　盘点实施及评估流程图

第6步:盘点评估。

(1)盘点数据录入。盘点组长兼任盘点单证员的罗莉对盘点表审核后录入仓储管理系统(WMS),录入完成反复检查3遍,确定无误后将电子盘点单发仓库经理审核,抄送财务部。

(2)盘点差异原因。在盘点差异数据经过库存调整之后,罗莉继续根据差异数据查核差异原因,需要保证将所有的差异原因全部找出,其着手的方向如图5.3.9所示。罗莉找出差异原因后将电子档盘点表的差异原因更新,交财务部审核,财务部将货物金额纳入核算,随后罗莉与财务部共同制作"盘点差异(含物料和金额差异)表"呈交总经理审核签字。

(3)盘点总结。罗莉根据本次盘点进行总结,写成"盘点评估报告"对本次盘点结果、初盘情况、复盘情况、盘点差异原因分析、以后的工作改善措施等进行说明。

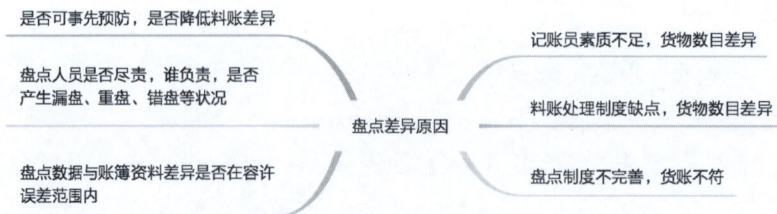

图5.3.9　盘点差异原因

小提示

　　盘点作业要做得好，如果仅仅依靠"差不多"精神是不行的，根据盘点的方式、方法、流程要求我们实施盘点的所有人员必须具备工匠精神，不然就会导致仓储库存数据的错乱，影响整个仓储环节的运作。我们在实施盘点过程中，对盘点工作的敬畏和热爱而产生的一种全身心投入的认认真真、尽职尽责的职业精神状态。中华民族历来有"敬业乐群""忠于职守"的传统，敬业是中国人的传统美德，也是当今社会主义核心价值观的基本要求之一。

活动拓展

用不同的盘点方法对惠多公司进行盘点，看看盘点结果有没有差异。

活动2　制作与流转盘点单

活动背景

　　惠多公司为确保仓储管理系统（WMS）货物管理的准确性，以及评估仓库作业管理的效率，采用定期盘点法，实行月清月结的盘点制度。2021年11月11日，罗莉接到仓储部经理的指示，对WH201号仓库的小家电区进行盘点，盘点采用暗盘的方式，不进行抽盘（财务稽核）。小家电区中存放在A排的货物基本信息见表5.3.2。

表5.3.2　小家电区货品信息表

货物编号	货物名称	储位区间	规格/(台·箱⁻¹)
3618001	电水壶	A排A00000—A00005	30
3618002	空气炸锅	A排A00100—A00105	5
3618003	面包机	A排A00200—A00205	20

活动实施

知识窗

问题：什么是盘点单？

　　盘点单（又称盘点卡），是定期或不定期地对仓库各个库位进行清点，并记录账面数量与实际清点数量差异的单据。盘点是在仓库的每个货位都贴上盘点单，方便汇总和复盘，也是盘点记录凭证。

第1步：确定盘点方式，进行盘点准备。

惠多公司的盘点采取的是暗盘方式盘点，需要安排好盘点的人员，准备相应的盘点工具，为盘点做好准备。同时,为提高盘点作业的效率和盘点结果的准确性,还需对储存场地进行清理。清理工作主要包括以下几个方面的内容:

(1)对已经入库货物进行整理,归入储位,对未验收入库货物应区分清楚,避免混淆。

(2)盘点场所关闭前应提前通知,将需要出库的货物提前准备好。

(3)预先鉴别损坏的货品。对储存场所堆码的货物进行整理,特别是对散乱的货品进行收集和整理,以方便盘点时计数。

2021年11月11日,罗莉安排盘点员李明、复盘员张敏对小家电区A排货架进行盘点作业,盘点作业单号为PDZY2021111101。

第2步: 盘点员进行初盘盘点作业,并做记录。

2021年11月11日,WH201号仓库的小家电区货物的库存情况见表5.3.3。

表5.3.3　WH201号仓库小家电区库存情况表

	A00000	A00001	A00002	A00003	A00004	A00005
	电水壶20箱	电水壶25箱	无	电水壶30箱	电水壶40箱	无
	A00100	A00101	A00102	A00103	A00104	A00105
A排	空气炸锅10箱	无	空气炸锅20箱	无	空气炸锅5箱	无
	A00200	A00201	A00202	A00203	A00204	A00205
	无	面包机10箱	面包机15箱	无	面包机30箱	面包机20箱

盘点员李明持空白盘点单到现场进行实物盘点,清点货物数量,核实货物的质量,并在盘点单上记录盘点信息。在盘点过程中,李明发现储位A00102的空气炸锅有1箱外包装破损,其余货物无异常。盘点完毕,填制初盘盘点单,见表5.3.4。

表5.3.4　初盘盘点单

盘点单号: PDZY2021111101

仓库编号			WH201			制单日期		2021-11-11			
货品信息											
库区	储位	货品编号	货品名称	规格/(台·箱⁻¹)	单位	系统库存情况	实际数量	复盘数量	盈亏数量	损坏数量	备注
小家电区	A00000	3618001	电水壶	30	箱		20			0	
小家电区	A00001	3618001	电水壶	30	箱		25			0	
小家电区	A00003	3618001	电水壶	30	箱		30			0	
小家电区	A00004	3618001	电水壶	30	箱		40			0	
小家电区	A00100	3618002	空气炸锅	5	箱		10			0	
小家电区	A00102	3618002	空气炸锅	5	箱		20			1	
小家电区	A00104	3618002	空气炸锅	5	箱		5			0	
小家电区	A00201	3618003	面包机	20	箱		10			0	
小家电区	A00202	3618003	面包机	20	箱		15			0	
小家电区	A00204	3618003	面包机	20	箱		30			0	
小家电区	A00205	3618003	面包机	20	箱		20			0	
制单人						盘点员		李明	复盘员		

第3步： 复盘点员进行初盘盘点作业，并做记录。

复盘员张敏对"初盘盘点单"进行分析，按照先盘点差异大后盘点差异小、再抽查无差异物料的方法进行复盘；对异常数据货物进行再一次点数盘点，并未发现初盘盘点数据差异。

第4步： 将仓储管理系统（WMS）库存情况填入盘点单，并进行盘点差异分析。

复盘员张敏完成复盘后，将实际复盘情况在盘点单上做记录，并签字确认，将盘点单交给盘点组长兼盘点单证员罗莉。罗莉打开WMS系统，查询WH201库房小家电区A排的库存情况，发现A00004储位上的电水壶库存显示为42箱，A00104储位上的空气炸锅库存显示为4箱，其余货物数量与实际盘存数量一致。罗莉将系统库存数量如实地填写在盘点单上，并将系统库存数量与实际盘存结果进行分析，填写盈亏数量，见表5.3.5。

表5.3.5　盘点差异分析单

盘点单号：PDZY2021111101

仓库编号				WH201				制单日期			2021-11-11
货品信息											
库区	储位	货品编号	货品名称	规格/（台·箱⁻¹）	单位	系统库存情况	实际数量	复盘数量	盈亏数量	损坏数量	备注
小家电区	A00000	3618001	电水壶	30	箱	20	20	20		0	
小家电区	A00001	3618001	电水壶	30	箱	25	25	25		0	
小家电区	A00003	3618001	电水壶	30	箱	30	30	30		0	
小家电区	A00004	3618001	电水壶	30	箱	42	40	40	亏2	0	
小家电区	A00100	3618002	空气炸锅	5	箱	10	10	10		0	
小家电区	A00102	3618002	空气炸锅	5	箱	20	20	20		1	
小家电区	A00104	3618002	空气炸锅	5	箱	4	5	5	盈1	0	
小家电区	A00201	3618003	面包机	20	箱	10	10	10		0	
小家电区	A00202	3618003	面包机	20	箱	15	15	15		0	
小家电区	A00204	3618003	面包机	20	箱	30	30	30		0	
小家电区	A00205	3618003	面包机	20	箱	20	20	20		0	
制单人		罗莉				盘点员	李明	复盘员		张敏	

当实际盘存数量大于系统库存数量时，称为"盈"；当实际盘存数量小于系统库存数量时，称为"亏"。

第5步： 进行盘点差异分析与处理。

盘点会将一段时间以来积累的作业误差，以及其他原因引起的账物不符的情况暴露出来。发现账物不符，而且差异超过容许误差时，应立即追查差异产生的原因。

📋 **小提示**

制作与流转盘点单，实际上是对盘点数据的处理。数据要求的是及时、准确、规范，容不得半点马虎。在这个过程中就可以锻造工匠精神，在处理表格数据时需要我们对细节有很高的要求，追求完美和极致，耐心、执着、坚持，"天下大事，必作于细"，精益求精！同时还包括对盘点单处理追求突破、追求革新的创新内涵。

活动拓展

3人为一组成立盘点小组，请说出各目的工作职责及工作流程。

活动3　盘点作业事后处理

活动背景

盘点作业过后，盘点组长罗莉与组员李明、张敏首先对货物、仓库环境、货位货卡等进行整理。然后对"盘点单"差异数据进行分析，找出实际盘点与仓库系统数据不符的原因，调整差异数据形成"盘点差异表"发送财务部、仓储部。罗莉对本次盘点结果、初盘情况、复盘情况、盘点差异原因分析、以后的工作改善措施等写成"盘点评估报告"。

活动实施

🗄 知识窗

问题：什么是盘点作业事后处理？

当盘点实际数量与账面数量不符时，仓库管理人员或管理部门负责人应对其产生差异的原因进行分析，并将盘点结果上报上级相关管理部门，根据管理部门的批示，调整相应的账面数量。

第1步： 盘后整理。

（1）商品整理：将货架上因盘点时排列的商品，按照原先的陈列方式或陈列原则进行整理。

（2）环境整理：对环境进行清洁、清扫工作。

（3）善后整理：对盘存中发现的问题进行整改，对货位卡进行补充和更换，如图5.3.10所示的盘后处理。

图5.3.10　盘后整理

第2步： 盘点差异原因分析及差异处理。

盘点后发现账物不符，超过容许的误差时，盘点差异原因分析如图5.3.11所示。

图5.3.11 盘点差异原因分析

盘点发现的差异查清原因后，为了通过盘点使账面数与实物数保持一致，需要对盘点盈亏和报废品一并进行调整，对待废品、不良品应视为盘亏。除了数量上的盈亏，有些商品还将会通过盘点进行价格的调整，调整盘点差异数据形成"盘点差异表"发送财务部、仓储部。经审核后，在系统中进行更正，调整相应的账面数量。

第3步： 撰写盘点评估报告。

盘点小组张罗莉要根据本次盘点结果、初盘情况、复盘情况、盘点差异原因分析、以后的工作改善措施等撰写报告，以作为日后改善之参考，见表5.3.6。

表5.3.6 盘点评估报告

部门：   日期：

	执行状况	问题点	改善对策
初盘			
复盘			
抽盘			

盘点组长：   初盘员：   复盘员：

📋 小提示

盘点作业事后处理难度最大的环节是盘点差异分析与处理，往往需要丰富的处理经验的同时，更需要的是一丝不苟、专注、精益、敬业的精神指引。尤其是碰到难以辨明盘点差异原因的时候，更需要我们一门心思扎根下去，心无旁骛，不断积累操作经验和成功处理案例，在不断的锻炼中还能在棘手的问题中创造出更好的处理办法。

活动拓展

分析财务部门对于盘盈和盘亏的账务处理方法有何不同？

合作实训

（1）人员准备：以3人为小组进行，即初盘员1人、复盘员1人、组长兼单证员1人。

（2）工具准备：带好记账用笔，另带红笔一支，每组一份空白盘点单、盘点表。

要求：每组的每位学生都要明确自己的角色，能够互相配合完成一次盘点作业流程。可考虑进行角色互换训练。分析盘点结果，找出盘点差异，对盘点盈亏进行处理，调整盘点差异数据并制作出"盘点差异表"。

任务4
补足商品

情境设计

由于受到全球新冠肺炎疫情的影响，惠多公司的很多产品销量同期下降了近50%，因此积压了大量的库存。但由于库存控制不合理，公司部分商品长期处于紧缺状况，甚至缺货，影响公司商誉，减少销售收入。总经理为了更详细地了解公司产品的库存状况，要求罗莉一周之内完成一份完整的库存报告，以便科学管理商品分类，制订出合理订货方案，及时补足商品，实现最合理的库存控制，降低公司的运营成本，提高公司销售收入。

任务分解

罗莉要完成这份报告，首先要确定仓库的库存数量，根据仓库的相关数据用ABC分类法对仓库货物进行分类管理；其次要根据每种商品的年销售量、价格、交货期、订购周期、需求量等数据来计算出不同商品的订货点和订货批量；同时对现有库存量与订货点进行比对，大于等于订货点就制定采购订单，实施商品采购，补足不足库存商品。本任务可分解为3个活动：确定库存数量、ABC分类管理货物、补足商品。

任务实施

活动1　确定库存数量

活动背景

惠多公司11月份医用口罩进销存各种作业活动的相关数据，见表5.4.1。经检测，确认上个月现有库存数量是1 000箱，罗莉使用公式计算出现在的库存数量。

表5.4.1　惠多公司11月份口罩库存表

日期	项目	数量/箱
11月1日	采购订单	800
11月2日	入库	600
11月6日	采购退货	80
11月9日	出库	1 000
11月11日	销售订单	800
11月16日	销售退货	20
11月30日	盘点盈亏	−30

活动实施

▤ 知识窗

问题1：什么是库存？

库存是处于储存状态的物品。广义的库存还包括处于制造加工状态和运输状态的物品。《中华人民共和国国家标准物流术语》（GB/T 18354—2001）具体可分为：

周转库存：为满足日常生产经营需要而保有的库存。

在途库存：处于运输以及停放在相邻两个工作或相邻两个组织之间的库存。

安全库存：为了防止不确定因素的发生而设置的库存。

问题2：如何计算库存数量？

库存数量计算的步骤如图5.4.1所示。

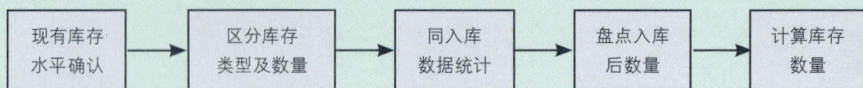

| 现有库存
水平确认 | → | 区分库存
类型及数量 | → | 同入库
数据统计 | → | 盘点入库
后数量 | → | 计算库存
数量 |

图5.4.1　库存数量计算步骤

罗莉要完成总经理要求的完整库存报告，首要的是要计算出惠多公司现有商品的库存数量，以医用口罩为计算案例，要使用相应的公式进行库存数量核算。

第1步： 确定库存数量的计算方式。

入库总数量=入库单数量+采购订单数量–采购退货单数量+现有库存数量+盘点单盘存入库后的盈亏数量

出库总数量=出库单数量+销售订单数量–销售退货单数量

库存数量=入库总数量–出库总数量

第2步： 分析库存数量计算步骤，如图5.4.1所示。

惠多公司口罩库存数量每步计算所需数据：现有库存数1 000箱；采购订单数量800箱；入库单数量：600箱；采购退货单数量80箱；出库单数量1 000箱；销售订单数量800箱；销售退货订单数量80箱；盘点盈亏数量–30箱。

第3步： 根据以上库存计算方法进行计算。

入库总数量=现有库存数量+采购订单数量+入库单数量–采购退货单数量+盘点单的盈亏数量=（1 000+800+600–80–30）箱=2 290箱

出库总数量=出库单数量+销售订单数量–销售退货单数量=（1 000+800–20）箱=1 780箱

库存数量=入库总数量-出库总数量=（2 290–1 780）箱=510箱

通过计算，罗莉确定口罩的库存数量为510箱。

▤ 小提示

2020年我们国家在抗击新冠肺炎中取得伟大的胜利，过程中诞生了众志成城抗击疫情的伟大抗疫精神：生命至上，举国同心，舍生忘死，尊重科学，命运与共。抗疫物资能够从产地快速高效、高质量地调度到疫情严峻地区，尤其是如口罩等消耗品物资能够科学地进行补充，依靠的是我们高质量的物流供应系统。供应过程中，对库存的准确控制是补充货物的重要前提，通过科学的量化处理，制定合理的库存计算方式、方法，为供应补货提供准确的决策数据。

活动拓展

使用同样的方法,计算惠多公司其他商品的库存数量。

活动2　分类管理货物

活动背景

惠多公司仓库的货物存放大致情况:货物代码A-01单价100元的货物150个单位;货物代码T-03单价200元的货物120个单位;货物代码F-05单价350元的货物115个单位;货物代码C-31单价500元的货物125个单位;货物代码R-67单价1 250元的货物85个单位;货物代码M-19单价3 500元的货物60个单位;货物代码Q-58单价5 000元的货物45个单位。罗莉需要根据ABC分类法对仓库货物进行分类管理。

活动实施

知识窗

问题1: ABC分类法是什么?

ABC分类法又称帕雷托分析法,也称主次因素分析法、"80对20"规则,是项目管理中常用的一种方法。它是根据事物在技术或经济方面的主要特征,进行分类排队,分清重点和一般,从而有区别地确定管理方式的一种分析方法。因它把被分析的对象分成A、B、C3类,故又称ABC分析法。

问题2: ABC分类法主要的操作步骤是什么?

ABC分类法主要的操作步骤如图5.4.2所示。

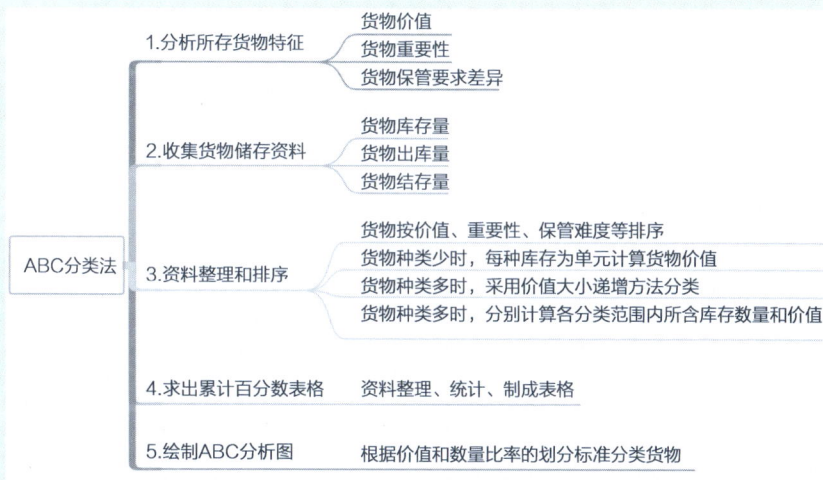

图5.4.2　ABC分类法步骤

罗莉按照ABC分类法对惠多公司仓库货物进行分类管理,分类步骤参照图5.4.2,仓库货物数据参照活动背景惠多公司数据。

第1步: 分析惠多公司仓库货物的特征。针对数据,建立惠多公司货物统计表,见表5.4.2。

第2步: 收集有关货物的储存资料。通过货物现有库存量、货物出库量计算出货物的结存量,根据活动背景,制作惠多公司货物存货情况表,见表5.4.3。

表5.4.2　惠多公司货物统计表

货物代码	货物单价/元
A-01	100
T-03	200
F-05	350
C-31	500
R-67	1 250
M-19	3 500
Q-58	5 000

表5.4.3　惠多公司货物存货情况表

货物代码	货物单价/元	数量/箱
A-01	100	150
T-03	200	120
F-05	350	115
C-31	500	125
R-67	1 250	85
M-19	3 500	60
Q-58	5 000	45

第3步：资料的整理和排序。对种类多的货物按范围分类；对种类较少货物直接计算库存总价值，按照货物的价值从大到小排序，制作惠多公司货物存货价值情况表，见表5.4.4。

第4步：将整理好的资料做成表格，并求出累计百分数。累积百分数计算方法是：以货物代码M-19的数量累计比率（%）为例，其他货物累积百分数以此类推，见表5.4.5。

表5.4.4　惠多公司货物存货价值情况表

序号	货物代码	货物单价/元	数量/箱	货物价值/元
1	Q-58	5 000	45	225 000
2	M-19	3 500	60	210 000
3	R-67	1 250	85	106 250
4	C-31	500	125	62 500
5	F-05	350	115	40 250
6	T-03	200	120	24 000
7	A-01	100	150	15 000

表5.4.5　货物统计数据

序号	货物代码	货物单价/元	数量/箱	数量比率/%	数量累计比率/%	价值/元	价值比率/%	价值累计比率/%
1	Q-58	5 000	45	6.4	6.4	225 000	33.0	33.0
2	M-19	3 500	60	8.6	15.0	210 000	30.7	63.7
3	R-67	1 250	85	12.1	27.1	106 250	15.6	79.2
4	C-31	500	125	17.9	45.0	62 500	9.2	88.4
5	F-05	350	115	16.4	61.4	40 250	5.9	94.3
6	T-03	200	120	17.1	78.6	24 000	3.5	97.8
7	A-01	100	150	21.4	100.0	15 000	2.2	100.0
合计			700	100.0	—	683 000	100.0	—

M-19数量累计比率（%）＝Q-58数量累计比率（%）+M-19数量比率（%）＝6.4%+8.6%=15.0%

第5步：根据上表5.4.5中的统计数据绘制ABC分析图，如图5.4.3所示。

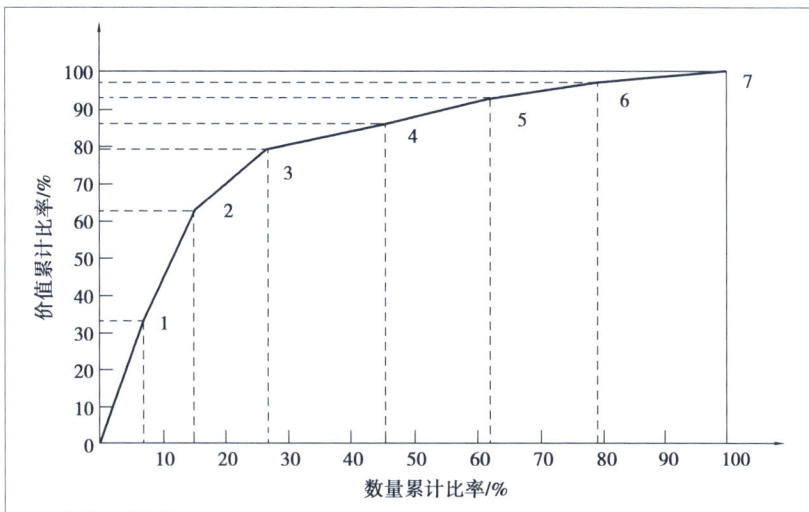

图5.4.3　ABC库存物资分析图

第6步：根据价值和数量比率的划分，确定货物对应近似的种类分类，见表5.4.6。

表5.4.6　货物分类结果

货物代码	货物单价/元	数量/件	数量比率/%	数量累计比率/%	价值/元	价值比率/%	价值累计比率/%	分类
Q-58	5 000	45	6.4	6.4	225 000	33.0	33.0	A类
M-19	3 500	60	8.6	15.0	210 000	30.7	63.7	A类
R-67	1 250	85	12.1	27.1	106 250	15.6	79.2	B类
C-31	500	125	17.9	45.0	62 500	9.2	88.4	B类
F-05	350	115	16.4	61.4	40 250	5.9	94.3	C类
T-03	200	120	17.1	78.6	24 000	3.5	97.8	C类
A-01	100	150	21.4	100.0	15 000	2.2	100.0	C类

📋 **小提示**

中华民族传统美德之一是勤俭节约，我们倡导的勤俭节约实际上是对资源的科学调配与充分运用，尤其是物流行业，通过有限的操作资源完成全部任务更需要科学掌控现有的资源。当然，继承和发扬勤俭节约的传统美德除了需要精神层面的努力之外，我们还需要掌握现代科学的工具，ABC分类法就是一个十分有效的管理与控制资源的工具，在库存管理、人员调配、资金管理等方面都发挥着很大作用。

活动拓展

根据上述分类结果，分析ABC分类法的优缺点。

活动3 补足商品

活动背景

惠多公司库存物资口罩和防护服在疫情期间使用量大,物资重要性高,通过统计属于A类货物。罗莉对两种货物进行盘点后发现口罩库存数量为400个,防护服库存数量为700个。从每日出库数据得知,口罩的经济订货批量为800个,订货间隔期为30天,订货时间为10天,平均每日正常需要量为30个,预计日最大耗用量为45个;防护服的订购间隔期为30天,订购时间为10天,平均每日正常需用量为35件,预计日最大耗用量为45件,订货日的实际库存量为700件,已知上次订货100件,但没有到库。采购员罗莉需要计算出口罩的订货点和防护服的订货批量(采用定期订货法计算),并判断口罩是否需要订货以及防护服本次订货应该订多少件,为满足疫情防控需要,马上采购补足口罩和防护服的数量。

活动实施

📖 知识窗

问题1: 补足商品的主要流程是什么?

补足商品的主要流程如图5.4.4所示。

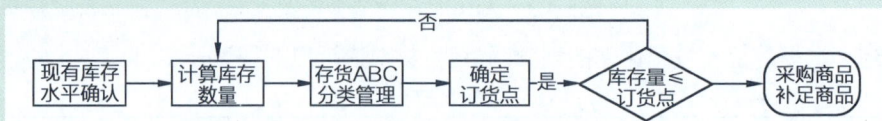

图5.4.4 补足商品主要流程图

问题2: 什么是定量订货法? 什么是定期订货法?

定量订货法是预先确定一个订货点和订货批量,随时检查库存,当库存下降到订货点时就发出订货,订货批量取经济订货批量。

定期订货法是按预先确定的订货时间间隔按期进行订货。其决策思路是:每隔一个固定的时间周期检查库存项目的储备量。根据盘点结果与预定的目标库存水平的差额确定每次订购批量。

第1步: 求口罩的订货点。

订货点=平均提前时间×平均日需要量+(预计日最大消耗量−平均日需要量)×平均提前时间=10×30+(45−30)×10=450个。

第2步: 求防护服的订货批量(采用定期订货法计算)。

订货批量=平均每日需要量×(订货周期+订货提前期)+安全库存量−现有库存量−已订未交量=35×(30+10)+(45−35)×10−700−100=700个。

第3步: 比对库存量与订货点,决定采购数量及时间。

根据计算,口罩的订货点为450个,实际库存量为400个,库存量小于订货点,应及时按照规定的经济订货批量800个提出订货;防护服也需要及时订货,订货批量为700个。

第4步: 建立采购订单,补足商品。

根据以上计算批量,把商品需求表发送到采购部,由采购部建立采购订单,以最快速度完成采购工作,补足商品库存。

🖾 小提示

库存对企业经营的作用非常重要，但是库存也会占用企业经营的流动资金。库存不足，会引起缺货，无法保证供应；库存过多，会引起浪费，造成流动资金的占用。尤其是电商企业，订单波动大，只有掌控有效的库存订货方法，保证库存控制在合理范畴，才能保证企业立于不败之地，这也是中华民族的优良美德勤俭节约的生动体现。勤俭节约也就成为我们中华民族的传统美德，中华民族经久不衰的优良作风。

活动拓展

惠多公司在实际实施订货计划时，应该如何结合定量订货法和定期订货法两种订货法来实现最经济的订货方式？

合作实训

惠多公司年底对库存的10种商品进行盘点，它们的年平均库存品种数量和单价情况见表5.4.7。试对其进行ABC分类，以便更好地管理与控制。

表5.4.7　商品年平均库存量

序号	产品代码	年平均库存量/千件	单价/元
1	B-20	300	6
2	X-11	60	8
3	G-83	12	7
4	B-6	260	9
5	V-92	70	8
6	M-18	2	11
7	L-50	6	10
8	C-62	130	6
9	O-45	15	7
10	T-02	50	8

（1）实训要求：5个学生为一组，完成任务的分工为：①收集和处理数据；②绘制ABC分类管理表，并将处理数据填入表格中；③将商品分成A、B、C三大类；④绘制ABC分类管理图；⑤确定不同类别货物的管理方法。

（2）工具准备：仓储货物资料、纸、笔、计算器、绘图尺。

🖾 项目总结

商品入库后必须对商品进行合理地保存和科学地管理。合理保存指将商品分区分类存放在适宜的场所和位置，对货物进行分区的存放，以确保货物的储存安全；对货物分类集中存放，以利于收发货与保管业务的进行。科学的管理是指对商品实体和商品仓储信息进行科学的管理，包括对商品进行科学的保养和维护，为货物提供良好的保管环境和条件，以及对库存商品进行信息化管理，对库存商品进行账、卡、货三方面的数量核对工作，挽回和减少保管损失，增强保管质量。

▣ 项目拓展

全国物流行业表彰大会在京举行逾200位物流工作者获表彰

2020年12月29日，全国物流行业先进集体、劳动模范和先进工作者表彰大会在北京举行。中都物流有限公司等49个单位获得"全国物流行业先进集体"称号，赵萌等187人荣获"全国物流行业劳动模范"称号，方澍磊等28人荣获"全国物流行业先进工作者"称号。大会由人力资源和社会保障部、中国物流与采购联合会联合主办。第十届全国人大常委会副委员长顾秀莲在会上表示，今年以来，面对突如其来的新冠肺炎疫情，全国物流行业广大干部职工迎难而上，抢运保供各类防疫物资，成为抗击疫情第一线的逆行者，助力各类企业复工复产，成为保产业链供应链稳定的先行官。2020年以来，受新冠肺炎疫情影响，物流行业遭受严重冲击。但行业冲锋在前，全力以赴保障疫情防控应急物资运送，为全国抗疫斗争取得重大战略成果做出了突出贡献。为了防控疫情，请说说你个人采取了哪些疫情防护措施?

▣ 项目评价

完成PMIQ表，对自己的学习情况进行评价。

PMIQ表

P（Plus） 学习收获（我已经学懂的知识）	M（Minus） 不足之处（我还没学懂的地方）	I（Interesting） 我还感兴趣的内容（我还想学的知识）	Q（Question） 我感到疑惑的问题（我还想弄清楚的问题）

▣ 项目检测

1.单项选择题

（1）一般高流量的存储货物可以安排在（   ）。

A.距离主通道较远的位置　　　　　　　　B.货架的较高层

C.搬运距离最短的位置　　　　　　　　　D.离装卸设施最近的位置

（2）不属于盘点方法的是（   ）。

A.永续盘点法　　　　B.循环盘点法　　　　C.低位盘点法　　　　D.期末盘点法

（3）定期或不定期地对仓库各个库位进行清点，并记录账面数量与实际清点数量差异的单据称为（   ）。

A.盘点表　　　　　B.盘点卡　　　　　C.盘点详细单　　　　D.盘点记录表

（4）不属于盘点人员在盘点期间遵守的原则的是（   ）。

A.细心　　　　　B.负责　　　　　C.诚实　　　　　D. 灵活

（5）下列不属于不合理的分类管理控制所造成的后果的是（   ）。

A.业务手续复杂　　　B.效率低下　　　C.时间延迟　　　D.成本下降

2.多项选择题

（1）仓库功能分区包含的步骤是（ ）。

A.确定仓库分区的数量　　　　　　　　B.确定货物的特点

C.确定物流流向　　　　　　　　　　　D.确定人工作业流向

（2）储位分配的原则有（ ）。

A.明确标识储位　　B. 有效定位商品　　C. 及时更新变动　　D.同质原则

（3）进行仓库总平面布置时,应满足（ ）条件。

A.符合安全保卫和消防工作需要　　　　B.防止重复搬运

C.仓储设施的先进性　　　　　　　　　D.有利于充分利用仓库设施

（4）（ ）是通风的作用。

A.降温　　　　　　　B.升温　　　　　　C.降湿　　　　　　　D.增湿

（5）盘点实施主要内容包括（ ）。

A.初盘　　　　　　　B.复盘　　　　　　C.抽盘　　　　　　　D.稽核

3.判断题

（1）堆垛方式应以增加堆高,提高仓容利用率,有利于保护货物质量为原则。 （ ）

（2）仓库害虫防治主要是发现有虫害之后要及时采取措施处理,没有时可以简单防治。

（ ）

（3）盘点可以确定现有库存商品实际库存数量,并通过盈亏调整使库存账面数量与实际库存数量一致。 （ ）

（4）ABC分类法能分清重点和一般,从而有区别地确定管理方式。 （ ）

（5）定量订货法和定期订货法两者都有优缺点,企业在实际实施订货计划时,应该结合两种订货法来达到最经济的订货方式。 （ ）

4.简述题

（1）仓库分类分区规划的原则有哪些?

（2）商品霉腐的防治方法有哪些?

5.案例分析题

（1）新丰电子商务公司的仓库货物品种不多,但是货物管理非常散乱,尤其是很多货物的库存量不满足公司销售需求,有的商品库存超量严重,有的商品缺货严重。仓库经理要求新进仓库管理员罗莉根据公司的商品年平均库存量（见下表）,对全仓库货物进行分类,找出重点处理货物,有的放矢,减少管理资源浪费。

商品年平均库存量

序号	产品代码	年平均库存量/千件	单价/元
1	TC-90	200	6
2	XB-63	80	8
3	GT-84	15	7
4	BB-69	270	9
5	VW-36	75	8
6	MT-28	3	11

续表

序号	产品代码	年平均库存量/千件	单价/元
7	LH-26	5	10
8	CT-91	133	6
9	PO-48	12	7
10	TR-06	55	8

根据案例资料回答下面问题：

如果你是罗莉会采取什么方案解决货物管理混乱问题？具体是怎么完成的？

（2）某商场把一台背投彩电送到用户家中开箱安装调试时，发现包装箱内有一窝刚出生的老鼠。仓库接到投诉后展开调查，发现在同一库房内，既放有彩电，又存有大米。请问该仓库在物品安排上违反了什么原则？该如何处理？

项目 6
商品出库管理

项目综述

随着电商业务的不断扩大，惠多公司商品的出库作业量也不断增加。到了11月份，随着销售旺季的到来，罗莉被安排到配送组，协助完成商品的出库工作。仓库主管告诉罗莉，出库商品要求做到"三不""三核""五检查"：未接单据不翻账、未经审核不备库、未经复核不出库；发货时要核实凭证、核对账卡、核对实物；单据和实物要进行品名检查、规格检查、包装检查、件数检查、重量检查。罗莉到了仓库，看到一派繁忙景象，拣货员推着小车跑前跑后，开着"电牛"来来往往，驾着叉车托举货物上上下下，打包员复核打包，让人眼花缭乱。罗莉明白，出库的每一环节都很重要，只有不断提高效率，才能防止货物多发、错发、漏发，确保公司"双11"大促的顺利进行。

项目目标

知识目标
◇了解配货的流程；
◇熟悉包裹交接流程；
◇理解商品包装的注意事项；
◇熟悉出库的内容与流程。

能力目标
◇会根据不同的订单操作对应的拣货方式；
◇能熟练操作不同货品的校验和装箱；
◇会填写出库作业的相关单据；
◇能熟练操作货物出库作业。

素质目标

◇养成脚踏实地、刻苦钻研的劳动精神;

◇增强出库作业中相关岗位的服务意识、沟通意识及全局意识;

◇形成认真细致、团队合作、吃苦耐劳和积极学习的职业素质。

☐ **项目思维导图**

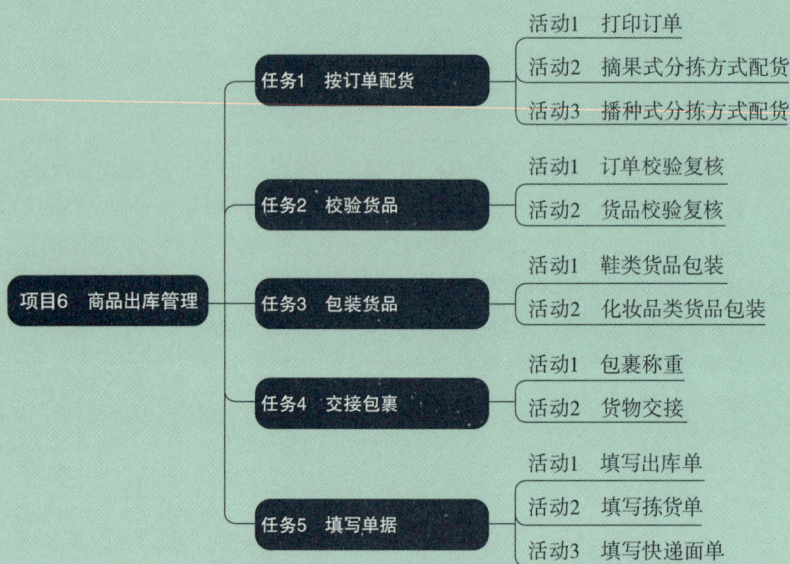

	任务1　按订单配货	活动1　打印订单
		活动2　摘果式分拣方式配货
		活动3　播种式分拣方式配货
	任务2　校验货品	活动1　订单校验复核
		活动2　货品校验复核
项目6　商品出库管理	任务3　包装货品	活动1　鞋类货品包装
		活动2　化妆品类货品包装
	任务4　交接包裹	活动1　包裹称重
		活动2　货物交接
	任务5　填写单据	活动1　填写出库单
		活动2　填写拣货单
		活动3　填写快递面单

>>>>>>>>>> 任务1
按订单配货

情境设计

　　客户的订单是商品出库的开始,因此罗莉后续的出库工作都是围绕着订单来进行的。她打印完订单后,根据订单生成发货通知单,并进行配货。由于订单情况有所差别,因此罗莉采用不同的拣货方式来提高拣货效率。

任务分解

　　惠多公司的配货作业以客户的订单为单位,分别可按单张订单配货和按批量订单配货。罗莉接到了多张订单的配货任务,需要根据打印好的配货单选择合适的拣货方式和路径,通过行走和搬运拣取货品,再按一定的方式将货品分类、集中。本任务可分解为3个活动:打印订单、摘果式分拣方式配货、播种式分拣方式配货。

任务实施

活动1　打印订单

活动背景

客户的订单是商品出库的开始，因为后续的出库工作都是围绕着订单来进行的。罗莉登录公司的淘宝账号，完成了配货的订单导出，接下来就把导出的订单逐张打印出来，以作配货所用。

活动实施

第1步: 导出订单。

罗莉打开电脑，登录淘宝账号，进入淘宝后台，查看"已卖出的宝贝"，如图6.1.1所示，查看订单明细，将交易成功的订单批量导出。如图6.1.2所示。

在弹出的页面中，点击"生成报表"。如图6.1.3所示。

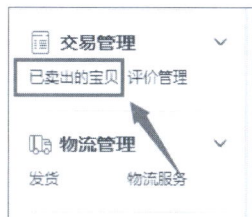

图6.1.1　已卖出宝贝页面

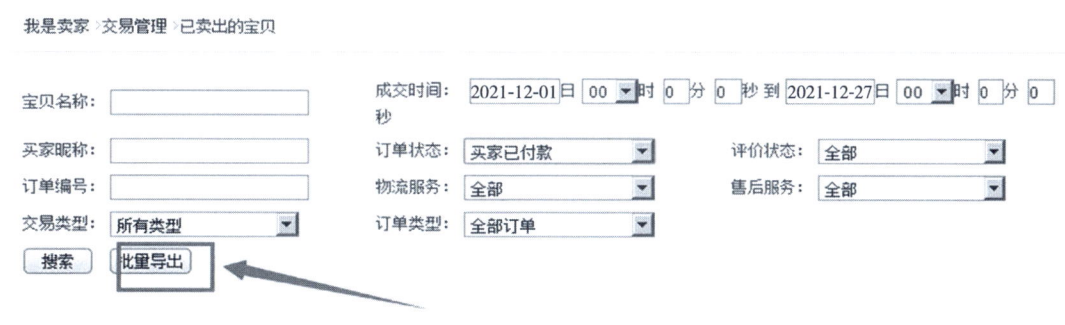

图6.1.2　批量导出订单

图6.1.3　生成报表

在弹出的页面中，点击"下载宝贝报表"，如图6.1.4所示。

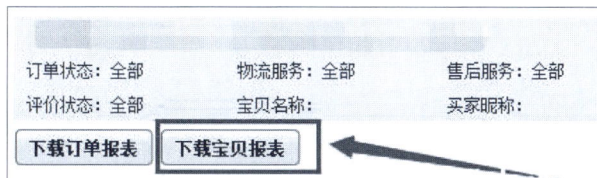

图6.1.4　下载宝贝报表

生成Excel格式的报表，报表中包含卖出的宝贝明细，如图6.1.5所示。

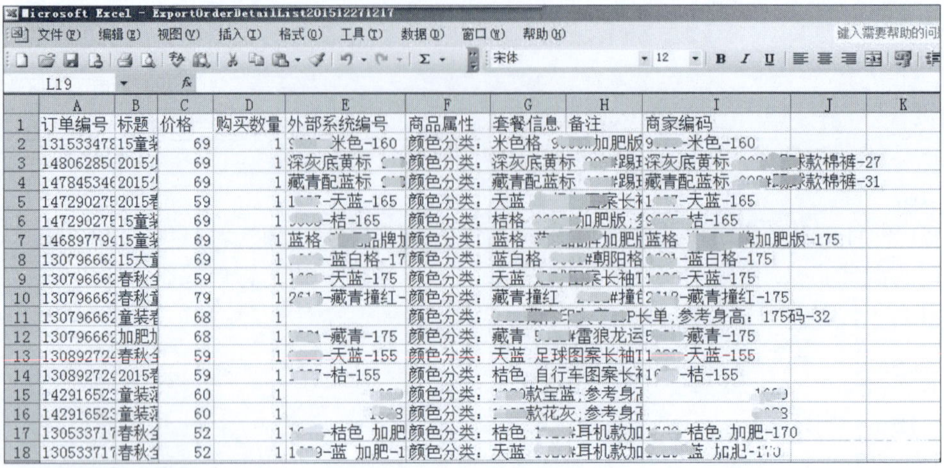

	A	B	C	D	E	F	G	H	I	J	K
1	订单编号	标题	价格	购买数量	外部系统编号	商品属性	套餐信息	备注	商家编码		
2	131533478	15童装	69	1	9[illegible]米色-160	颜色分类:	米色格 9[illegible]加肥版		9[illegible]-米色-160		
3	148062850	2015少	69	1	深灰底黄标 [illegible]	颜色分类:	深灰底黄标 [illegible]#踢球		深灰底黄标 [illegible]款棉裤-27		
4	147845346	2015少	69	1	藏青配蓝标 [illegible]	颜色分类:	藏青配蓝标 [illegible]#踢球		藏青配蓝标 [illegible]款棉裤-31		
5	147290275	2015春	59	1	1[illegible]-天蓝-165	颜色分类:	天蓝 [illegible]图案长袖		1[illegible]-天蓝-165		
6	147290275	15童装	69	1	[illegible]-桔-165	颜色分类:	桔格 [illegible]加肥版;参		9[illegible]桔-165		
7	146897794	15童装	69	1	蓝格 [illegible]品牌加	颜色分类:	蓝格 [illegible]#加肥版		蓝格 [illegible]牌加肥版-175		
8	130796662	15大童	69	1	[illegible]-蓝白格-17	颜色分类:	蓝白格 [illegible]#朝阳格		[illegible]-蓝白格-175		
9	130796662	春秋全	59	1	1[illegible]-天蓝-175	颜色分类:	天蓝 [illegible]图案长袖T		1[illegible]-天蓝-175		
10	130796662	春秋童	79	1	2[illegible]-藏青撞红-	颜色分类:	藏青撞红 [illegible]#撞色		2[illegible]-藏青撞红-175		
11	130796662	童装春	68	1		颜色分类:	[illegible]P长单;参考身高:175码-32				
12	130796662	加肥加	68	1	[illegible]-藏青-175	颜色分类:	藏青 5[illegible]#雷狼龙运		5[illegible]藏青-175		
13	130892724	春秋全	59	1	[illegible]-天蓝-155	颜色分类:	天蓝 足球图案长袖T		1[illegible]-天蓝-155		
14	130892724	2015春	59	1	1[illegible]-桔-155	颜色分类:	桔色 自行车图案长袖		1[illegible]-桔-155		
15	142916523	童装潮	60	1	[illegible]	颜色分类:	[illegible]款宝蓝;参考身高		[illegible]		
16	142916523	童装潮	60	1	[illegible]3	颜色分类:	[illegible]款花灰;参考身高		[illegible]3		
17	130533717	春秋全	52	1	1[illegible]-桔色 加肥	颜色分类:	桔色 [illegible]#耳机款加		1[illegible]-桔色 加肥-170		
18	130533717	春秋全	52	1	1[illegible]-蓝 加肥-1	颜色分类:	天蓝 [illegible]#耳机款加		[illegible]蓝 加肥-170		

图6.1.5　宝贝报表

第2步: 打印订单。

知识窗

问题: 打印订单的注意事项有哪些?

(1) 不能将不同采购商的订单打印在一起;

(2) 不能将相同采购商但收货地址不同的订单打印在一起;

(3) 确认订单的内容完整无误, 然后按打印键。

罗莉把导出的订单逐张打印出来, 见表6.1.1—表6.1.3, 以作备货用。

表6.1.1　惠多有限公司销售订单

订单号: 13025810288425
客户名称: ××　　　　收货地址: 广东省梅州市梅江区前进路
联系电话: ××××　　　　货款情况: 在线支付

序号	产品编号	产品名称	单位	规格/g	订单数量	单价/元	合计/元
1	501864	甘草陈皮	件	150	10	15	150
2	906883	18年陈普茶品味礼盒	件	375	1	588	588
合计							738

表6.1.2　惠多有限公司销售订单

订单号: 13025810288427
客户名称: ××　　　　收货地址: 湖南省株洲市开发区创新路
联系电话: ××××　　　　货款情况: 在线支付

序号	产品编号	产品名称	单位	规格/g	订单数量	单价/元	合计/元
1	906375	郁香柑普茶	件	20	20	8	160
2	906385	小青柑柑普茶	件	15	20	12	240
3	906395	沉香柑普茶	件	30	20	38	760
合计							1 160

表6.1.3 惠多有限公司销售订单

订单号: 13025810288430
客户名称: ×××   收货地址: 四川省泸州市卢龙区美景路
联系电话: ××××   货款情况: 在线支付

序号	产品编号	产品名称	单位	规格/g	订单数量	单价/元	合计/元
1	906375	郁香柑普茶	件	20	10	8	80
2	906385	小青柑柑普茶	件	15	30	12	360
3	906355	樟香柑普茶	件	30	10	26	260
			合计				700

活动拓展

两人为一小组, 模拟订单打印。

活动2 摘果式分拣方式配货

活动背景

对于13025810288425订单, 罗莉发现该订单的商品重合度不高, 是零散单, 体积和重量又不是很大的商品, 适合采用边拣边分的方法, 也就是摘果式分拣方式。

摘果式与播种式分拣方式配货

知识窗

问题1: 什么是摘果式分拣?

摘果式分拣是指拿着订单, 根据订单上的商品项目, 到不同储位上按数量取货。这好比提着篮子到不同的果树上去采摘对应数量的水果, 所以这种分拣方式称之为摘果式分拣。

问题2: 摘果式分拣有何优缺点?

摘果式分拣的优点是: 对单个订单的响应速度较快, 适应于拆零情况少, 品种少且订单量大的情况; 缺点是: 出错率高、效率低, 当订单数量迅猛增多时, 拣货速度跟不上订单的产生速度, 导致了订单积压。

活动实施

第1步: 准备好配货单和工具。

在摘果式分拣方式作业下, 罗莉检查相关单据信息是否一致, 重点检查客户名称及商品信息(见表6.1.4), 明确储位所在区域, 查明货物拣取的注意事项。

表6.1.4 惠多公司仓库配货单

编号	名称	规格/g	数量	单位	质量/kg	储位	数量分配	备注
501864	甘草陈皮	150	10	件	5.4	C3281461	1X(10)	
906883	9年陈普茶品味礼盒	375	1	件	1.2	C3281427	1X(1)	

罗莉根据商品的数量及体积, 准备好手推车和物流箱, 如图6.1.6所示。

图6.1.6　常见的拣货工具

第2步： 实施摘果式拣货。

罗莉分析发现，订单13025810288425的货品品种不多，但是体积外形有所不同，所以采用摘果式拣货。如图6.1.7所示，就像从不同的果树上摘下果实一样去拣取货物。根据订单要求，罗莉需要巡回于仓库内，根据系统推荐的最优路径，按照订单逐一选出甘草陈皮、18年陈普茶品味礼盒两种货品和对应数量，放进车上，拣货完成。

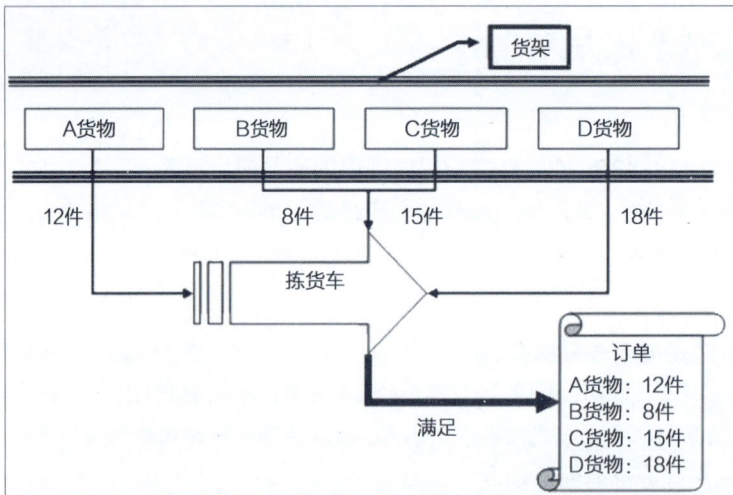

图6.1.7　摘果式分拣方式操作流程图

在摘果式分拣方式下，订单处理的弹性较大，适合一些紧急订单或临时任务作业，一对一的拣货任务准确度较高，但当商品品种较多时，拣货行走的路径长，拣取效率较低。

第3步： 将货品搬运到指定位置。

确认拣取的货品无误后，将拣好的货品连同相关单据搬运到指定位置，等待包装发运。

活动拓展

两人为一组，角色扮演，在实训室内采用摘果式分拣方式模拟完成配货流程。仓储配货单见表6.1.4所示。

活动3　播种式分拣方式配货

活动背景

根据13025810288427订单、13025810288430订单的属性，货品批量较大，但差异性不大，可将同类的货物全部拣出再二次分货，为此罗莉采用了播种式的分拣方式。

活动实施

知识窗

问题：什么是播种式分拣？

播种式分拣是指把多份订单（多个客户的要货需求）集合成一批，把其中每种商品的数量分别汇总，再逐个品种对所有客户进行分货（形式播种）。这好比形似于田野中的播种操作，所以这种分拣方式称之为播种式分拣。

第1步： 准备好配货单和工具。

在播种式分拣方式作业下，罗莉检查相关单据信息是否一致，重点检查客户名称及商品信息，明确储位所在区域，查明货物拣取的注意事项。惠多公司仓库配货单见表6.1.5。

表6.1.5　惠多公司仓库配货单

编号	名称	规格/g	数量	单位	质量/kg	储位	数量分配	备注
906375	郁香柑普茶	20	30	件	0.6	C3281462	1X（20） 2X（10）	
906385	小青柑柑普茶	15	50	件	0.75	C3281440	1X（20） 2X（30）	
906395	沉香柑普茶	30	20	件	0.6	C3281463	1（20）	
906355	樟香柑普茶	30	10	件	0.3	C3281446	1（10）	

在播种式分拣方式下，罗莉采用了多层拣货台车，如图6.1.8所示。每层拣货台上摆放了若干个塑料盒，并注明顺序号，每个顺序号的盒子用来放一份订单的货物。货物从储位集中取出，再像播种一样把货物分放在每个客户所对应的塑料盒里。

第2步： 实施播种式拣货。

罗莉分析发现，13025810288427订单和13025810288430订单的货品批量较大，但差异性不大，因此采用播种式拣货，如图6.1.9

图6.1.8　多层拣货台车

所示。根据订单的需求，罗莉将相同的货品进行数量汇总，从储位中集中取出，如取出50件小青柑柑普茶，再像在田野播种一样把货物分别放到每个客户对应的塑料盒里。拣货完成。

在播种式分拣方式下，对于那些单量中等，但是产品的重合率很高的订单，可以缩短拣货的行走时间，增加单位时间拣货量，但需二次分货，增加了作业环节和出错概率，并不适用紧急订单。

第3步： 将货品搬运到指定位置。

确认拣取的货品无误后，将装有各客户货品、相关单据的塑料盒搬运到指定位置，等待包装发运。

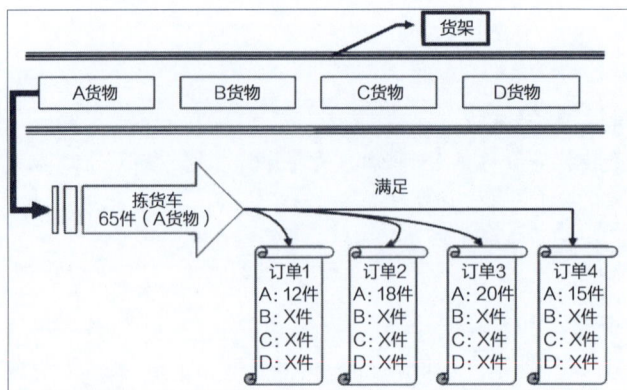

图6.1.9　播种式分拣方式操作流程图

📖 小提示

一名优秀分拣员所具备的特质：动作敏捷、操作熟练、勤于思考、眼尖手快、细心耐心，与同事配合默契。

活动拓展

对比分析摘果实分拣和播种式分拣方式的优缺点及适用情况。

合作实训

两人为一组，角色扮演，在实训室内采用播种式分拣方式模拟完成配货流程。仓储配货单见表6.1.6。

表6.1.6　惠多公司仓库配货单

编号	名称	规格	数量	单位	质量/kg	储位	数量分配	备注
090637	椰树牌椰汁	245 mL/盒	8	盒	0.245	C3281462	1X（1） 2X（2） 3X（1） 4X（3） 5X（1）	
090638	王老吉凉茶	250 mL/盒	5	盒	0.25	C3281440	1X（1） 2X（2） 3X（1） 4X（1）	
090639	多口味软糖	500 g/袋	2	袋	0.5	C3281463	1X（1） 2X（1）	
090642	阿尔卑斯牛奶硬糖	1 kg/袋	3	袋	1	C3281446	3X（1） 4X（1） 5X（1）	
090635	真知棒棒棒糖	108支/桶	2	桶	0.6	C3281444	3X（1） 5X（1）	
090650	良品铺子葡萄干	400 g/盒	1	盒	0.4	C3281445	4（1）	
090645	好想你红枣	500 g/袋	1	袋	0.5	C3281441	5（1）	

))))))任务2
校验货品

情境设计

完成订单配货工作后,罗莉所拣选好的货品还不能直接进行包装。接下来需要做的是对货品和单据进行校验复核,通过这个环节可以提高发出货品的准确性。

任务分解

罗莉完成配货任务后,需对拣选好的货品进行复核校验。一般先扫描订单编号,然后再逐个扫描该订单中包括的商品条码,逐个验证客户订单与实际发货商品之间是否完全匹配,防止差错。本任务可分解为两个活动:订单校验复核、货品校验复核。

任务实施

活动1　订单校验复核

活动背景

罗莉需对13025810288427订单和13025810288430订单进行扫描核单(见表6.1.2和表6.1.3),其中销售订单已由系统传送到扫描枪的库存管理系统中,扫描订单号,再扫描货品条码,确保所拣货品的种类和数量和订单要求均一致方可通过校验,是目前用得最多的一种校验方式。

活动实施

🗐 知识窗

问题:验货工作要求有哪些?

(1)检查产品外包装,不能有破损及明显的污垢,如有发现需要要求仓库调换。

(2)按照汇总单严格核对产品的品种和数量,不能有遗漏和差错。

第1步:复核出库单据。

罗莉打开仓库管理系统"货品出库"界面,如图6.2.1所示,拾取塑料篮中的发货单号、快递单号、物料条码,用扫描枪扫描。扫描成功后,系统自动跳出所对应订单的货品详情,如扫描无此结果,则表示出现差错。

图6.2.1　仓库管理系统"货品出库"界面

知识窗

> **问题：复核的类型、流程和适用货品有哪些？**
>
> 复核工作的方式一般分为人工复核和系统复核。
>
> 人工复核的流程是：领取单据→检查单据→清点货品→签名确认，人工进行，只借助一些传统的检测工具，适用整件出货。
>
> 系统复核的流程是：领取拣货单→审核拣货单→清点货品→检查差异→签名确认，借助RF终端等信息设备，适用零散出货。

第2步：复核商品账卡。

罗莉扫描货品标签上的条码，并对货品进行逐一扫描校验。如图6.2.2和图6.2.3所示，扫描纸箱号，扫描货品，完成复核商品账卡工作。

图6.2.2　扫描纸箱号

图6.2.3　扫描货品

活动拓展

两人为一组，角色扮演，在实训室内模拟完成仓储配货单（见表6.1.6）的订单校验复核工作。

活动2　货品校验复核

活动背景

罗莉需对13025810288427订单和13025810288430订单进行复核,确保订单正确。接下来就会对订单中的货品进行复核,确保所拣货品的种类和数量准确、质量完好、包装完整,杜绝差错的发生,与订单要求相一致。

活动实施

第1步:核对物品的包装是否完好,外观质量是否合格。

复核实物主要以检验货物的质量为主,检验其质量指标是否符合规定,以便及时发现问题,确保出库货品的质量合格。主要使用感官检验法来判断商品的质量。

(1)检验外包装是否有明显损坏和污迹,箱面是否平整牢固,外箱标志是否完整、清晰、正确,如图6.2.4所示。

(2)检验物品的包装是否清洁、干燥、无破损、无污迹,印刷内容是否正确、清晰,如图6.2.5所示。

图6.2.4　核对物品包装图　　　　图6.2.5　核对外观质量

第2步:核对物品的品种、规格、牌号、单位、数量与凭证是否相符。

核对校验流程如图6.2.6所示。

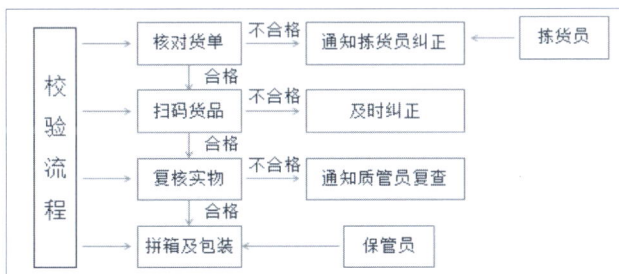

图6.2.6　核对校验流程图

活动拓展

借助信息技术完成货品的复核工作能大大提高发货的准确率,即使在人工复核的情况下,其原理与借助信息技术方法相同,都要做到"三要求"和"五检查"。"三要求"即单单一致、单货一致、货品质量合格，"五检查"即对单据和实物要实行品名检查、规格检查、包装检查、件数检查、重量检查。请用"三要求"和"五检查"的方法对惠多公司的货品进行复核。

合作实训

两人为一组，角色扮演，在实训室内模拟完成仓储配货单（见表6.1.6）的货品校验复核工作。

>>>>>>> 任务3
包装货品

手动打包器
的使用

情境设计

在商品出库环节，分拣配货工作结束后，就进入了包装作业的环节。罗莉来到了包装作业区，看到了工作人员，还有各种各样的包装材料。工作人员正在对不同的商品进行细致包装和封箱。罗莉完成了手上的扫描核单工作后便到了包装区，开始学习包装商品，并主动协助同事分担工作。

任务分解

罗莉接到了两项商品包装任务，包括女鞋两双，化妆品套装两套。她需要根据商品的不同属性选择适合的包装材料对商品进行包装，同时又能最大限度地节约包装成本。本任务可分解为两个活动：鞋类货品包装、化妆品类货品包装。

任务实施

活动1 鞋类货品包装

活动背景

鞋类是电商销售货品的常客，每年"双11"的销售量都有两位数的增长，因其有鞋盒的包装，不怕挤压，无须特殊防护包装，可以选择塑料袋或者纸箱。由于该客户购买了两双鞋，罗莉选择用纸箱的包装方式。

活动实施
🗔 知识窗

> **问题：邮政纸箱有哪些规格？**
> 邮政纸箱是国家邮电局为方便广大客户寄送物品，提供的包装箱。大小共有12个规格。邮

政纸箱按从大到小,有1—12号合计12种。其大小规格及测量方式如图6.3.1所示。

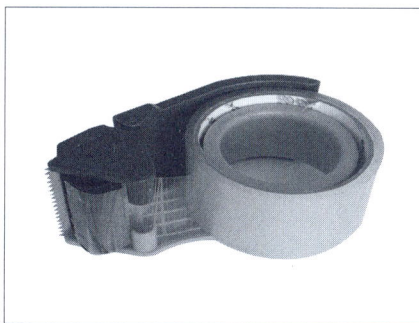

邮政纸箱规格尺寸表及测量方式

型号	长*宽*高(mm)	适用范围
1号	530*290*370	大件商品
2号	530*230*290	箱包等
3号	430*210*270	箱包及鞋子等
4号	350*190*230	鞋子等
5号	290*170*190	装饰品等
6号	260*150*180	化妆品、饰品等
7号	230*130*160	化妆品、饰品等
8号	210*110*140	化妆品、饰品等
9号	195*105*135	化妆品、饰品等
10号	175*95*115	化妆品、CD等
11号	145*85*105	化妆品、CD等
12号	130*80*90	化妆品、I饰品

图6.3.1　邮政纸箱规格尺寸及测量方式

第1步:准备包装材料。

对于鞋子,最常规的就是鞋盒包装。在网购时,可以在纸盒外面加个气泡袋防摔。罗莉根据鞋类货品的大小、数量、包装要求等准备快递箱、封箱胶带切割器,如图6.3.2所示。由于鞋类的货品不怕挤压,装进鞋类专用4号快递箱,如图6.3.3所示,直接邮寄。

图6.3.2　封箱胶带切割器

图6.3.3　鞋类专用快递箱

第2步:装箱密封。

将货品平整地放进快递袋,密封封口后,在封口处贴上封箱胶带。

第3步:贴快递单。

把填好的快递单贴在封好的纸箱正面,快递单应贴在封袋胶带中间处,防止被私自撕开。

活动拓展

两人为一组,分别选取一至两件鞋类的产品,利用相关的包装材料和工具完成商品的包装,并交叉审核点评。

活动2　化妆品类货品包装

活动背景

对于化妆品套装的包装,罗莉选择用纸箱的包装方式,并做防渗漏、防震包装处理,能较好地保障货物安全。

活动实施

📖 知识窗

问题：液体和易碎品的装箱要注意哪些事项？

（1）液体胶状物运输时因摇晃易飞溅、渗漏，在包装时应密封好，再用胶带加固，在包装盒外多加一层包装，同时在包装内添加填充物减少碰撞。

（2）易碎品的包装：应尽量用纸箱包装，并在纸箱内填充抗震物料，如泡沫、纸屑等，仔细封好封牢。

易碎货品的
包装

第1步：准备商品和包装材料。

罗莉根据化妆套装的大小、数量、包装要求等准备包装材料，包装材料主要有纸箱、气泡膜、充气袋和封箱胶带等，接着为包装做好准备工作，具体如下：

（1）检查瓶口是否盖严。由于香水、润肤露是液体，必须检查瓶口是否盖严，防止液体泄漏。

（2）折叠外箱。取出外箱，检查无损坏后折叠成形。折叠时，外箱底部朝上，先折外箱短边，再折外箱长边。

（3）封箱底和侧边。先用封箱胶带封箱底中间，再封两侧边，成"工"字形。封箱口处两边各分胶带宽的1/2，封箱时封口胶带不能伸出过长。注意，封箱口处中间必须合拢，不可有缺口，如图6.3.4所示。

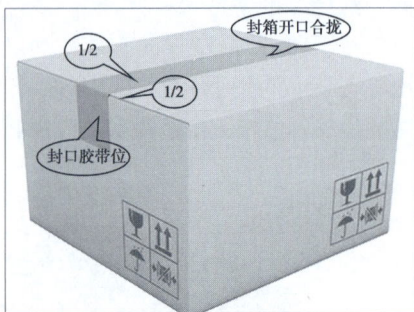

图6.3.4　封箱口处胶带分布

📖 知识窗

问题：国内包裹的单件重量限度是什么？

（1）装寄一般物品的上限为15 kg，装寄易碎或流质物品的上限为10 kg，快递小包上限为500 g，整件不能拆开的上限为1 kg。

（2）每件包裹重量不超过20 kg，每件包裹的任何一边长度不超过1.5 m，其横周长不超过3 m。

第2步：防震包装处理。

化妆品类的商品很多都是乳状液体，塑料瓶或玻璃瓶包装占多。为了确保其在物流运输过程中不出现压坏、破碎的情况，需进行细致的防震处理。具体操作步骤如下：

（1）用气泡膜将每件商品独立整齐包装好，用小胶带将气泡膜封口贴好，防止商品渗漏，如图6.3.5所示。

（2）将包装好的商品放进纸箱中间位置，商品和纸箱内壁的四周应该预留3 cm左右的缓冲空间。

（3）在商品和纸箱之间的缓冲空间放置适量的填充物并塞紧，如图6.3.6所示。这时，可以通过用力摇晃外包装几下，听不到声音就表示商品固定得很牢固，已达到隔离和防震的目的。

第3步：打包封箱。

封箱需要注意的是包装严密。胶带封箱时以"工"字形为封箱标准，简单实用，既有不会造成浪费，也不影响美观，如图6.3.7所示。

图6.3.5　气泡膜防渗漏包装

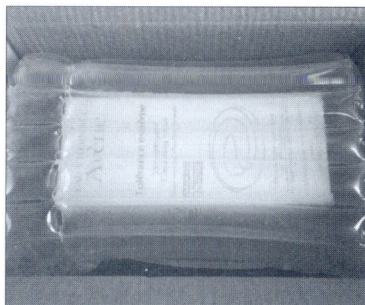

图6.3.6　充气袋防震包装

图6.3.7　"工"字形封箱标准

第4步：贴快递单。

把填好的快递单贴在封好的纸箱正面，快递单应贴在封箱胶带中间，防止被私自撕开，如图6.3.8所示。

图6.3.8　贴好快递单的纸箱正面

小提示

包装快件应当坚持实用、安全、环保原则，符合寄递生产作业和保障安全的要求，节约使用资源，避免过度包装，防止污染环境。

活动拓展

了解液体和易碎品的包装箱外面一般会贴哪些标志？有何含义？

合作实训

两人为一组，分别选取一至两件洗护类或化妆品类的货品，利用相关的包装材料和工具完成货品的包装，并交叉审核点评。

任务4

交接包裹

情境设计

商品已经包装好了，最后的环节是交接。罗莉明白，如果这一环节出现问题，前面的工作就白费了，还会导致客户的投诉。为了做好这个环节，她虚心请教物流部主管经理，怎样做好包裹的交接作业。

任务分解

交接验收是指传递处理过程中，上一环节向下一环节对包裹进行清点、检验、签收、交接的操作规定。罗莉要完成本任务，需要完成以下两个活动：包裹称重和货物交接。

任务实施

活动1　包裹称重

活动背景

电商货物的发货一般都会选择快递，而快递一般是按照重量来收费的。为在必要时能够核对运费的合理性，在客户对货品数量有质疑时可以提供某种间接证据，所以设置称重环节。

活动实施

第1步：包裹称重。

将包裹放置在秤盘上，扫描运单号，重量与运单号关联，完成称重，如图6.4.1所示。

第2步：确认包裹重量。

包裹从仓库（寄件人）到用户（消费者、企业、收件人）手中之前的这个过程，通过称重，与数据库里面的包裹"原始信息包"比对，其重量与条码信息是否相符，如图6.4.2所示。如包裹的数据信息与"原始信息包"比对有异常，即刻应检查原因。

对异常包裹，如货品被更换调包，错漏遗失，可及时向仓库申请补货换货，从而保证到达用户手里的货品就是客户下单的货品。虽然因此延长了送货时间，但好过包裹送达用户手中，被发现包裹空包，或货品更换调包导致用户投诉。因此，对物流商或电商产生的声誉损害将降至最低。同时，减少了包裹异常原因调查时间，缩小调查空间范围。

图6.4.1　包裹称重

图6.4.2 数据库包裹原始信息和包裹数据对比

活动拓展

两人为一组,分别选取一至两件洗护类或化妆品类的产品,对物品进行称重。

活动2 货物交接

活动背景

货物交接的实质是货物控制权或保管责任的转移,同时客户或前端客服需要知道快递运单号信息以便跟踪物流状态信息。罗莉根据订单完成了商品包装和包裹称重后,接下来就要联系快递公司,对将要寄出的包裹与快递公司完成交接。

活动实施

第1步: 联系快递公司。

电商企业包装好货物后,会通过电话、微信等方式通知快递公司上门收件,如图6.4.3所示。每个商家通常都有长期合作的快递公司,合作的快递公司收件员都会在固定的时间来收件,收件时间一般为18:00—20:00。

第2步: 等待取件。

等待取件期间,应保证收件时有人在和联系畅通。收件前应将快件打包好,填好运单,清点发货总数并做好记录。需要查验的货物应等查验后再进行封箱,如图6.4.4所示。

第3步: 当面清点交接。

与收件人当面清点发货的件数,配合收件员完成收寄验视工作。对无法当面验视交接的货物,应在监

图6.4.3 联系快递公司

控设备监控下进行封箱包装移交给快递公司。快递公司将运单底联返还给发货方，货物交接完成，如图6.4.5所示。

图6.4.4　等待取件

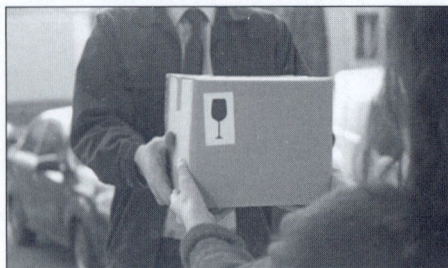

图6.4.5　当面清点交接

第4步： 上报快递单号。

将对应的运单号码录入系统，方便客户随时查询，如图6.4.6所示。

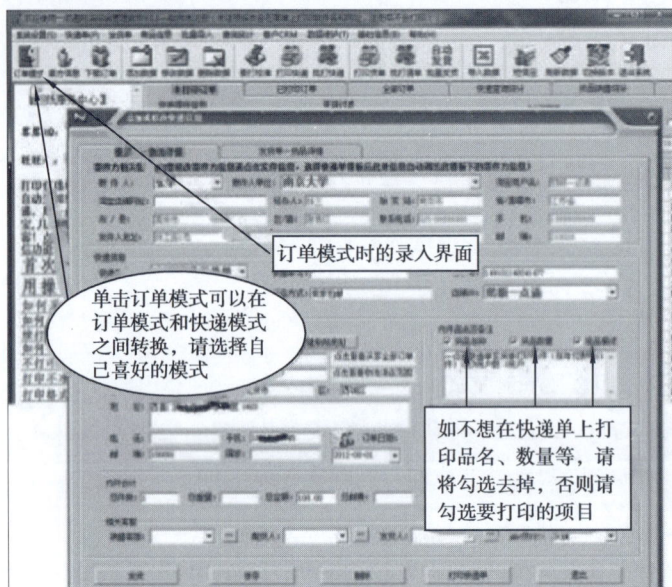

图6.4.6　上报快递单号

活动拓展

货物交接表示已经完成仓库出库流程，货品的控制权已经转移至快递公司或货运公司。做好交接记录，保留相关文件和资料。请说出货物交接涉及哪些文件和资料。

合作实训

两人为一组，角色扮演，选取货物在实训室内模拟完成货物交接过程。

》》》》》任务5
填写单据

情境设计

货物的出库凭证是货物出仓库的重要单据,每一个业务员都要懂得填写。罗莉在完成这一系列工作后,将其中涉及的单据汇总,她仔细地查看这些单据并学习其中的填制要求。

任务分解

发货通知单是填制其他出库单据的基础,根据惠多公司的出库作业流程,罗莉需学习填制的单据主要包括出库单、拣货单及快递单。本任务可分解3个活动:填写出库单、填写拣货单、填写快递面单。

任务实施

活动1　填写出库单

活动背景

2021年7月18日,罗莉收到客户吴先生的订单,经审核和查询库存处理后作出库处理,完成出库单的填写。

活动实施

▢ 知识窗

问题:什么是出库单?

出库单是指商家之间或公司(单位)不同部门为了方便对账和结算,减少现金支付,而相互调货的一种凭证。

第1步:接收发货通知单。其相关信息见表6.5.1。

表6.5.1　惠多公司发货通知单

编号:QX07192014
顾客姓名:吴先生　　　　　　　　　　　　　　　　　　发货日期:2021年7月19日
收货地址:广东省湛江市霞山区天霞路　　　　　　　　　联系电话:××××
货款情况:在线支付　　　　　　　　　　　　　　　　　订单号:13025810288418

序号	货物编号	货物名称规格	包装/件	单位	计划数量	备注
1	501864	甘草陈皮	6	箱	1	
	合计				1	

制单人:吴平	审核人:李泰	第1页 共1页

第2步:认识出库单。出库单格式见表6.5.2。

表6.5.2 惠多公司出库单格式

出库单

出库单号		(1)			发货通知单号		(2)	
收货客户		(3)			发货日期		(4)	
收货地址		(3)		收货人		(3)	收货人电话	(3)
货品编号	货物名称规格	包装	单位	计划数量	实际数量	收货人签收数量	备注	
(5)	(5)	(6)	(7)	(8)	(9)	(10)		
仓管员	(11)	制单人		(12)	收货人		(13)	

（1）出库单号。本栏填写出库单号，当企业采用印刷制单或计算机制单时，都已预先印上或在程序中编入出库单的编号。

（2）发货通知单号。本栏填写该批货物的发货通知单号。

（3）收货客户、收货地址、收货人及收货人电话。本栏填写收货客户、收货地址、收货人及收货人电话。

（4）发货日期。本栏填写客户要求的发货日期。

（5）货物编号及货物名称规格。本栏填写出库货物的货品编号及名称规格。

（6）包装。本栏填写出库货物的包装。

（7）单位。本栏填写出库货物的包装单位，如箱、捆、包等。

（8）计划数量。本栏填写出库通知单中出库货物的数量。

（9）实际数量。本栏填写出库货物的实际数量。

（10）收货人签收数量。本栏填写收货人接收货物的数量。

（11）仓管员。一般由执行出库的仓管员进行签字或盖章。

（12）制单人。一般由处理信息的信息员进行签字或盖章。

（13）收货人。一般由收货人进行签字或盖章。

第3步：填写出库单。罗莉根据出库通知单填写一份出库单，见表6.5.3。

表6.5.3 惠多公司出库单

出库单

出库单号		QX54211245			发货通知单号		QX07192014	
收货客户		××			发货日期		2021-7-19	
收货地址		广东省湛江市霞山区天霞路		收货人		××	收货人电话	××××
货品编号	货物名称规格	包装/件	单位	计划数量	实际数量	收货人签收数量	备注	
501864	甘草陈皮	6	箱	1	1			
仓管员	罗莉	制单人		罗莉	收货人			

活动拓展

出库单是货物出库的重要凭证,一是仓库便于会计核算和记录库存货物的凭证,二是便于与收货人交接货物。因此,每个业务员都要学会填制出库单并理解其作用。

合作实训

4人为一组,设小组长1名,制单员3名。组长负责审核单据,其余3人根据发货通知单填制出库单。发货通知单见表6.5.4。

表6.5.4　惠多公司发货通知单

编号: QX89430128
收货客户: ××
收货人电话: ×××
货款情况: 在线支付订单号: 2089890012

收货地址: 河源市河田区梅华路
发货日期: 2021年8月17日

序号	货品编号	货品名称	规格	单位	计划数量	备注
1	CMS15-105P	A	500g/袋	袋	2	
2	CMS15-110A	B	20支/袋	袋	1	

制单人: ×××　　　　　　　　审核人: ×××　　　　　　　第1页　共1页

活动2　填写拣货单

活动背景

拣货单是拣货作业的依据,直接影响拣货人员行走路线的安排和拣货速度。因此,填写拣货单是非常重要的。罗莉根据出库单号为QX54211245的出库单(见表6.5.3)查询系统中的库存情况,货品的库存情况(见表6.5.5)。

表6.5.5　侨乡公司货品库存情况

库区	储位	货品编号	货品名称规格	包装	单位	质量状态	库存数量	生产日期	入库日期
食品	C3281461	501864	甘草陈皮	6件/箱	箱	正常	50	2021.6.24	2021.7.15

活动实施

知识窗

问题: 什么是拣货单?

拣货单是指将原始的用户订单信息输入WMS进行拣货信息处理,然后打印出来的专门用于拣货的单据。

第1步: 认识拣货单。拣货单格式见表6.5.6。

表6.5.6　惠多公司拣货单格式

拣货单

作业单号：（1）

货主名称	（2）		出库单号		（3）		
仓库编号	（4）		制单日期		（5）		
货品明细							
序号	库区	储位	货品编号	货品名称规格	包装	单位	应拣数量	实拣数量	备注
	（6）	（6）	（7）	（7）	（8）	（9）	（10）	（11）	
制单人	（12）		拣货人		（13）		

（1）作业单号。本栏填写拣货单号，当企业采用印刷空白或电脑制单时，都已预先印上或在程序中编入拣货单的编号。

（2）货主名称。本栏填写拣选货物的货主名称。

（3）出库单号。本栏填写出库单编号。

（4）仓库编号。本栏填写拣选货物所在的仓库编号。

（5）制单日期。本栏填写制单日期，当企业采用计算机制单时，都已预先在程序中编入制单日期。

（6）库区及储位。这两栏填写拣选货物所存放的库区和储位。

（7）货品编号及货物名称规格。这两栏填写货品编号及拣选货物的名称规格。

（8）包装。本栏填写拣选货物的包装。

（9）单位。本栏填写拣选货物的包装单位，如箱、捆、包等。

（10）应拣数量。本栏填写应当拣选的货物数量。

（11）实拣数量。本栏填写实际拣选的货物数量。

（12）制单人。一般由处理信息的信息员进行签字或盖章。

（13）拣货人。一般由负责拣货的拣货员进行签字或盖章。

第2步： 填写拣货单。

罗莉充分考虑行走路径和库存情况，开始填写拣货单，见表6.5.7。

表6.5.7　惠多公司拣货单格式

拣货单

作业单号：QXJHD19088091

货主名称	××		出库单号		QX54211245		
仓库编号	1号仓库		制单日期		2021.7.18		
货品明细							
序号	库区	储位	货品编号	货品名称规格	包装	单位	应拣数量	实拣数量	备注
1	食品	C3281461	501864	甘草陈皮	6件/箱	箱	1	1	
制单人	罗莉		拣货人		罗莉		

活动拓展

4人为一组，设小组长1名，制单员3名。组长负责审核单据，其余3人根据在本任务活动1中合作实训填好的出库单填制拣货单。

活动3 填写快递面单

活动背景

目前，快递行业多用条码快递单，以保证快递行业的连续数据输出，便于管理。现在快递面单所用纸张一般为多联无碳复写纸，多为3联以上。根据销售订单信息，罗莉完成快递面单的填制。

活动实施

📖 **知识窗**

问题：什么是快递面单？

快递面单是指快递行业在运送货物的过程中用以记录发件人、收货人以及产品重量、价格等相关信息的单据。

第1步：认识快递面单。

目前，快递行业多用条码快递单，以保证快递行业的连续数据输出，便于管理，如图6.5.1所示。

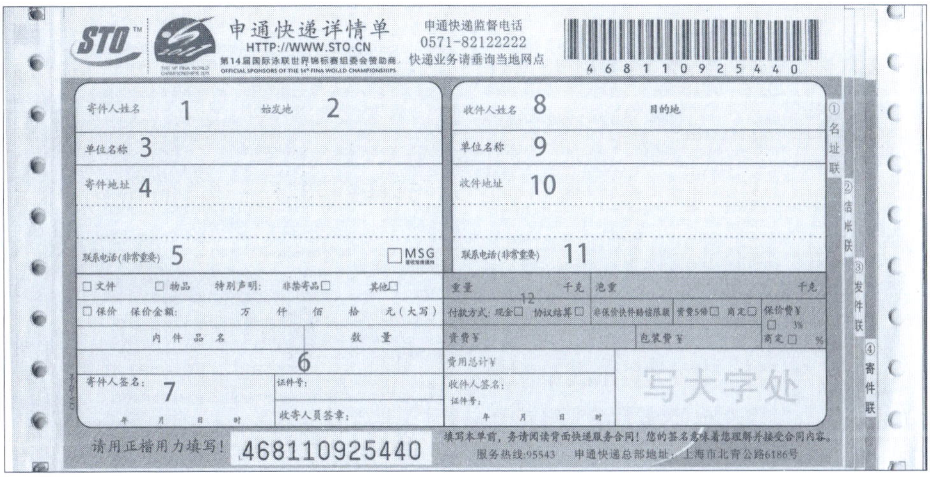

图6.5.1 国内快递单例图

以申通速递（详情单）为例，各主要栏目填写要求：

（1）寄件人姓名。本栏填写信息要确切、完整。

（2）始发地。本栏填写寄件人所在城市名称。

（3）单位名称。如寄件人为"法人"的，本栏填写单位全称，不得省略具体地址。

（4）寄件地址。本栏填写寄件人所在省份、城市的详细准确地址。

（5）联系手机。本栏填写寄件人在用的手机号码。

（6）内件品名、数量。本栏填写内装物品的具体名称及内装物品的具体数量。"文件"、

"物品"由寄件人选填,在相应的"□"内画"√"。

(7)寄件人签名。本栏填写寄件人签字,同时写明寄件日期、时间。

(8)收件人姓名。本栏填写信息要确切、完整。

(9)单位名称。如收件人为"法人"的,本栏填写单位全称,不得省略具体地址。

(10)收件地址。本栏填写收件人所在省份、城市的详细准确地址。

(11)联系手机。本栏填写收件人在用的手机号码。

(12)付款方式。由寄件人选填,在相应的"□"内画"√"。

第2步:根据销售订单填制快递单,见表6.5.8和如图6.5.2所示。

表6.5.8 惠多有限公司销售订单

订单号: 1508240801010

客户名称: ××　　　　　　　　　　　　　　收货地址: 广东省南雄市岭南区前进路26号

联系电话: ××××　　　　　　　　　　　　货款情况: 在线支付

序号	产品编号	产品名称	单位	规格	订单数量	单价/元	合计/元
1	529031	陈皮花生	件	200g/袋	5	15	75
2	529029	黑芝麻味波波糖	件	500g/盒	2	28	56
合计							131

图6.5.2　国内快递单填制示例图

活动拓展

填写快递面单是出库作业的必经流程,对单据的填写和流转需做到认真细致、清晰明了、前后一致,了解快递面单的作用。

合作实训

4人为一组,设小组长1名,制单员3名。组长负责审核单据,其余3人根据表6.5.1发货通知单填制快递单。

▢ 项目总结

对于电商企业来说，出库作业意味着货品储存的最后一环。而对于客户来说是开始，是满意度的重要体现。出库作业没有差错是最基本的要求，整个过程要做到单货一致、单单一致，快速准确。

▢ 项目拓展

仓储库管理员杨翠用爱书写工匠精神

杨翠所在公司实施物资供应链电脑化管理初期，她对电脑并不熟悉，可她相信"别人能干的，我就能干；别人一次能干好，我用一百次努力，相信自己也一定能干好"。没多久，所有物资电脑录入、编码、入库、出库等程序，她便运用得十分娴熟，业务水平有了实质性的提高。但她并未因此而满足，又挤出时间自学仓储管理等理论知识和专业技能，参加业务知识培训等等。她说："我一定要下决心向仓储管理的现代化迈进，做一名现代化的仓储管理员。"一个具备匠心工作的员工，一定会对工作的任何细节都精益求精、一丝不苟，杨翠就是这样的员工。请说说要成为一名像杨翠一样有匠心的员工，你要怎么做？

▢ 项目评价

完成PMIQ表，对自己的学习情况进行评价。

PMIQ表

P（Plus） 学习收获（我已经学懂的知识）	M（Minus） 不足之处（我还没学懂的地方）	I（Interesting） 我还感兴趣的内容 （我还想学的知识）	Q（Question） 我感到疑惑的问题（我还想弄清楚的问题）

▢ 项目检测

1.单项选择题

（1）（　　）是商品出库作业的起点。

A.销售订单　　　　　　B.发货单　　　　　　C.出库单　　　　　　D.快递单

（2）运单填写要求不正确的是（　　　　）。

A.字迹：不必要写清楚、工整，只要能够识别就行

B.信息要准确写清楚内件品名+种类+数量

C.信息要填写完整包括寄件人/收件人姓名+地址+联系方式

D.大头笔处要写清楚省份+城市名称

（3）下列哪种作业不包含在出库环节内？（　　　）

A.配货　　　　　　B.拣货　　　　　　C.接货　　　　　　D.备货

（4）在发货过程中，如果物品包装破漏，发货时都应经过整理或更换包装，方可出库，否则造成的损失应由（　　　）承担。

A.收货人   B.仓储部门   C.验收人员   D.运输单位

（5）下列属于出库凭证的是（   ）。

A.领料单   B.码单   C.质保书   D.装箱单

2.多项选择题

（1）出库作业管理中涉及的单据有（   ）。

A.出库单   B.拣货单   C.快递面单   D.销售订单

（2）可以作为包装填充物使用的有（   ）。

A.填充泡   B.气泡膜   C.胶带   D.棉花

（3）物品出库要求做到"三核"，是指在发货时要核实（   ）。

A.凭证   B.账卡   C.实物   D.货物质量

（4）货物交接环节主要包括（   ）等步骤。

A.联系快递公司   B.等待取件   C.打包封箱   D.当面清点交接

（5）出货管理应遵循以下（   ）原则。

A.先入先出   B.后入先出   C.先进后出   D.后进后出

3.判断题

（1）紧急订单拣货可采用播种式分拣方式。   （   ）

（2）对于将要出库货物，应安排在靠近出入口的货位。   （   ）

（3）收件员应检查快件包装，如包装未达到包装操作规范中的标准，需请求客户改进

包装。   （   ）

（4）快递给消费者带来便捷，但不能保证快递服务百分之百不出错。   （   ）

（5）快递一般是按照体积来收费的。   （   ）

4.简述题

（1）简述电商零售库房的标准出库流程。

（2）商品包装的原则是什么?

5.案例分析题

K物流公司是一家第三方物流公司，M贸易公司是K物流公司的长期仓储客户，贸易公司存放了一批电子类商品在K物流公司仓库。M贸易公司与K物流公司签订了仓储保管合同，约定K物流公司凭M贸易公司盖有公司印章、销售主管签名的提货单发放库存的电子类商品，M贸易公司留下公司印章式样和销售主管签字式样在K物流公司的业务受理大厅，双方还约定K物流公司若对M贸易公司的提货单有疑问，须暂缓发货并立即与M贸易公司负责人或销售主管取得联系。2021年某天，K物流公司受理大厅来了几位手持M贸易公司提货单前来提货的人员。经办的业务受理员看到提货单上印章、签字齐全，而没有严格执行审核出库凭证的流程去核对印鉴和签字，就向保管员开具了发货通知。一周后，M贸易公司与K物流公司核对库存商品数量，发现仓库发出了库存商品，而一周前M贸易公司并没有开出提货单。经公安部门侦查，这是一起伪造公章、模仿签名的诈骗案件。在这起诈骗案件中，犯罪嫌疑人提取价值50万元的货物，给K物流公司造成了巨大的经济损失。

根据案例资料回答问题:

（1）本案例中，导致库存商品被诈骗提取的原因是什么?

（2）物流公司在案例中应吸取什么教训?

项目 7
商品售后管理

☐ 项目综述

　　罗莉熟悉了采购部、仓管部的工作以后，被分配到售后服务部，主要负责处理退换货业务。根据在学校学习到的专业知识，罗莉很清楚退换货业务对公司的售后服务水平起着至关重要的作用。换一句话说，退换货管理并不是简单地接收客户退回的货物，或者是简单地将质量有问题的货物更换后重新发货给客户。一个合格的电商从业人员必须要首先了解公司的退换货制度，并不是所有的退换货，公司都会接受；其次，要懂得分析退换货原因，掌握客户对商品不满意的真实想法，为公司改进营销策略提供数据支持；此外，对退换后的货物要跟踪到底，提升售后服务质量。只有做到这些，才能真正提高企业的竞争优势，使总体利益达到最优，营造互惠双赢的局面。

☐ 项目目标

知识目标

◇了解客户退换货的原因；

◇了解公司对退换货的规定和要求；

◇熟悉接收客户的退换货流程；

◇掌握跟踪处理退换货的要点。

能力目标

◇会分析客户退换货的原因；

◇能熟练跟踪处理客户的退换货；

◇会填写退换货单据。

素质目标

◇培养耐心细致、精益求精的工匠精神；

◇增强服务意识，养成主动工作的劳动精神；

◇形成爱岗敬业、团结协作的职业精神。

▣ 项目思维导图

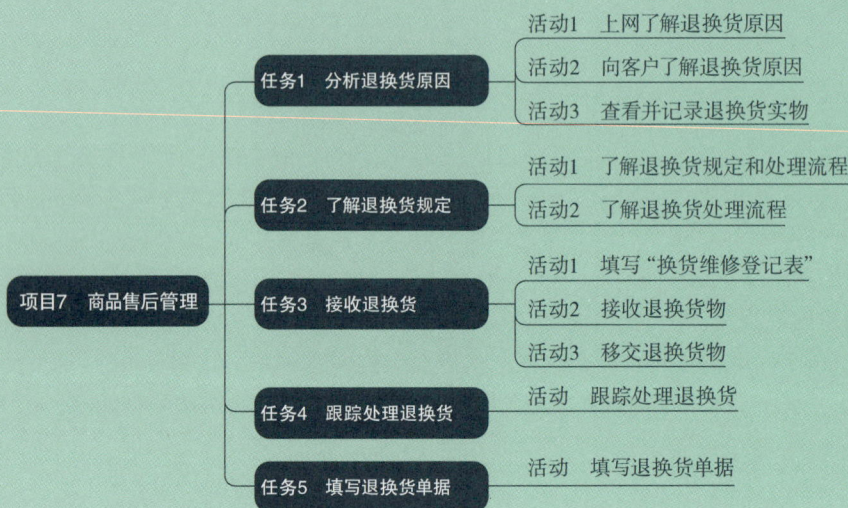

		活动1　上网了解退换货原因
	任务1　分析退换货原因	活动2　向客户了解退换货原因
		活动3　查看并记录退换货实物
	任务2　了解退换货规定	活动1　了解退换货规定和处理流程
		活动2　了解退换货处理流程
项目7　商品售后管理	任务3　接收退换货	活动1　填写"换货维修登记表"
		活动2　接收退换货物
		活动3　移交退换货物
	任务4　跟踪处理退换货	活动　跟踪处理退换货
	任务5　填写退换货单据	活动　填写退换货单据

》》》》》》》任务1
分析退换货原因

情境设计

周一早上，罗莉照例和往常一样参加了惠多有限公司每周一的早会。在早会上，总经理对于上周六客户退回的200件电热水壶要求售后服务部在周一拿出对退换货的原因分析和处理意见。早会散会后，售后服务部在部门经理孙经理的组织下召开了会议，会议决定由罗莉负责对该批退换货进行原因分析，那么罗莉应该如何完成这个看似有点艰巨的任务呢？

任务分解

接受任务后，罗莉首先必须熟悉目前电商行业中的各种退换货原因，然后立即与要求退换货的客户联系，了解对方要求退换货的具体原因。罗莉觉得也不能只听信对方的一面之词，她还要到仓库查看退还回来的货物实物并拍照记录。最后，罗莉要做一份退换货原因分析报告呈报给部门经理，由部门经理做出下一步决策。本任务分解为3个活动：上网了解退换货原因、向客户了解退换货原因、查看并记录退换货实物。

任务实施

知识窗

问题：网络商品退货有保障吗？

网购的商品，不想要了怎么办？2014年3月15日正式实施新消费者权益保护法规定，除特殊商品外，网购商品在到货之日起7日内无理由退货。2014年2月13日，工商总局公布了《网络交易管理办法》，消费者的网购"后悔权"将在法律和部门规章层面都获得支持，如图7.1.1所示。

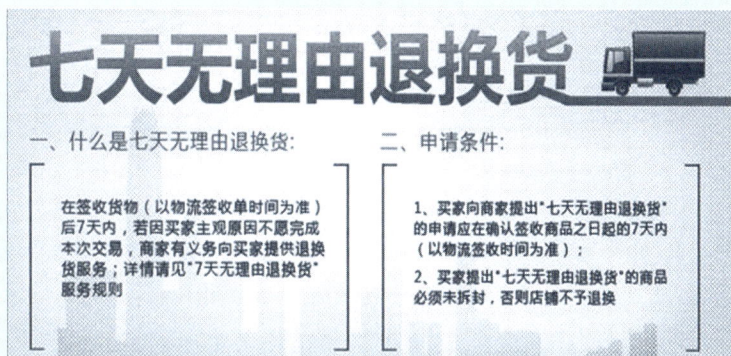

图7.1.1　七天无理由退换货

活动1　上网了解退换货原因

活动背景

罗莉作为从事处理退换货工作的人员，必须非常熟悉目前电商行业中各种各样的退换货原因，根据不同的原因正确处理退换货业务，这是处理好退换货业务的基础。

活动实施

第1步： 收集退换货原因。

登录百度搜索引擎，输入关键词"电子商务退换货原因分析"，如图7.1.2所示，收集目前电商行业的各种退换货原因。

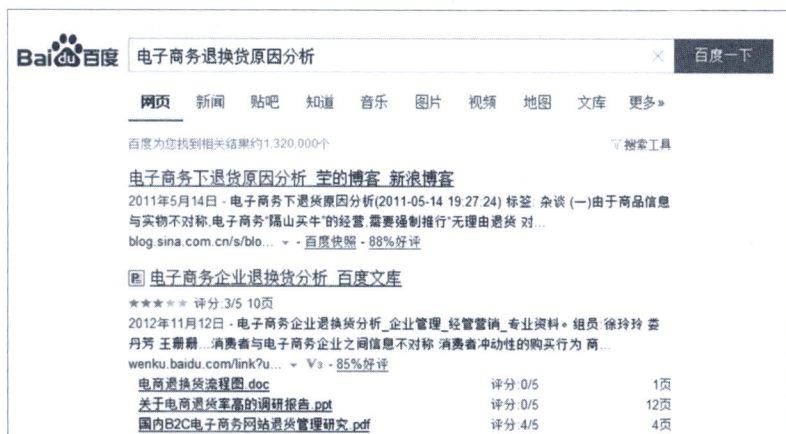

图7.1.2　百度搜索页面

第2步: 总结电子商务行业中退换货的原因。

根据网上资料搜索的结果进行分析, 总结归纳退换货的原因, 要求不少于6个方面。

☐ 拓展阅读

电商客服人员的职业道德规范

由于电商客服人员的工作直接面向客户, 需要处理各种类型的客户服务内容, 因此职业道德规范显得尤为重要。详情可通过扫描二维码查看。

电商客服人员的职业道德规范

☐ 小提示

"七天无理由"退货, 商家必须遵守, 这是诚信与法治的体现。《消法》第二十五条规定: 经营者采用网络、电视、电话、邮购等方式销售商品, 消费者有权自收到商品之日起七日内退货, 且无须说明理由, 但下列商品除外:(一)消费者定做的;(二)鲜活易腐的;(三)在线下载或者消费者拆封的音像制品、计算机软件等数字化商品;(四)交付的报纸、期刊。除前款所列商品外, 其他根据商品性质并经消费者在购买时确认不宜退货的商品, 不适用无理由退货。消费者退货的商品应当完好。经营者应当自收到退回商品之日起七日内返还消费者支付的商品价款。退回商品的运费由消费者承担; 经营者和消费者另有约定的, 按照约定。

活动拓展

现代社会中获取知识和资讯的渠道多种多样, 网络是其中最主要的渠道, 因此, 学会使用网络搜索引擎来了解退换货的原因是从事电子商务行业必须要掌握的技巧。你了解哪些主要的搜索引擎呢? 搜索引擎如何使用才能精准搜索到你需要的内容呢?

活动2　向客户了解退换货原因

活动背景

罗莉想正确处理好这批要求退换货的货物, 及时与要求退换货的客户进行沟通已必不可少, 只有沟通后才能了解到客户要求退换货的真实原因, 才能对公司的下一步决策提供正确信息。

活动实施

第1步: 角色扮演, 向客户了解退换货的原因。

两人为一组, 一人扮演客服, 一人扮演客户, 客服通过电话或者QQ向客户了解退换货的原因, 并做好记录。

第2步: 收集退换货证据。

要求顾客提供该批货物有问题的佐证材料(照片、电子邮件沟通记录、验收文件等), 并建立文档进行分类保存。

活动拓展

在和客户沟通的过程中, 客服人员除了会询问客户要求退货的原因以外, 还会要求客户提供一些退换货的佐证材料, 请思考提供佐证材料的目的是什么? 佐证材料又有哪些明确的要求和规范呢?

活动3　查看并记录退换货实物

活动背景

客户的意见当然很重要,但罗莉觉得不能只听信客户的一面之词,实地查看货物的状况也是必不可少的,这将有助于判断客户的说法和要求是否正确合理。因此,在和客户沟通完毕后,罗莉决定亲自到仓库查看这批被退回的货物状况。

活动实施

第1步:现场察看。

按照客户反馈的原因,到货物现场勘查了解是否属实,例如检查货物的外包装是否破损污损,拆箱检查货物是否存在损坏、缺少零部件等可目视的缺陷,如图7.1.3所示。

第2步:拍照记录。

罗莉对客户退还的货物检查完毕后,拍照留存记录,如图7.1.4所示。

图7.1.3　现场察看退换货

图7.1.4　拍照记录

第3步:分析原因并做出处理。

根据所收集的材料,罗莉对退换货的原因进行分析。如果是其他原因,比如说服务态度差,则需要调取当时客服与客户的沟通记录作为佐证材料;如果是客户投诉假货、质量差,则需要去采购部要求协助提供原厂合格证等资料作为佐证材料。

第4步:总结汇报。

罗莉将所有调查材料汇总,结合实际情况进行分析,最后形成退换货原因分析报告,呈报给部门经理审批。

活动拓展

退换货原因分析报告是退换货处理过程中必不可少的文件,退换货报告应该如何写?报告中应包含哪些内容?请同学们上网搜索相关资料,拟一份简单的退换货报告提纲。

合作实训

情景模拟:早上刚上班,仓管员通知罗莉客户A退回的20箱沐浴露已达到仓库,请她赶紧到仓库处理(退换货的原因为15箱在运输途中损坏,1箱过期,4箱客户订单撤销)。

分组实训:两人为一组,一人扮演仓管员的角色,一人扮演罗莉的角色,请两人合作完成对于客户退换货物的交接,查看、记录退换货实物并完成退换货原因的分析报告。

任务2
了解退换货规定

情境设计

公司总经理在看完了罗莉做的有关退换货原因分析报告后，决定由客户服务部来处理该批退换货。罗莉马上找到客服部的孙主管，说她会马上联系供应商让他们换货。孙主管听了之后很严肃地对罗莉说，做工作不能这么草率，应该看一看公司的退换货制度。罗莉听孙主管这样说，觉得十分不好意思，决定先去了解公司的退换货规定。

任务分解

为了顺利完成退换货任务，罗莉需要了解退换货的规定和流程，按规定办理退换货业务。本任务可分解为两个活动：了解退换货规定、了解退换货处理流程。

任务实施

活动1　了解退换货规定和处理流程

活动背景

只有了解了公司及有关电商平台退换货规定，罗莉才知道应该如何在公司的规定范畴内处理该批退换货物。

活动实施

第1步：了解公司退换货规定。

罗莉到部门经理处索取公司管理程序文件，找到有关退换货管理规定的部分，如图7.2.1所示。

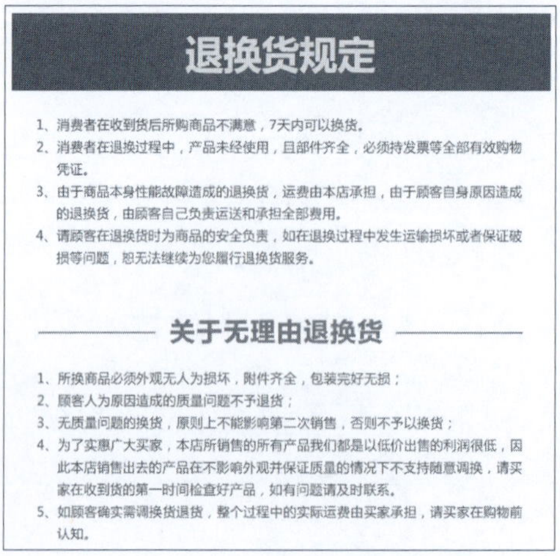

退换货规定

1、消费者在收到货后所购商品不满意，7天内可以换货。
2、消费者在退换过程中，产品未经使用，且部件齐全，必须持发票等全部有效购物凭证。
3、由于商品本身性能故障造成的退换货，运费由本店承担，由于顾客自身原因造成的退换货，由顾客自己负责运送和承担全部费用。
4、请顾客在退换货时为商品的安全负责，如在退换过程中发生运输损坏或者保证破损等问题，恕无法继续为您履行退换货服务。

关于无理由退换货

1、所换商品必须外观无人为损坏，附件齐全，包装完好无损；
2、顾客人为原因造成的质量问题不予退货；
3、无质量问题的换货，原则上不能影响第二次销售，否则不予以换货；
4、为了实惠广大买家，本店所销售的所有产品我们都是以低价出售的利润很低，因此本店销售出去的产品在不影响外观并保证质量的情况下不支持随意调换，请买家在收到货的第一时间检查好产品，如有问题请及时联系。
5、如顾客确实需调换货退货，整个过程中的实际运费由买家承担，请买家在购物前认知。

图7.2.1　退换货规定

第2步：了解各大电商平台的退换货规定。

罗莉访问京东、淘宝、天猫、当当网等电商平台，了解其退换货规定，如图7.2.2所示。

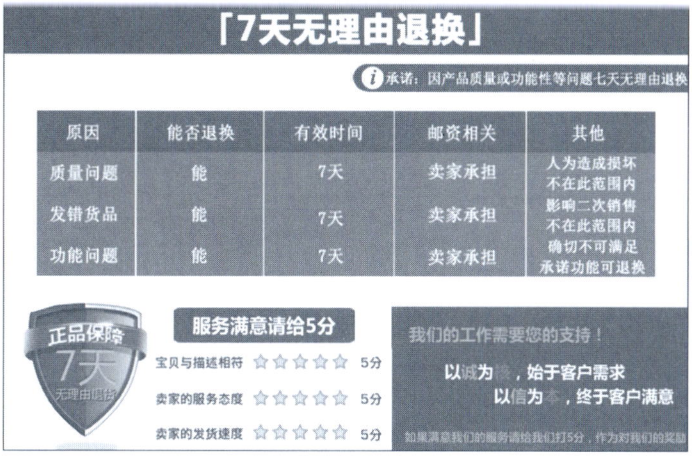

图7.2.2　退换货说明

第3步：设置退换货细则。

登录电商平台，在店铺后台设置退换货细则。如图7.2.3所示，设置淘宝退换货细则。

第4步：查看退换货设置。

完成整个退换货细节设置后，返回商品页面，查看退换货设置，如图7.2.4所示。

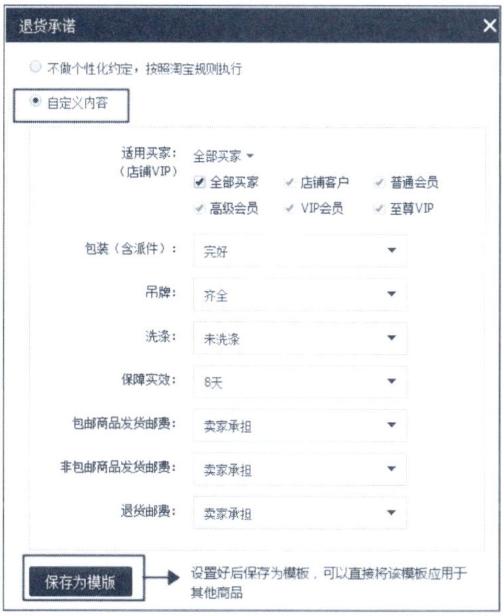

图7.2.3　设置退换货细则

图7.2.4　查看退换货设置

活动拓展

各公司对于退换货的处理流程都有一套较为完整的规定，因此在处理退换货之前，必须要先了解公司及相关电商平台的退换货规定，才不至于在处理退换货的过程中出现麻烦和错误。请上网搜索国内主要电商平台的退换货规定。

⊟ **小提示**

京东作为我国知名电商平台,其退换货的处理规定是电商平台的标杆性处理规定,因此作为一名电商客服及售后工作人员十分有必要了解和学习。详情可通过扫描二维码查看。

京东七天无理由退换货规定

活动2　了解退换货处理流程

活动背景

为了规范处理客户退换货,惠多公司明确了处理的规范和流程。罗莉在处理退换货物之前,先要了解公司的退换货处理流程,才能按流程办事。

活动实施

⊟ **知识窗**

问题:目前电子商务行业退换货的类型有哪些呢?
自退件:客户因质量问题退回的货物。
在途退件:快递公司未完成投递的退件。
拒收件:客户拒收而退回的货物。
维修件:客户要求维修而退回的货物。

第1步:了解不同类型退换货的处理流程。

访问百度搜索引擎,了解不同类型货物退换货的处理流程(自退件、在途退件、拒收件、维修件等)。例如,自退件的退换货流程,如图7.2.5所示。

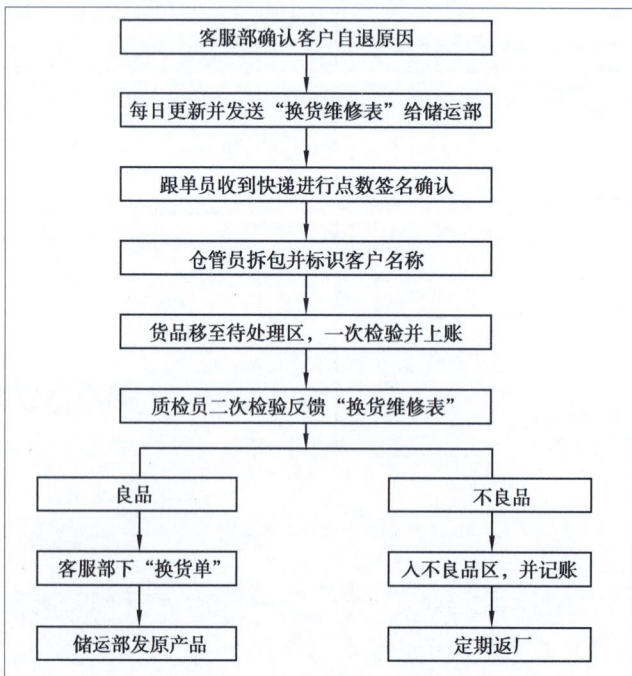

图7.2.5　自退件退换货流程图

第2步: 了解不同电商平台的退换货流程。

登录不同电商平台的服务中心,了解其退换货流程。以天猫为例,其退换货流程如图7.2.6所示。

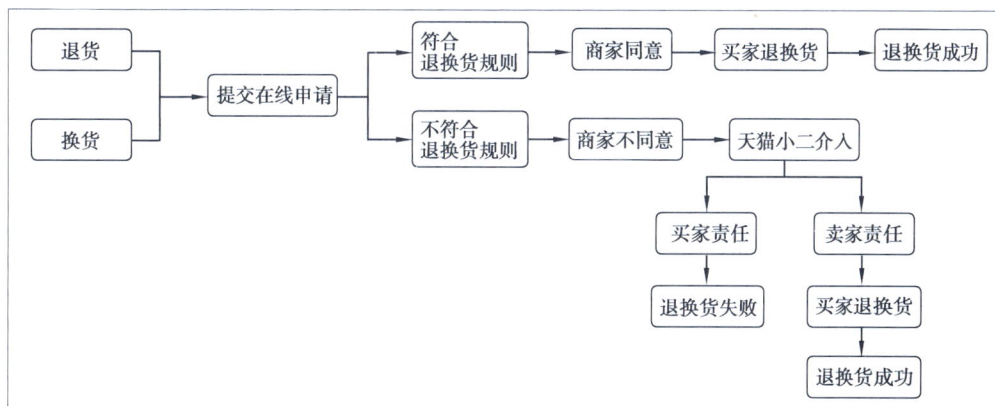

图7.2.6 天猫退换货流程

📋 **小提示**

在退换货处理时,我们要一丝不苟、遵守规则,用严谨的工作态度对待每一个工作流程。退换货关系到客户的切身利益,也是企业形象的体现,我们不能为了省事而忽略某些步骤,而要自律自省地遵守规则,严格按照规定认真做好每一步,让工作达到最优效果。

活动拓展

访问不同电商平台,分析跨境电商平台的退换货流程与国内电商平台的退换货流程有何不同。

合作实训

4人为一组,分组讨论,帮助惠多公司画出退换货流程图。

)))))))) **任务3**
接收退换货

情境设计

罗莉在学习完公司有关退换货的管理规定之后,感觉自己的业务能力又提升了很多。周三上午,客户服务部的孙主管告诉罗莉,客户要求退换货的货物将在下午由快递公司送到公司,由罗莉来接收这批货物并做下一步的处理工作,那么罗莉究竟应该如何完成这项工作呢?

任务分解

罗莉要做好退换货物的接收工作,首先要填写好"换货维修登记表",然后接收退换货物,再将接收的货物移交给仓储部门。本任务分解为以下3个活动:填写"换货维修登记表"、接收退换货物、移交退换货物。

任务实施

活动1　填写"换货维修登记表"

活动背景

罗莉明确了客户退换货的原因,知道该如何处理该批货物,接着还要填写好"换货维修登记表"作为客服部门与仓储部门处理退换货的依据。只有做到及时更新内容并及时将信息传递给仓储部门,才能做到部门之间的协作处理。

活动实施

第1步: 向上级确认退换货原因。

向客户服务部孙主管确认客户要求退换货的原因,孙主管将总经理批示后的客户退换货原因分析报告传给罗莉。

第2步: 填写"退换货维修登记表"内容。

更新"退换货维修登记表"并发邮件给仓储部门,在表内更新退换货信息(订单号、销售员、订单金额、退货原因等),见表7.3.1。

表7.3.1　退换货维修登记表

退货日期	订单号	销售员	订单金额	付款方式	销售时间	是否结算	退货原因	退库目标

活动拓展

"退换货维修登记表"是处理退换货过程中非常重要的一个报表,是公司内各部门协调处理退换货的重要依据。请分析更新"退换货维修登记表"的意义。

活动2　接收退换货物

活动背景

客户退回公司的货物由快递员送达公司仓库后,售后服务部门的罗莉需要在现场和快递员确认货物名称及数量,并在快递单上签字。

活动实施

第1步: 现场确认。

罗莉和快递员在现场确认客户退回的货物名称、数量和型号等,填好"退(换)货商品签收单",见表7.3.2。

表7.3.2　退(换)货商品签收单

接收日期	货物名称	货物型号	数量	顾客姓名/ID	送货人	接收人
合计						

第2步: 签名确认。

罗莉核对无误后,在快递单上签字确认,如图7.3.1所示。

图7.3.1　签收快递

活动拓展

在和快递公司或运输公司就退回货物进行现场确认和签收时,发现货物与客户申请的退货信息有出入,或者有快递破损等情况,应该如何处理?

活动3　移交退换货物

活动背景

根据惠多公司的退换货管理规定,售后客服人员接收完的货物将移交给仓储部门做进一步处理,所以罗莉需要和仓储部门进行货物的交接工作。

活动实施

第1步：电话确认。

罗莉打电话通知仓储部门的对应仓管员，确认是否收到更新后的"退换货维修登记表"。

第2步：货物移交。

仓管员到现场和罗莉进行货物实物的移交工作。移交工作内容包括退换货客户、退换货物名称、数量等信息，如图7.3.2所示。

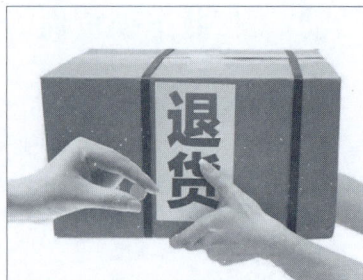

图7.3.2　移交退换货物

说一说

退换货物堆码的方法有哪些？重叠式、正反交错式、仰俯相间式、压缝式、通风式、栽柱式的堆码方法各有什么特点？

小提示

在退换货处理的过程中，团结合作、精益求精和严肃认真的工作态度非常重要。不同企业、不同部门各司其职，做好工作的衔接与沟通，能提高工作的效率和质量。

活动拓展

动手操作一下，用重叠式、正反交错式堆码方法对退换的货物进行堆码。

合作实训

3人为一组，分别模拟客服人员、快递人员、仓管员，按照流程模拟完成接收退换货的操作。

>>>>>>>>任务4

跟踪处理退换货

情境设计

根据惠多公司有关退换货管理规定，退回的货品到达公司后，罗莉须展开一系列的跟踪处理工作，这涉及退货审核、仓储验收、客服沟通等多个岗位的协同工作。

任务分解

跟踪处理退换货包括检查接收到的货品数量和质量，确定并审核退换货办理意见，处理退换货，办理退款或换货，以及退换货信息反馈。本任务的主要活动是跟踪处理退换货。

任务实施

活动　跟踪处理退换货

活动背景

接收了客户退回的货品后,在退货组工作的罗莉要完成退换货的跟踪处理。客户王峰因不满意茶壶的款式提出了7天无理由退货。罗莉在检验货品后确认货品数量完整、质量完好,作退款处理。

活动实施

第1步:检验及审核退换货。

罗莉收到客户寄回的货品后,将货品移送到返品处理区进行拆包和检验。检验的内容包括清点退货货品数量(含赠品及其所有附件),检查退货单据是否齐全(如产品说明书、发货单、发票等),货品质量是否合格(如货品内包装是否完好,功能是否正常)等。

根据不同的退换货情况,出具退换货处理意见,如全部退款、部分退款、换货等,并填制退(换)货审批单,见表7.4.1。

表7.4.1　惠多公司退(换)货审批单

购买时用户名/ID: wf×××　　　　　　　　　　　　　　　　　　　　　　　　日期: 2021/12/30

购货客户名称	王峰	联系电话	1382652××××	收货仓库	食品仓	收货人	黄××
原送货单号	983456789001	原订单号	20211230080002	收货日期	2021/12/30	验收人	罗莉
产品编号	产品名称	退货数量	单价	退货金额	业务部门质量检验结果		
34658	紫丁香大容量耐热玻璃茶壶	2	30	60	包装破损□ 产品损毁□ 过保质期□ 其他		
					包装破损□ 产品损毁□ 过保质期□ 其他		
					包装破损□ 产品损毁□ 过保质期□ 其他		
退货原因	无理由退货☑	拒收□	质量问题□	发错货物□	物流原因□	说明:	
相应的礼品及促销情况说明	含5元无门槛优惠券						
退换货处理意见	退款55元,返还5元无门槛优惠券						
仓储部门确认及签章	货品完好,重新入库。 罗莉		销售部门确认及签章		客户确认无误。 李玲		
经理审批及签章	同意办理。 张顺		财务部审核及签章		已退款。 陈元		
备注:退(换)货单位及其负责人必须对该批退货做出有事实依据的判断,严禁先退(换)货后审批。							

第2步:处理退换货。

根据业务部门的质量检验结果,处理退回的货品。常见的主要有以下3种情况:

(1)对数量无误、货品完好合格的良品可进行重新入库,根据实际入库数量填制退货入库单,见表7.4.2。

表7.4.2　惠多公司退货入库单

2021年12月30日

退货单号	8093457003		原送货单号	983456789001		原订单号		20211230080002
购货客户名称	王峰	联系电话	1382652××××	退货情况		部分退货☑ 全部退货□		
用户名/ID	Wf168							
产品编号	产品名称	单位	规格	质量/kg	退货数量	入库数量	储位号	备注
34658	紫丁香大容量耐热玻璃茶壶	件	1.5 L	1.1	2	2	C020508	
合计					2	2		

送货人: 张一山　　　　　　　　验收人: 罗莉　　　　　　　　仓管员: 蒋凤仪

（2）货品主体完好无损，附件丢失，并符合退货条件，须扣除所丢失或损坏附件的金额后办理退款。

（3）对质量有问题的不良品详细标示其不良因素，确定责任方后，移交办理维修、退回厂家或废品处理。

第3步: 办理退款或换货。

（1）对审核后退款的订单，除退回货品价款外，须考虑是否需要退回部分或全部配送费用、优惠券等，最后移交财务，根据原支付方式将退款退至客户的银行账号或原支付卡。

根据惠多公司有关退款费用的规定，因公司原因造成的商品退货，须返还一部分发货时所产生的配送费用及货品费用；由客户原因造成的商品退货，已支付的配送费用不做退款处理。

（2）对审核后换货的订单，罗莉通过客服与客户重新确认货品的名称、规格等，确认发货地址和联系方式等，如因换货而产生其他额外费用的，须取得客户的同意后方可执行。根据退换货审批单，重新生成货品发货单，按货品出库流程办理配货、发货。

任务链接：登录淘宝网规则中心，如图7.4.1所示，输入关键词"退货的运费争议处理"，了解关于退货运费界定的相关内容。

图7.4.1　淘宝网平台规则页面

第4步: 退换货信息反馈。

根据退换货的流程及进度，惠多公司客服人员将退换货审核情况、退款情况或重新发货的情况通过网络、手机等方式发送给客户。待客户收到退款或货品无误的反馈后，完成退换货的跟踪处理流程。

🗐 **小提示**

发扬工匠精神、热忱服务客户，是企业发展的重要保障。认真研究客户退换货原因、及时反馈客户意见，改进服务质量，做好跟踪服务，快速准确地处理客户退换货，提升客户满意度，我们才能在竞争激烈的市场上立于不败之地。

活动拓展

快递费用的计算：

一个商品重量为5.8 kg，计上包装盒总重为6.2 kg，需要从广州寄到北京，查询到某快递公司的收费标准为：首重（1 kg）收费为10元，续重（1 kg）为5元，请问需要支付的运费是多少元？

📖 知识窗

问题：国内快递运费如何计算？

（1）以时效为依据。这是体现"快速高价"的方法。在一定的重量基础上，对于不同时效的产品可以采取不同的价格。

（2）以目的地为依据。快递送达的目的地不同，价格也是不同的。快递公司会根据路程的长远，把全国划分为不同区域进行计价，快递可分为市内件和省际件。以中通为例，市内件，也即同城快件，一般首重5~8元，续重0.5~1元/kg；省际件，也即省际快递，一般首重10~20元，续重1~2元/kg。

（3）首重加续重方法。快递企业规定的最低计费重量为首重，首重所对应的资费为首重资费；快件重量超出最低计费重量的部分称为续重，续重所对应的资费为续重资费。计算公式为：首重资费+续重资费=运费。

合作实训

两人为一小组，合作模拟完成退换货跟踪处理流程。针对客户王峰因不满意茶壶的款式提出的7天无理由退货要求，完成检验及审核退换货、处理退换货、办理退款或换货及退换货信息反馈。

》》》》》》》任务5
填写退换货单据

情境设计

妥善地处理退换货业务能在很大程度上提高客户的满意度，保证公司的良好信誉。惠多公司的退换货流程管理相当严格，从退换货的申请审核、退回货品检验及审批，到退换货品的处理等都有着明确的规定。清晰的单证流转过程能有效地指导员工完成退换货业务。

任务分解

本任务的主要活动是填写退换货单据。填写退换货单据涉及接收退换货申请、审核退换货、办理退货入库、重新发货等4个步骤，主要涉及退换货申请单、退货审批单、退货入库单和发货单。

任务实施

活动 填写退换货单据

活动背景

罗莉在退货组工作期间收到一份已审核通过的退货申请单,要求为客户办理更换运动鞋尺码的退换货申请。罗莉需完成从接收退换货申请到重新发货的一系列单据的填制工作。

活动实施

第1步: 接收退换货申请。

接收客服部门发出的已审核通过的退换货申请单,将收到的退货货品与申请单进行核对,原发货单与申请单进行核对,见表7.5.1。

表7.5.1 惠多公司退换货申请单

购买时用户名/ID: tpvio×××   日期: 2021/12/30

退货申请单号	80934570005		原送货单号	983456789002	原订单号	20211230080011		处理情况	确认通过审核退回 ☑ ☐
购货客户名称	杨天鹏	联系电话	1382652×××××	退换货情况		退货☐ 换货☑ 部分☐ 全部☑			
申请退货理由	无理由退货☑ 拒收☐ 质量问题☐ 发错货物☐ 物流原因☐ 其他 买家留言:尺码偏小,换大一码(30码),款式不变								
产品编号	产品名称	单位	规格	质量/kg	订单数量	单价/元	金额/元	申请退货数量	申请退货金额/元	备注
84659287	安踏网面透气男童运动鞋	双	29码,橙灰	0.9	1	150	150	1	0	换尺码,款式不变
合计					1	150	150	1	0	
收货联系人及电话	杨天鹏 1382652×××××		收货地址	福建省厦门市思明区幸福路180号×××室						

第2步: 填制退(换)货审批单。

核对信息无误后,检验收到的退货,根据客户的退货要求及货品质量检验结果填制退(换)货审批单,见表7.5.2。如实填写退换货处理意见,仓储部门和销售部门分别确认后,移交经理审批办理。

表7.5.2 惠多公司退（换）货审批单

购平时用户名/ID: tpvio×××   日期: 2021/12/30

购货客户名称	杨天鹏	联系电话	1382652××××	收货仓库	母婴仓	收货人	黄昊昊
原送货单号	983456789002	原订单号	20211230080011	收货日期	2021/12/30	验收人	罗莉
产品编号	产品名称	退货数量	单价	退货金额	业务部门质量检验结果		
84659287	安踏网面透气男童运动鞋	1	150	0	包装破损□ 产品损毁□ 过保质期□ 其他		
					包装破损□ 产品损毁□ 过保质期□ 其他		
					包装破损□ 产品损毁□ 过保质期□ 其他		
退货理由	无理由退货☑	拒收□	质量问题□	发错货物□	物流原因□	说明: 更换尺码	
相应的礼品及促销情况说明		含5元无门槛优惠券					
退换货处理意见		换货, 30码, 橙灰					
仓储部门确认及签章	货品完好，重新发货。 罗莉		销售部门确认及签章		客户确认无误。 李玲		
经理审批及签章	同意办理。 张顺		财务部审核及签章		无退款。 陈元		

第3步: 填制退货入库单。

经理审批同意后办理退货入库，填制退货入库单，见表7.5.3。

表7.5.3 惠多公司退货入库单

2021年12月30日

退货单号		80934570005		原送货单号		983456789002	原订单号	20211230080011
购货客户名称	杨天鹏		联系电话	1382652××××		退货情况	部分退货□ 全部退货☑	
用户名/ID	tpvio×××							
产品编号		产品名称	单位	规格	质量/kg	退货数量	入库数量	储位号	备注
84659287		安踏网面透气男童运动鞋	双	29码, 橙灰	0.9	1	1	C070501	换货
合计						1	1		

送货人: 张一山   验收人: 罗莉   仓管员: 蒋凤仪

第4步: 生成新发货单。

对于需换货的业务，仔细核对换货要求，按已确认的收货人信息生成新的发货单，见表7.5.4，继续办理配货、发货业务。

对于全部退款的业务，不涉及重新发货，无须填制新的发货单。

表7.5.4 惠多公司发货单

顾客姓名: 杨天鹏　　　收货地址: 福建省厦门市思明区幸福路180号×××室
联系方式: 1382652××××　货款情况: □货到付款　☑网上付款　□银行转账　发货日期: 2021/12/30
订单号: 20211230080012　发货类型: 换货发货退货单号: 80934570005

序号	产品编号	产品名称	单位	规格	订单数量	实际发货量	单价/元	合计/元
1	84659287	安踏网面透气男童运动鞋	双	30码, 橙灰	1	1	150	150
总计								150

制单员: 罗莉　　　审核人: 张顺　　　经办人: 李玲　　　财务: 陈元

活动拓展

动手在各大电商平台查找有关运费险的规定，说一说运费险的理赔流程。

合作实训

两人为一小组，完成退换货申请业务，填制退换货审批单、退货入库单及发货单，见表7.5.5—表7.5.8，完成后进行相互审核评分。

表7.5.5 惠多公司退换货申请单

购买时用户名/ID: tpvio×××　　　　　　　　　　日期: 2021/12/30

退货申请单号	80934570001	原送货单号	983456789001	原订单号	20211230080022	处理情况	确认通过☑ 审核退回□		
购货客户名称	杨天鹏	联系电话	1382652××××	退货情况	退货□ 换货☑ 部分□ 全部☑				
申请退换货理由	无理由退货☑ 拒收□ 质量问题□ 发错货物□ 物流原因□ 其他 买家留言: 尺码不变，更换款式（粉绿）								
产品编号	产品名称	单位	规格	质量/kg	订单数量	单价/元	金额/元	申请退货数量	申请退货金额/元	备注
84659200	安踏网面透气女童运动鞋	双	27码, 紫红	0.9	1	120	120	1	0	换款式, 尺码不变
合计					1	120	120	1	0	
收货联系人及电话	杨天鹏1382652××××		收货地址	福建省厦门市思明区幸福路180号×××室						

表7.5.6　惠多公司退货审批单

购平时用户名/ID:　　　　　　　　　　　　　　　　　　　　　　　　日期:

购货客户名称		联系电话		收货仓库		收货人	
原送货单号		原订单号		收货日期		验收人	
产品编号	产品名称	退货数量	单价	退货金额	业务部门质量检验结果		
					包装破损□ 产品损毁□ 过保质期□ 其他		
					包装破损□ 产品损毁□ 过保质期□ 其他		
退货缘由	无理由退货□	拒收□	质量问题□	发错货物□	物流原因□	说明:	
相应的礼品及促销情况说明							
退换货处理意见							
仓储部门确认 及签章			销售部门确认及签章				
经理审批及签章			财务部审核及签章				

表7.5.7　惠多公司退货入库单

年　　月　　日

退货单号			原送货单号			原订单号			
购货客户名称			联系电话			退货情况	部分退货□　全部退货□		
用户名/ID									
产品编号	产品名称	单位	规格	质量/kg	退货数量	入库数量	储位号	备注	
合计									

送货人:　　　　　　　　　　　　验收人:　　　　　　　　　　　　仓管员:

表7.5.8　惠多公司发货单

顾客姓名:　　　　收货地址:
联系方式:　　　　货款情况: □货到付款　□网上付款　□银行转账　　发货日期:
订单号:　　　　　发货类型:　　　　　　　　　　　　　　　　退货单号:

序号	产品编号	产品名称	单位	规格	订单数量	实际发货量	单价/元	合计/元
总计								

制单员:　　　　审核人:　　　　　　经办人:　　　　　　财务:

项目总结

近年来，随着电子商务的发展和消费者维权意识的不断加强，商品退换货现象越来越常见。退货量的增加引起了物流行业对退货管理工作的重视。为了规范退换货管理，减少和降低公司不必要的损失，明确权责，维护客户的利益，公司、电商平台都要建立退换货管理规定，对退换货范围、处理流程做出明确规定。遇到客户申请退换货，要及时了解原因，明确责任，尽快处理，缩短退货周期，提高客户对商家服务的满意度。同时要按照退换货流程办理退换货审批，并通知各个部门办理退换货手续，填写相关单据，积极处理退换货商品，以免造成货品滞留、积压，尽量降低公司的损失，提高管理成效。

项目拓展

信守不渝的 "电商服务全能王"——记长虹·美菱退货挽回组

团队领头人杨洋、屈镜波及时组织大家召开专题会议，将上个阶段出现的问题和建议进行头脑风暴，大家共同找出关键问题点再进行突破，经过研讨分析后总结出了一系列工作开展中存在的问题，有问题就想办法解决。权益有限，就向上级申请并跟进进度，专业知识匮乏，就主动参加专业知识培训；跟进力度不够，就每单必争，确保高品质服务。最终在数月的共同努力下，退货挽回率大幅增长，2021年度退货挽回完成率达到109.75%，较上年同比增长119.5%，这些超出预期目标的数据背后，是整个团队认认真真的钻研、勤勤恳恳的坚守和团结合作的付出。请说说团队成功的主要原因是什么？

项目评价

完成PMIQ表，对自己的学习情况进行评价。

PMIQ表

P（Plus） 学习收获（我已经学懂的知识）	M（Minus） 不足之处（我还没学懂的地方）	I（Interesting） 我还感兴趣的内容（我还想学的知识）	Q（Question） 我感到疑惑的问题（我还想弄清楚的问题）

项目检测

1.单项选择题

（1）退换货时，可以要求客户提供的佐证材料不包括（　　）。

A.原产地证明　　　　B.有问题的产品图片　　　C.验收文件　　　　　　D.电子邮件记录

（2）属于现场察看需要检查的内容是（　　）。

A.验收文件　　　　　　　　　　　　　　B.和快递员的交接记录

C.外包装破损　　　　　　　　　　　　D.送货单

（3）提交退换货原因分析报告时，应提交给（　　　）。

A.副总经理　　　　B.总经理　　　　　C.部门经理　　　　　D.A、B、C均可

（4）快递公司未投递完成而产生的退件称为（　　　）。

A.在途退件　　　　B.拒收件　　　　　C.自退件　　　　　　D.维修件

（5）用于填写退回货品的质量情况并出具退换货处理意见的是（　　　）。

A.退换货申请单　　B.退货审批单　　　C.退货入库单　　　　D.货品验收单

2.多项选择题

（1）目前电子商务行业退换货的类型包括（　　　）。

A.自退件　　　　　B.在途退件　　　　C.拒收件　　　　　　D.维修件

（2）在自退件的换货流程图中，需要填写的单据表格包括（　　　）。

A.快递单　　　　　B.退货单　　　　　C.换货单　　　　　　D.换货维修登记表

（3）更新"换货维修登记表"内容包括（　　　）。

A.订单号　　　　　B.销售员　　　　　C.订单金额　　　　　D.退换货原因

（4）在退换货的处理流程中，仓管员到现场和客服人员进行货物实物的移交工作。移交内容包括（　　　）。

A.退换货客户　　　B.退换货物名称　　C.换货维修登记表　　D.货物数量

（5）根据不同的退换货情况，常见的退换货处理意见有（　　　）。

A.全额退款　　　　B.部分退款　　　　C.修理后发货　　　　D.更换后发货

E.不予办理

3.判断题

（1）客户向客服人员反馈退换货的原因后，客服人员应当完全按照客户的要求进行退换货工作。　　　　　　　　　　　　　　　　　　　　　　　　　　　　　　（　　　）

（2）客户要求维修而退回的货物称为拒收件。　　　　　　　　　　　　（　　　）

（3）仓管员到现场和客服人员进行货物实物的移交工作。移交内容包括退换货客户、退换货物名称、数量等信息。　　　　　　　　　　　　　　　　　　　　　　（　　　）

（4）对于全部退款的业务，由于不涉及重新发货，所以无须填制新的发货单。（　　　）

（5）因公司原因造成的商品退货，需返还一部分发货时所产生的配送费用及货品费用；由客户原因造成的商品退货，已支付的配送费用不做退款处理。　　　　　　　（　　　）

4.简述题

（1）根据上网查询的资料，简述电子商务行业中有哪些退换货的原因。

（2）简述接收退换货的任务流程。

5.案例分析题

小杰在小露店里买了一件"七天无理由退换货"的大衣，运费5元，但经过讨价还价后小露给小杰包邮。当小杰收到大衣后，发现穿起来没有当时想得那么帅，要求把大衣退回。针对这单交易中卖家寄出货物的运费，绝大多数买家觉得应该卖家出，而大部分卖家认为应该买家出。请你分析寄出大衣的费用，究竟该由买家小杰出，还是卖家小露来出？

项目 8
电商物流数据管理

□ 项目综述

　　随着信息技术的飞速发展,电商物流行业的发展势头越发强劲。数据的分析和处理对电商物流行业的发展具有非常重要的意义,将大数据处理技术与电商物流行业进行有机地结合,不仅能为电商物流行业的发展带来更好的契机,还能使得电商物流的工作效率得到很大程度的提高,成了电商物流发展的新方向。

　　随着惠多公司的业务量逐步上升,各项业务数据量暴增,公司开始意识到数据整理对公司运营决策的重要意义,而对于罗莉所在的物流部门而言,物流数据的采集整理是数据整理工作的重中之重。

□ 项目目标

知识目标
◇了解电商物流数据分析的意义;
◇理解电商物流数据的含义;
◇认识各种数据采集工具。

能力目标
◇能运用数据采集工具采集物流数据;
◇能够用Excel完成物流数据的整理与分析。

素养目标
◇树立数据安全意识和爱岗敬业意识;
◇培养自主探究能力和团队协作能力。

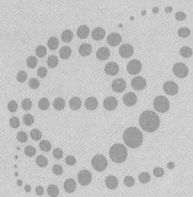

项目思维导图

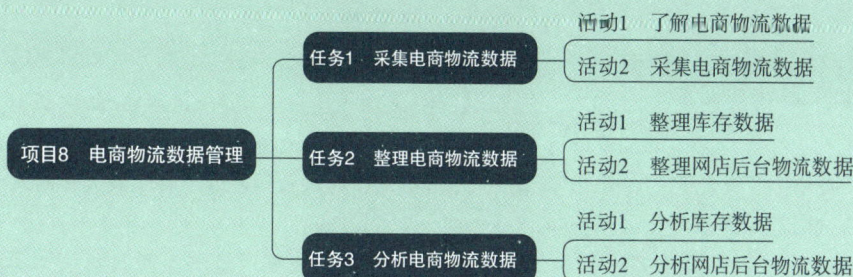

```
项目8  电商物流数据管理 ─┬─ 任务1  采集电商物流数据 ─┬─ 活动1  了解电商物流数据
                        │                          └─ 活动2  采集电商物流数据
                        ├─ 任务2  整理电商物流数据 ─┬─ 活动1  整理库存数据
                        │                          └─ 活动2  整理网店后台物流数据
                        └─ 任务3  分析电商物流数据 ─┬─ 活动1  分析库存数据
                                                    └─ 活动2  分析网店后台物流数据
```

任务1

采集电商物流数据

情境设计

罗莉所在的物流部门接到上级对数据采集整理的通知后，开始着手对物流后台数据进行采集和整理。由于初次接触这类数据整理工作，对电商物流数据的含义和分类还不太熟悉，于是通过互联网搜集到了部分资料进行自学，并尝试运用不同的数据采集工具采集公司网店后台物流数据。

任务分解

大数据在电商物流中的应用是一种更加便捷的数据收集处理方法，大数据会依据不同时期、不同区域的物流供需情况进行统计、分析，惠多公司能通过大数据的变化，从海量的数据中提取当前的物流需求信息，同时对已配置和将要配置的资源进行优化，尽早获知市场需求，及时对物流资源进行合理配置，抢占市场。为此，本任务罗莉要完成两个活动：了解电商物流数据、采集电商物流数据。

任务实施

活动1　了解电商物流数据

活动背景

"你还未下单，货物已在运往你家的路上"，惠多公司通过对线上用户购买货物的种类、数量及分布区域等大数据进行分析，并通过算法将一区域内的需求类型及数量提前做好计划，提前将货物储存在区域内的仓库中，实现即时配送。

活动实施

知识窗

问题1：什么是物流大数据？

物流大数据，是指物流运输、仓储、包装、装卸、流通等各个环节涉及的数据信息。而建立物流大数据是为了对物流运输的环节进行数据化的分析及规划，使得企业更深层次地了解物流运输链，并依据大数据调整运营的模式，以最小的成本消耗，通过最高的效率实现最大化的效益。

问题2：物流大数据有什么用？

大数据在物流运输的应用，是落实到每一个环节的，它能够通过收集的数据去推算市场未来的需求趋势将会如何变化。对现阶段企业仓储库存不合理、对市场需求应对不及时等问题，通过大数据，企业将能扭转这一局面，实现运作的优化。

第1步： 查看网店后台数据。

以淘宝店铺为例，登录千牛后台进入卖家中心，点击数据按钮就自动进入生意参谋（见图8.1.1），能查看到关于淘宝店铺的实时、作战室、流量、交易、直播、内容、服务、营销、物流、财务、市场、竞争等模块的导航条，逐一点击进入查看了解各个模块的数据类型。

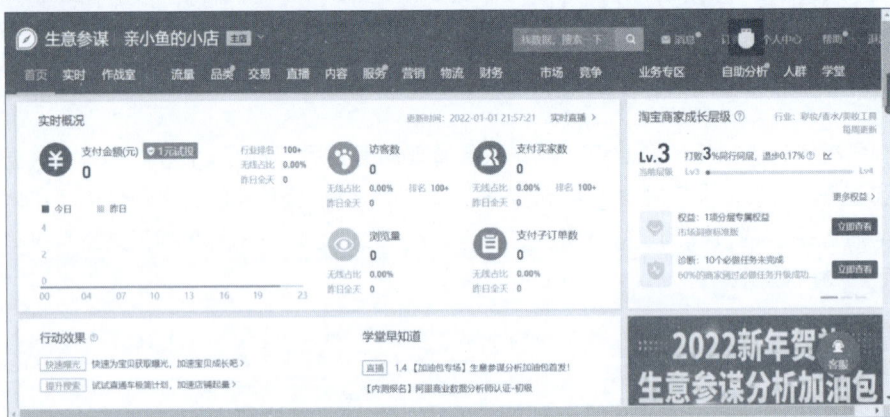

图8.1.1　淘宝店铺数据后台界面

第2步： 查看店铺后台物流数据。

在上述生意参谋界面点解进入物流数据模块，逐一了解平台提供了哪些物流数据，如图8.1.2所示。

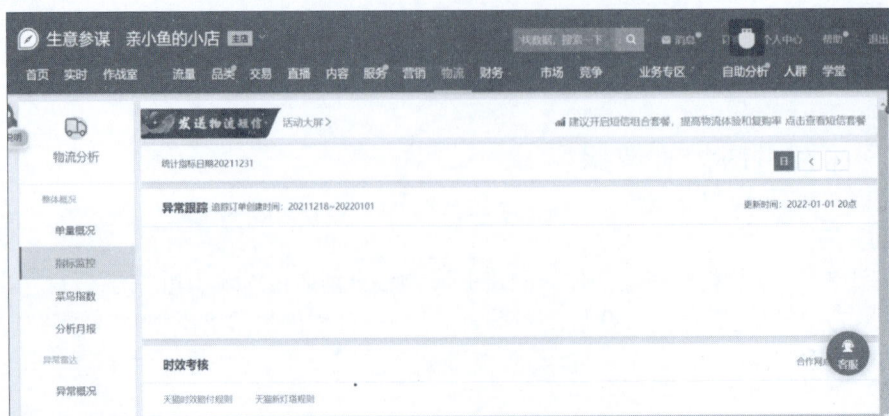

图8.1.2　淘宝店铺数据后台界面

🖽 知识窗

问题1: 什么是电商数据分析?

电商数据分析指运用有效的方法和工具收集、处理数据并获取信息的过程。其目的是从杂乱无章的数据中提炼出有用数据,用于研究指标的内在规律和特点,指导企业运营和优化。电商数据一般分为市场数据、运营数据和产品数据,电商物流数据属于运营数据的一种。

问题2: 什么是电商物流数据?

在广义的角度,电商物流数据可延伸看为供应链数据,它贯穿在电子商务交易的整个过程当中,从商品采购、到货、入库、在库管理到最后的出库送达都是物流数据的产生过程。但在行业内部,俗称的电商物流数据主要针对交易末端物流配送产生的数据,其包括物流时效、物流异常量、物流服务满意度等。

🖽 想一想

电商物流要收集的数据有哪些?

🖽 小提示

2022年9月,中国物流与采购联合会和京东集团联合调查的8月份中国电商物流指数为104.2点,比上月回落2.2个点,表现不及预期。受新冠肺炎疫情影响,电商物流的运营和发展受到极大阻碍,通过物流数据的采集,能更直观地发现问题,分析整理数据能为电商企业做出更优的调整方案。

活动拓展

生意参谋集数据作战室、市场行情、装修分析、来源分析、竞争情报等数据产品于一体,是商家统一数据产品平台,也是大数据时代下赋能商家的重要平台。大数据时代,生意参谋要为商家解决哪些痛点?

合作实训

4人为一组,注册淘宝卖家账户,登录千牛卖家中心查看网店后台物流数据板块,并将各个模块的物流数据名称填写到表8.1.1中。

表8.1.1　物流数据模块

数据模块	对应板块反馈的数据名称	对应数据的用途
菜鸟指数		
异常概况		
订单跟踪		
经营诊断		
时效诊断		

活动2　采集电商物流数据

活动背景

惠多公司网店后台的数据众多,罗莉需要在众多数据中采集出对决策有用的数据不是容易的事,借助有效的工具进行有针对性的数据采集是后续进行数据处理的关键步骤。

活动实施

第1步：认识3种常用的电子商务数据采集工具。

（1）了解生意参谋采集工具。

登录生意参谋网站，了解生意参谋采集工具的基本功能，如图8.1.3所示。

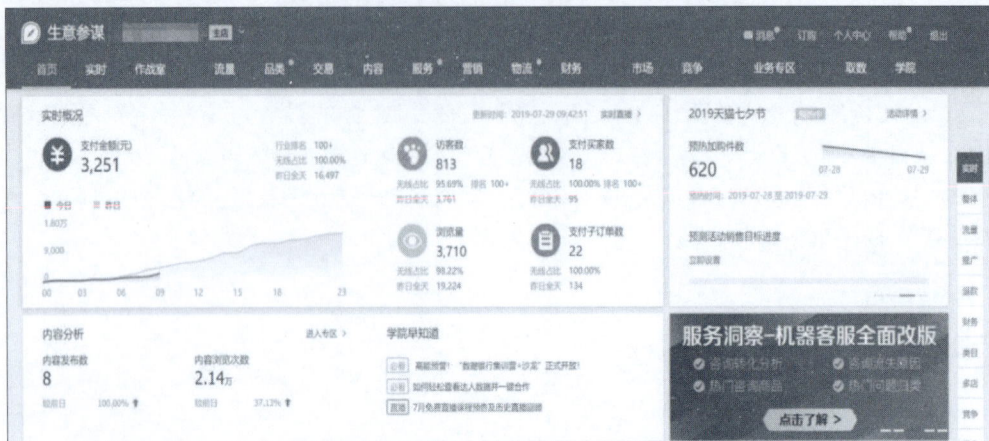

图8.1.3　淘宝店铺数据后台界面

（2）了解京东商智采集工具。

登录京东商智网站，了解京东商智采集工具的基本功能，如图8.1.4所示。

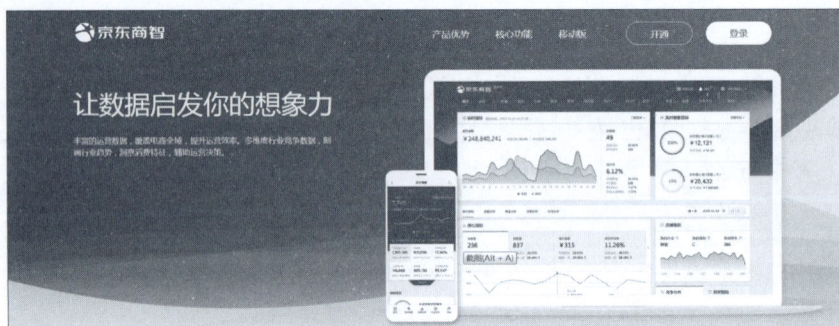

图8.1.4　京东商智

（3）了解八爪鱼采集工具。

下载八爪鱼采集器，了解八爪鱼采集工具的功能，如图8.1.5所示。

图8.1.5　八爪鱼采集器

📋 说一说

3种采集工具有何不同?

📋 知识窗

问题1: 常见的数据采集工具有哪些?

常用的数据采集工具有以下几种:

生意参谋: 生意参谋是淘宝官方提供的综合型网点数据分析平台, 为淘宝/天猫卖家提供流量、商品、交易等网店经营链条的数据展示、分析、解读、预测等功能, 通过生意参谋不仅可以采集自己店铺的数据, 还能获取淘宝/天猫平台上的行业销售经营数据。

京东商智: 京东商智是京东向第三方商家提供数据服务的产品。从PC、App、微信、手Q、M五大渠道, 展示实时与历史两个视角下, 店铺与行业两个范畴内的流量、销量、客户、商品等全维度的电商数据。并提供购物车营销、精准客户营销等工具, 基于数据, 帮助商家提升店铺销售。

八爪鱼采集器: 八爪鱼是一款通用网页数据采集器, 使用简单, 可进行可视化操作, 能用来采集商品的价格、销量、描述等数据内容, 功能非常强大。

问题2: 数据采集过程需要注意什么?

在数据采集过程中, 只有及时、有效且准确的数据才能分析出对电子商务运营和决策有帮助的结果, 因此在数据采集时应注意获取平台最新数据, 并做到定期更新, 确保数据的精准性。另外, 采集还需要注意合法性, 根据数据《中华人民共和国电子商务法》与《中华人民共和国网络安全法》中对数据安全的有关规定, 在采集客户物流信息的时候要注意保护客户的收件地址隐私不被泄露, 不得采取非法手段获取数据。

相关法律对
数据安全的
有关规定

第2步: 采集店铺物流相关数据。

(1) 采集物流数据。以生意参谋采集工具为例, 登录采集平台, 进入物流数据界面, 如图8.1.6所示, 逐一采集店铺整体48 h及时揽收率、揽收后24 h更新率、支付-发货时长(h)、发货-揽收时长(h)、揽收-派送时长(h)、派送-签收时长(h)等信息, 以便为店铺的物流效率做出有效评价。

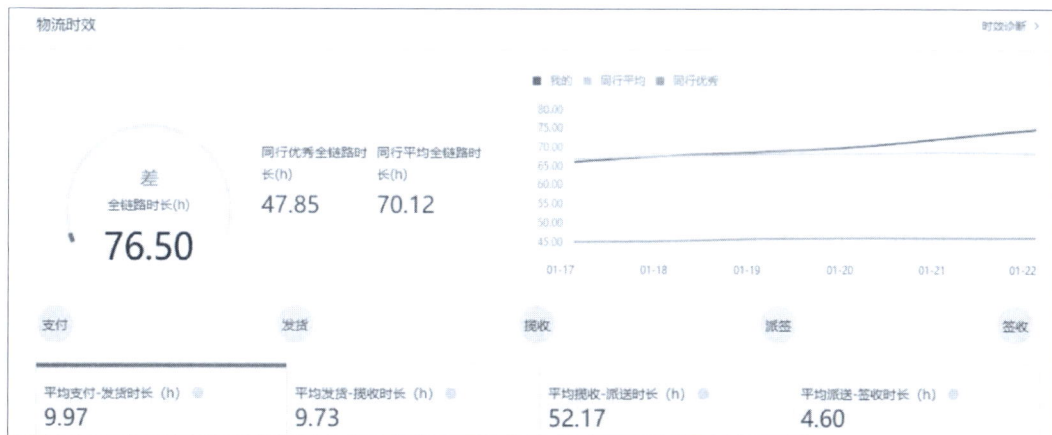

图8.1.6　淘宝后台数据

（2）采集库存数据。电子商务物流企业可自行通过企业内部的WMS软件对库存数据进行采集，并生成月末库存汇总表，如图8.1.7所示。

货号	商品名称	期初结存			本月入库			本月出库			期末库存		
		数量	单价	金额	数量	单价	金额	数量	单价	金额	数量	单价	金额
20111001	油溶性叶绿素	20	32	640	500	32	16000	20	41.6	832	500	32	16000
20111002	肉桂油	0	45	0	190	45	8550	20	58.5	1170	170	45	7650
20111003	58度半精石蜡	0	22	0	0	22	0	0	28.6	0	0	22	0
20111004	地蜡	10	28	280	0	28	0	0	36.4	0	10	28	280
20111005	中华聚乙稀蜡	12	33	396	500	33	16500	50	42.9	2145	462	33	15246
20111006	薄荷脑	0	31	0	630	31	19530	115	40.3	4634.5	515	31	15965
20111007	薄荷素油	15	22	330	0	22	0	0	28.6	0	15	22	330
20111008	合成樟脑	0	25	0	0	25	0	0	32.5	0	0	25	0
20111009	桉叶油	0	21	0	0	21	0	0	27.3	0	0	21	0
20111010	白油	0	56	0	0	56	0	0	72.8	0	0	56	0
20111011	柳酸甲脂	18	47	846	800	47	37600	60	61.1	3666	758	47	35626
20111012	松油醇	0	85	0	800	85	68000	60	110.5	6630	740	85	62900
20111013	麝香草酚	0	64	0	0	64	0	0	83.2	0	0	64	0
20111014	荧光黄	0	66	0	0	66	0	0	85.8	0	0	66	0
20111015	丁香油	50	48	2400	250	48	12000	95	62.4	5928	205	48	9840
20112001	胭脂红	0	42	0	600	42	25200	40	54.6	2184	560	42	23520
20112002	叔丁基	0	63	0	180	63	11340	75	81.9	6142.5	105	63	6615
20112003	维生素C	0	44	0	0	44	0	0	57.2	0	0	44	0
20112004	色素（亮兰）	18	23	414	0	23	0	10	29.9	299	8	23	184
20112005	叶绿素铜纳盐	20	38	760	0	38	0	15	49.4	741	5	38	190

图8.1.7　月末库存汇总表

知识窗

问题：为什么要采集电商物流数据和库存数据呢？

物流是电子商务的重要环节，在交易过程中扮演着将商品送达买家手中的重要角色。物流服务的优劣关系到用户对于品牌、产品、卖家的印象。对物流数据进行分析，选择更优质的物流合作伙伴是卖家提升自身形象，更好地服务买家的有效手段。而分析库存数据既可以帮助网店在经营过程中合理制定营销和销售策略，也可以有利于提高仓库的使用率。比如，某种商品一段时间内销量持续下降，而库存量又较高，通过对该商品仓储数据分析就可以建议决策者进行产品分析并做出合理决策。

小提示

俗话说，"水能载舟，亦能覆舟"，随着科技的发展，你在生活中每一个行为所产生的信息，就同涓涓细流，汇入名为"数据"的巨大海洋，对经济发展和社会生活产生重大而深刻的影响。2021年9月1日起施行的《中华人民共和国数据安全法》，将就如何保障个人数据安全、如何用数据提升智能化服务、如何对数据进行分级保护等多方面提供法律依据。有关数据安全法的这些知识点，你了解多少？试着通过互联网搜索了解一下吧。

活动拓展

通过搜索引擎查询除了活动中介绍的3种数据抓取工具外，还有哪些工具可以提供数据采集服务，了解各种采集工具的特点。

合作实训

4人为一组，通过网站搜集一些网店后台物流数据模板，总结出网点后台物流数据需要采集哪些重要的数据，并登记下来。

任务2
整理电商物流数据

情境设计

惠多公司物流部门分别在企业内部WMS系统采集了当月库存数据和网店后台利用生意参谋采集了相关物流数据，同时将两项数据复制到Excel表格中等待处理分析。罗莉接受了这项任务，她深知数据整理的结果对公司后续运营决策有着重要影响，因此高度重视。

任务分解

罗莉要完成物流部门相关电子商务物流数据的整理，主要任务分解为两个活动：整理库存数据、整理网店后台物流数据。

任务实施

活动1　整理库存数据

活动背景

库存管理是电商企业有效提高订单反应速度和节约成本的关键点，电商企业对库存数据进行实时监控和整理，有助于更好地制订库存管理决策方案。因此，罗莉要对惠多公司的库存数据进行整理。

活动实施

第1步：打开惠多公司月末库存汇总表，如图8.2.1所示。

货号	商品名称	期初结存			本月入库			本月出库			期末库存			库存周转率
		数量	单价	金额	数量	单价	金额	数量	单价	金额	数量	单价	金额	
20111001	油溶性叶绿素													
20111002	肉桂油													
20111003	58度半精石蜡													
20111004	地蜡													
20111005	中华聚乙稀蜡													
20111006	薄荷脑													
20111007	薄荷素油													
20111008	合成樟脑													
20111009	桉叶油													
20111010	白油													
20111011	榴酸甲脂													
20111012	松油醇													
20111013	麝香草酚													
20111014	荧光黄													
20111015	丁香油													
20112001	胭脂红													
20112002	叔丁基													
20112003	维生素C													
20112004	色素（亮兰）													
20112005	叶绿素铜纳盐													
20112006	甘露醇													
20112007	麦芽糊精													
20112008	麦芽糊精													
20112009	乳糖													
20112010	烟酰胺													

图8.2.1　月末库存汇总表

第2步：利用VLOOKUP函数将"期初库存"表中的期初数量和期初金额数据汇总到"月末库存汇总表"中，并计算出期初金额，如图8.2.2所示。

		月末库存汇总表												
货号	商品名称	期初结存			本月入库			本月出库			期末库存			库存周转率
		数量	单价	金额	数量	单价	金额	数量	单价	金额	数量	单价	金额	
20111001	油溶性叶绿素	20	32	640										
20111002	肉桂油	0	45	0										
20111003	58度半精石蜡	0	22	0										
20111004	地蜡	10	28	280										
20111005	中华聚乙稀蜡	12	33	396										
20111006	薄荷脑	0	31	0										
20111007	薄荷素油	15	22	330										
20111008	合成樟脑	0	25	0										
20111009	桉叶油	0	21	0										
20111010	白油	0	56	0										
20111011	柳酸甲脂	18	47	846										
20111012	松油醇	0	85	0										
20111013	麝香草酚	0	64	0										
20111014	荧光黄	0	66	0										
20111015	丁香油	50	48	2400										
20112001	胭脂红	0	42	0										
20112002	叔丁基	0	63	0										
20112003	维生素C	0	44	0										
20112004	色素（亮兰）	18	23	414										
20112005	叶绿素铜纳盐	20	38	760										
20112006	甘露醇	22	96	2112										
20112007	麦芽糊精	52	63	3276										
20112008	麦芽糊精	0	105	0										
20112009	乳糖	0	12	0										
20112010	烟酰胺	0	32	0										
20112011	菠萝油香精	36	55	1980										

图8.2.2 期初结存计算结果

第3步：使用SUMIF函数分别将"入库记录"表中的商品入库数量和"出库记录"表中的商品出库数量汇总到"月末库存汇总表"中，用VLOOKUP函数从"期初库存"表中将入库和出库单价索引到汇总表，并分别算出入库和出库金额，如图8.2.3所示。

		月末库存汇总表												
货号	商品名称	期初结存			本月入库			本月出库			期末库存			库存周转率
		数量	单价	金额	数量	单价	金额	数量	单价	金额	数量	单价	金额	
20111001	油溶性叶绿素	20	32	640	500	32	16000	20	41.6	832				
20111002	肉桂油	0	45	0	190	45	8550	20	58.5	1170				
20111003	58度半精石蜡	0	22	0	0	22	0	0	28.6	0				
20111004	地蜡	10	28	280	0	28	0	0	36.4	0				
20111005	中华聚乙稀蜡	12	33	396	500	33	16500	50	42.9	2145				
20111006	薄荷脑	0	31	0	630	31	19530	115	40.3	4634.5				
20111007	薄荷素油	15	22	330	0	22	0	0	28.6	0				
20111008	合成樟脑	0	25	0	0	25	0	0	32.5	0				
20111009	桉叶油	0	21	0	0	21	0	0	27.3	0				
20111010	白油	0	56	0	0	56	0	0	72.8	0				
20111011	柳酸甲脂	18	47	846	800	47	37600	60	61.1	3666				
20111012	松油醇	0	85	0	800	85	68000	60	110.5	6630				
20111013	麝香草酚	0	64	0	0	64	0	0	83.2	0				
20111014	荧光黄	0	66	0	0	66	0	0	85.8	0				
20111015	丁香油	50	48	2400	250	48	12000	95	62.4	5928				
20112001	胭脂红	0	42	0	600	42	25200	40	54.6	2184				
20112002	叔丁基	0	63	0	180	63	11340	75	81.9	6142.5				
20112003	维生素C	0	44	0	0	44	0	0	57.2	0				
20112004	色素（亮兰）	18	23	414	0	23	0	10	29.9	299				
20112005	叶绿素铜纳盐	20	38	760	0	38	0	15	49.4	741				
20112006	甘露醇	22	96	2112	0	96	0	0	124.8	0				
20112007	麦芽糊精	52	63	3276	200	63	12600	50	81.9	4095				
20112008	麦芽糊精	0	105	0	0	105	0	0	136.5	0				
20112009	乳糖	0	12	0	150	12	1800	30	15.6	468				
20112010	烟酰胺	0	32	0	200	32	6400	70	41.6	2912				
20112011	菠萝油香精	36	55	1980	0	55	0	0	71.5	0				

图8.2.3 本月出入库计算结果

第4步：计算库存数量，用VLOOKUP函数将入库单价索引到期末库存单价一列，计算期末库存金额和库存周转率，如图8.2.4所示。

第5步：清理数据，用定位功能将错误值全选，然后统一替代为0.00%，即完成库存数据的处理，如图8.2.5所示。

月末库存汇总表

货号	商品名称	期初结存			本月入库			本月出库			期末库存			库存周转率
		数量	单价	金额	数量	单价	金额	数量	单价	金额	数量	单价	金额	
20111001	油溶性叶绿素	20	32	640	500	32	16000	20	41.6	832	500	32	16000	7.69%
20111002	肉桂油	0	45	0	190	45	8550	20	58.5	1170	170	45	7650	23.53%
20111003	58度半精石蜡	0	22	0	0	22	0	0	28.6	0	0	22	0	#DIV/0!
20111004	地蜡	10	28	280	0	28	0	0	36.4	0	10	28	280	0.00%
20111005	中华聚乙稀蜡	12	33	396	500	33	16500	50	42.9	2145	462	33	15246	21.10%
20111006	薄荷脑	0	31	0	630	31	19530	115	40.3	4634.5	515	31	15965	44.66%
20111007	薄荷素油	15	22	330	0	22	0	0	28.6	0	15	22	330	0.00%
20111008	合成樟脑	0	25	0	0	25	0	0	32.5	0	0	25	0	#DIV/0!
20111009	桉叶油	0	21	0	0	21	0	0	27.3	0	0	21	0	#DIV/0!
20111010	白油	0	56	0	0	56	0	0	72.8	0	0	56	0	#DIV/0!
20111011	柳酸甲脂	18	47	846	800	47	37600	60	61.1	3666	758	47	35626	15.46%
20111012	松油醇	0	85	0	800	85	68000	60	110.5	6630	740	85	62900	16.22%
20111013	麝香草酚	0	64	0	0	64	0	0	83.2	0	0	64	0	#DIV/0!
20111014	荧光黄	0	66	0	0	66	0	0	85.8	0	0	66	0	#DIV/0!
20111015	丁香油	50	48	2400	250	48	12000	95	62.4	5928	205	48	9840	74.51%
20112001	胭脂红	0	42	0	600	42	25200	40	54.6	2184	560	42	23520	14.29%
20112002	叔丁基	0	63	0	180	63	11340	75	81.9	6142.5	105	63	6615	142.86%
20112003	维生素C	0	44	0	0	44	0	0	57.2	0	0	44	0	#DIV/0!
20112004	色素（亮兰）	18	23	414	0	23	0	10	29.9	299	8	23	184	76.92%
20112005	叶绿素铜钠盐	20	38	760	0	38	0	15	49.4	741	5	38	190	120.00%
20112006	甘露醇	22	96	2112	0	96	0	0	124.8	0	22	96	2112	0.00%
20112007	麦芽糊精	52	63	3276	200	63	12600	50	81.9	4095	202	63	12726	39.37%
20112008	麦芽糊精	0	105	0	0	105	0	0	136.5	0	0	105	0	#DIV/0!
20112009	乳糖	0	12	0	150	12	1800	30	15.6	468	120	12	1440	50.00%
20112010	烟酰胺	0	32	0	200	32	6400	70	41.6	2912	130	32	4160	107.69%
20112011	菠萝油香精	36	55	1980	0	55	0	0	71.5	0	36	55	1980	0.00%

图8.2.4　本月出库计算结果

月末库存汇总表

货号	商品名称	期初结存			本月入库			本月出库			期末库存			库存周转率
		数量	单价	金额	数量	单价	金额	数量	单价	金额	数量	单价	金额	
20111001	油溶性叶绿素	20	32	640	500	32	16000	20	41.6	832	500	32	16000	7.69%
20111002	肉桂油	0	45	0	190	45	8550	20	58.5	1170	170	45	7650	23.53%
20111003	58度半精石蜡	0	22	0	0	22	0	0	28.6	0	0	22	0	0.00%
20111004	地蜡	10	28	280	0	28	0	0	36.4	0	10	28	280	0.00%
20111005	中华聚乙稀蜡	12	33	396	500	33	16500	50	42.9	2145	462	33	15246	21.10%
20111006	薄荷脑	0	31	0	630	31	19530	115	40.3	4634.5	515	31	15965	44.66%
20111007	薄荷素油	15	22	330	0	22	0	0	28.6	0	15	22	330	0.00%
20111008	合成樟脑	0	25	0	0	25	0	0	32.5	0	0	25	0	0.00%
20111009	桉叶油	0	21	0	0	21	0	0	27.3	0	0	21	0	0.00%
20111010	白油	0	56	0	0	56	0	0	72.8	0	0	56	0	0.00%
20111011	柳酸甲脂	18	47	846	800	47	37600	60	61.1	3666	758	47	35626	15.46%
20111012	松油醇	0	85	0	800	85	68000	60	110.5	6630	740	85	62900	16.22%
20111013	麝香草酚	0	64	0	0	64	0	0	83.2	0	0	64	0	0.00%
20111014	荧光黄	0	66	0	0	66	0	0	85.8	0	0	66	0	0.00%
20111015	丁香油	50	48	2400	250	48	12000	95	62.4	5928	205	48	9840	74.51%
20112001	胭脂红	0	42	0	600	42	25200	40	54.6	2184	560	42	23520	14.29%
20112002	叔丁基	0	63	0	180	63	11340	75	81.9	6142.5	105	63	6615	142.86%
20112003	维生素C	0	44	0	0	44	0	0	57.2	0	0	44	0	0.00%
20112004	色素（亮兰）	18	23	414	0	23	0	10	29.9	299	8	23	184	76.92%
20112005	叶绿素铜钠盐	20	38	760	0	38	0	15	49.4	741	5	38	190	120.00%
20112006	甘露醇	22	96	2112	0	96	0	0	124.8	0	22	96	2112	0.00%
20112007	麦芽糊精	52	63	3276	200	63	12600	50	81.9	4095	202	63	12726	39.37%
20112008	麦芽糊精	0	105	0	0	105	0	0	136.5	0	0	105	0	0.00%
20112009	乳糖	0	12	0	150	12	1800	30	15.6	468	120	12	1440	50.00%
20112010	烟酰胺	0	32	0	200	32	6400	70	41.6	2912	130	32	4160	107.69%
20112011	菠萝油香精	36	55	1980	0	55	0	0	71.5	0	36	55	1980	0.00%

图8.2.5　期末库存和库存周转率计算结果

知识窗

问题1：如何使用VLOOKUP函数和SUMIF函数？

（1）VLOOKUP函数是Excel中的一个纵向查找函数，功能是按列查找，最终返回该列所需查询序列所对应的值。

VLOOKUP函数语法是：=VLOOKUP（要查找的值，要查找的区域，返回数据在查找区域的第几列数，精确匹配0/近似匹配1）

（2）使用SUMIF函数可以对报表范围中符合指定条件的值求和。

SUMIF函数语法是：=SUMIF（条件区域，求和条件，实际求和区域）

问题2：什么是库存周转率？

库存周转率是在某一时间段内库存货物周转的次数，是反映库存周转快慢程度的指标。周转率越大表明销售情况越好。在物料保质期及资金允许的条件下，可以适当增加其库存控制目标天数，以保证合理的库存。反之，则可以适当减少其库存控制目标天数。

库存周转率的计算方法有很多，这里介绍一种比较常用的计算方法：

时间段库存周转天数=时间段天数×(1/2)×(期初库存数量+期末库存数量)/时间段销售量

库存周转率=时间段天数/库存周转天数=时间段销售量/[(1/2)×(期初库存数量+期末库存数量)]

在本活动中，我们假设本月出库数量即本月销售量来进行计算。

活动拓展

库存周转率有很多种计算方法，除了活动中介绍的算法外还有哪些算法呢? 尝试用其他的方法计算上述活动中的库存周转率。

合作实训

4人为一小组，通过搜索引擎搜索3个以上的网店后台库存数据指标，并介绍其功能特点，做成PPT上台汇报。

活动2 整理网店后台物流数据

活动背景

网店后台的物流数据种类繁多，罗莉需要在众多数据中整理出关键信息进行处理，这次她接到的数据整理任务是对惠多公司1月份在深圳地区订单的物流服务时间以及订单派送和物流投诉情况进行数据整理。

活动实施

第1步：根据后台物流数据表信息，根据从网店后采集到的支付-发货市场、发货-揽收时长、揽收-派送时长、派送-签收时长4个数据，分别计算出订单响应时间和订单完成周期，如图8.2.6所示。

订单编号	支付-发货时长(h)	发货-揽收时长(h)	揽收-派送时长(h)	派送-签收时长(h)	是否无异常送达	是否收到物流投诉	订单响应时间(h)	订单完成周期(h)
HD202100001	24	11	30	27	是	是	24	92
HD202100002	26	20	70	7	否	是	26	123
HD202100003	23	30	14	17	是	否	23	84
HD202100004	18	15	19	10	是	否	18	62
HD202100005	27	18	36	9	是	否	27	90
HD202100006	25	10	24	16	是	否	25	75
HD202100007	22	9	27	11	是	否	22	69
HD202100008	22	16	31	10	是	否	22	79
HD202100009	17	18	29	8	是	否	17	72
HD202100010	19	20	22	20	是	否	19	81
HD202100011	20	22	22	17	是	否	20	81
HD202100012	23	21	22	16	是	否	23	82
HD202100013	27	17	19	5	是	否	27	68
HD202100014	28	18	24	18	是	否	28	88
HD202100015	24	19	23	11	是	否	24	77
订单妥投率								
物流服务投诉率								

图8.2.6 网店后台物流数据

第2步：借助COUNTIF函数和COUNTA函数分别计算出订单妥投率和物流服务投诉率，如图8.2.7所示。

| F18 | | ⊕ fx | =COUNTIF(F3:F17,"是")/COUNT(B3:B17) | | | | | |

A	B	C	D	E	F	G	H	I
			惠多公司1月网店后台物流数据统计表（深圳地区订单数据）					
订单编号	支付-发货时长(h)	发货-揽收时长（h）	揽收-派送时长(h)	派送-签收时长(h)	是否无异常送达	是否收到物流投诉	订单响应时间(h)	订单完成周期(h)
HD202100001	24	11	30	27	是	是	24	92
HD202100002	26	20	70	7	否	否	26	123
HD202100003	23	30	14	17	是	否	23	84
HD202100004	18	15	19	10	是	否	18	62
HD202100005	27	18	36	9	是	否	27	90
HD202100006	25	10	24	16	是	否	25	75
HD202100007	22	9	27	11	是	否	22	69
HD202100008	22	16	31	10	是	否	22	79
HD202100009	17	18	29	8	是	否	17	72
HD202100010	19	20	22	20	是	否	19	81
HD202100011	20	22	22	17	是	否	20	81
HD202100012	23	21	22	16	是	否	23	82
HD202100013	27	17	19	5	是	否	27	68
HD202100014	28	18	24	18	是	否	28	88
HD202100015	24	23	19	11	是	否	24	77
		订单妥投率			93.33%			
		物流服务投诉率				13.33%		

图8.2.7 网店后台物流数据

📖 知识窗

问题1：如何计算订单响应时间和订单完成周期？

（1）订单响应时间：电商订单中，在我们将发货订单提交给仓储服务商后，服务商会按出库计划开始对订单的操作，这里操作包括了拣货、打包、贴快递单等基础服务，有时还包含更换标签、组包商品等增值服务，而在仓储服务商完成全部操作后，一般会将处理后的订单放在发货区等待快递揽收。这整个过程所需的时间即订单响应时间，也就是活动中的支付-发货时长。

（2）订单完成周期是指从客户提交订单起，至终端顾客签收货物止所需的时间总和。在活动中，订单完成周期为支付-发货市场、发货-揽收时长、揽收-派送时长、派送-签收时长4个数据的总和。

问题2：如何计算订单妥投率和物流服务投诉率？

（1）订单妥投率原是快递公司采用的指标，指快件派送成功的比率，后因其直观有效，且计算简单，妥投率这个指标被电商物流管理的考核所采用。订单妥投率=成功送达客户的票数（或件数）/总发货票数（或件数）×100%。所谓成功送达，是指在妥投所要求的时间内将所投送的物品完整准确地送达客户手中。

（2）物流服务投诉率指客户因为物流服务不到位而产生的投诉，是衡量电商物流服务能力的重要指标。物流服务投诉率=产生物流投诉的票数（或件数）/总发货票数（或件数）×100%

📖 小提示

2014年起，"农村电商"就被正式写入中央一号文件，成为推动农业农村经济发展新引擎、帮助贫困地区实现跨越式发展重要手段的角色。在大数据时代下，农产品电商的物流数据管理也起着特别重要的作用。为了有效地维持农产品冷链物流供需两端的信息交流以及有效地管理这些信息数据，有必要借助大数据技术对这些信息数据进行处理，以此来提高农产品冷链物流的效率。

活动拓展

物流数据中还有一项指标叫交付及时率，利用搜索引擎查询学习交付及时率的概念，并试着计算出上述活动的交付及时率（假设将120 h定义为及时交付时间）。

合作实训

4人为一小组,搜索订单响应时间、订单完成周期、订单妥投率和物流服务投诉率4个指标的作用和意义,再试着搜索其他有关评价电子商务物流服务水平的指标,做成PPT进行小组汇报。

>>>>>>>>任务3
分析电商物流数据

分析电子商务物流数据

情境设计

罗莉经过一番钻研努力将公司的库存数据和网店后台物流数据整理完毕,开始着手对整理好的数据进行分析、评价,并将分析结果交给上级决策部门,为公司的物流服务决策提供依据。

任务分解

罗莉要把整理好的数据进行分析、评价并得出分析结果,主要的任务包括两个活动:分析库存数据、分析网店后台物流数据。

惠多公司物流数据

任务实施

活动1　分析库存数据

活动背景

库存数据会随着电商企业销售情况的变动而变动,罗莉从库存数据的变化中能有效分析出货物的周转率,将货物进行分类管理,更有利于降低库存成本,从而让企业实现效益更大化。

活动实施

第1步: 对库存汇总表中的商品按照库存周转率的大小进行降序排序,如图8.3.1所示。

第2步: 从库存周转率角度分析商品的重要性,及时调整库存存储方案。

第3步: 实时监控库存周转率的变动状况(将数据还原到第1步排序前,选中库存周转率整列数据,利用Excel中的条件格式-图标集里的三色交通将库存周转率在100%或100%以上的标绿灯,50%~99%的标黄灯,低于50%的标红灯),如图8.3.2所示。

月末库存汇总表

货号	商品名称	期初结存			本月入库			本月出库			期末库存			库存周转率
		数量	单价	金额	数量	单价	金额	数量	单价	金额	数量	单价	金额	
20112002	叔丁基	0	63	0	180	63	11340	75	81.9	6142.5	105	63	6615	142.86%
20112005	叶绿素铜纳盐	20	38	760	0	38	0	15	49.4	741	5	38	190	120.00%
20112010	烟酰胺	0	32	0	200	32	6400	70	41.6	2912	130	32	4160	107.69%
20113017	27cc北极熊清凉油小盒	0	96	0	290	96	27840	88	124.8	10982.4	202	96	19392	87.13%
20112028	硬脂酸镁	0	74	0	100	74	7400	30	96.2	2886	70	74	5180	85.71%
20113015	18cc北极熊清凉油纸箱	0	45	0	250	45	11250	70	58.5	4095	180	45	8100	77.78%
20112004	色素(亮兰)	18	23	414	0	23	0	10	29.9	299	8	23	184	76.92%
20112011	丁香油	50	48	2400	250	48	12000	95	62.4	5928	205	48	9840	74.51%
20112020	塑料桶	0	77	0	300	77	23100	80	100.1	8008	220	77	16940	72.73%
20112017	蒜粉	15	69	1035	350	69	24150	100	89.7	8970	265	69	18285	71.43%
20112009	乳糖	0	12	0	150	12	1800	30	15.6	468	120	12	1440	50.00%
20111006	薄荷脑	0	31	0	630	31	19530	115	40.3	4634.5	515	31	15965	44.66%
20112023	舒必利	5	44	220	600	44	26400	110	57.2	6292	495	44	21780	44.00%
20113028	4g海鸥薄荷膏纸箱	0	85	0	1060	85	90100	191	110.5	21105.5	869	85	73865	43.96%
20112021	牡蛎碳酸钙	7	66	462	480	66	31680	88	85.8	7550.4	399	66	26334	43.35%
20112007	麦芽糊精	52	63	3276	200	63	12600	50	81.9	4095	202	63	12726	39.37%
20112033	预胶化淀粉	0	85	0	650	85	55250	90	110.5	9945	560	85	47600	32.14%
20112032	PVC热缩膜	0	106	0	770	106	81620	105	137.8	14469	665	106	70490	31.58%
20112038	草莓香精	0	57	0	300	57	17100	40	74.1	2964	260	57	14820	30.77%
20113022	4g海鸥薄荷膏塑装	0	42	0	800	42	33600	100	54.6	5460	700	42	29400	28.57%
20113019	27cc北极熊清凉油纸箱	0	75	0	700	75	52500	80	97.5	7800	620	75	46500	25.81%
20112045	无水乙醇	0	27	0	450	27	12150	50	35.1	1755	400	27	10800	25.00%
20113010	8cc北极熊清凉油中盒	0	47	0	850	47	39950	91	61.1	5560.1	759	47	35673	23.98%
20111002	肉桂油	0	45	0	190	45	8550	20	58.5	1170	170	45	7650	23.53%
20111005	中华聚乙稀蜡	12	33	396	500	33	16500	50	42.9	2145	462	33	15246	21.10%
20113034	30g海鸥薄荷膏小盒	6	78	468	520	78	40560	48	101.4	4867.2	478	78	37284	19.83%

图8.3.1　月末库存汇总表

🗂 知识窗

问题1：库存周转率的大小能反映出什么问题？

库存周转率越大，代表利润赚取次数越多，资金使用越有效。电商经营中，可将库存周转率锁定到单品级别，关注"点"，某件商品库存周转率高，代表它卖得好，能带来更多的利润，这里的利润并非单品毛利，而是资金的利润。

问题2：除了库存周转率以外，还有没有其他相关的指标也能反映此类问题？

与库存周转率常一起出现的名词还有：动销率。是指在一定时间内，发生销售行为的商品品类与总商品品类的比值。例如一共10件单品，一个月的时间里，其中3件有人买，另外7件没人买，那么动销率就是30%，这里不关注3件买过的单品，分别卖了多少件。故此，动销率关注的是"面"。

月末库存汇总表

货号	商品名称	期初结存			本月入库			本月出库			期末库存			库存周转率
		数量	单价	金额	数量	单价	金额	数量	单价	金额	数量	单价	金额	
20111001	油溶性叶绿素	20	32	640	500	32	16000	20	41.6	832	500	32	16000	7.69%
20111002	肉桂油	0	45	0	190	45	8550	20	58.5	1170	170	45	7650	23.53%
20111003	58度半精石蜡	0	22	0	0	22	0	0	28.6	0	0	22	0	0.00%
20111004	地蜡	10	28	280	0	28	0	0	36.4	0	10	28	280	0.00%
20111005	中华聚乙稀蜡	12	33	396	500	33	16500	50	42.9	2145	462	33	15246	21.10%
20111006	薄荷脑	0	31	0	630	31	19530	115	40.3	4634.5	515	31	15965	44.66%
20111007	薄荷素油	15	22	330	0	22	0	0	28.6	0	15	22	330	0.00%
20111008	合成樟脑	0	25	0	0	25	0	0	32.5	0	0	25	0	0.00%
20111009	桉叶油	0	21	0	0	21	0	0	27.3	0	0	21	0	0.00%
20111010	白油	0	56	0	0	56	0	0	72.8	0	0	56	0	0.00%
20111011	栁酸甲脂	18	47	846	800	47	37600	60	61.1	3666	758	47	35626	15.46%
20111012	松油醇	0	85	0	800	85	68000	60	110.5	6630	740	85	62900	16.22%
20111013	麝香草酚	0	64	0	0	64	0	0	83.2	0	0	64	0	0.00%
20111014	荧光黄	0	66	0	0	66	0	0	85.8	0	0	66	0	0.00%
20111015	丁香油	50	48	2400	250	48	12000	95	62.4	5928	205	48	9840	74.51%
20112001	胭脂红	0	42	0	600	42	25200	40	54.6	2184	560	42	23520	14.29%
20112002	叔丁基	0	63	0	180	63	11340	75	81.9	6142.5	105	63	6615	142.86%
20112003	维生素C	0	44	0	0	44	0	0	57.2	0	0	44	0	0.00%
20112004	色素(亮兰)	18	23	414	0	23	0	10	29.9	299	8	23	184	76.92%
20112005	叶绿素铜纳盐	20	38	760	0	38	0	15	49.4	741	5	38	190	120.00%
20112006	甘露醇	22	96	2112	0	96	0	0	124.8	0	22	96	2112	0.00%
20112007	麦芽糊精	52	63	3276	200	63	12600	50	81.9	4095	202	63	12726	39.37%
20112008	麦芽糊精	0	105	0	0	105	0	0	136.5	0	0	105	0	0.00%
20112009	乳糖	0	12	0	150	12	1800	30	15.6	468	120	12	1440	50.00%
20112010	烟酰胺	0	32	0	200	32	6400	70	41.6	2912	130	32	4160	107.69%
20112011	菠萝油香精	36	55	1980	0	55	0	0	71.5	0	36	55	1980	0.00%

图8.3.2　月末库存汇总表

第4步：利用图标直观呈现各个商品的库存周转率（选中表格中的"商品名称"和"库存周转率"两列数据，点击"插入图表"→"簇状柱形图"，修改图表标题），如图8.3.3所示。

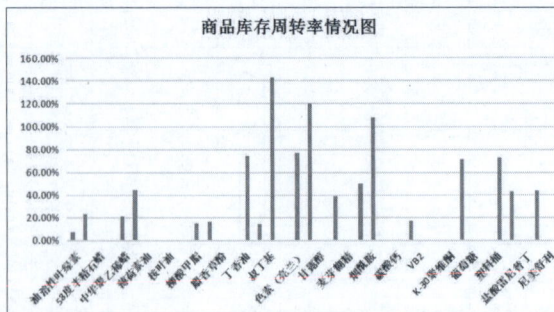

图8.3.3　库存周转率情况图

📋 知识窗

问题：什么是簇状柱形图？

簇状柱形图是条形统计分析的其中一种图表，是一种常用的统计图表。柱形图显示得比较清晰、直观，能同时对比各个项目在某特定时间内的差异。柱形图又有单式和复式之分，它们的相同点是都能让人清楚地看出数量的多少；不同点是单式条形统计图是一种事件只有一种数据，而复式条形统计图是一种事件有两种数据或多种数据。

活动拓展

上述活动中有部分商品本月的库存周转率为0，试分析，若这些商品如果连续半年周转率均为0，公司需要对这些商品进行怎样的库存管理调整？

合作实训

4人为一小组，对任务1活动2中的合作实训结果进行整理和分析，并以小组为单位上台汇报，分析该便利店的库存情况并提出日后库存管理调整方案。

活动2　分析网店后台物流数据

活动背景

罗莉将物流后台数据生成不同的图表，通过图表分析数据出现异常的原因，并找到解决问题的有效方法，从而有效提高客户的物流服务评价。

活动实施

第1步：利用柱形图对比分析网店后台物流数据中的每个月的月平均订单周期，并修改图表标题，显示数据标签，如图8.3.4所示。

第2步：观察上图数据分析得出，1月（春节前）、6月（"618"大促）、11月（"双11"购物节）、12月（"双12"购物节）4个月由于快递业务量剧增和年前快递人员休假较多等原因造成了这几个月的订单完成周期较长，企业需要认真分析其内在原因，找到缩短对应月份订单完成周期的最有效方法。

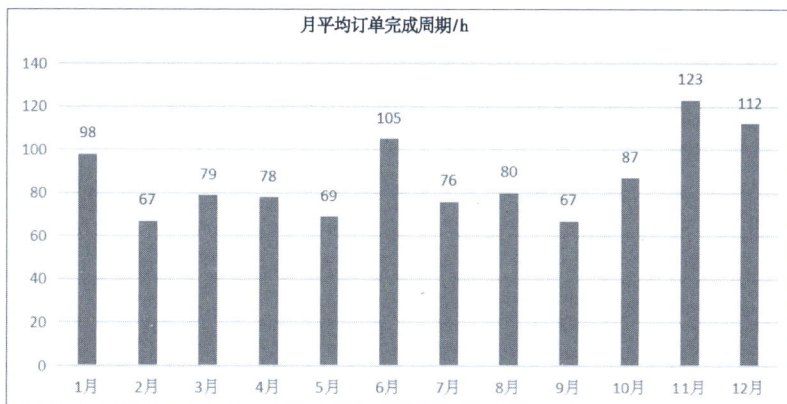

图8.3.4　月平均订单完成周期图

第3步：利用双折线图对平均月妥投率和月物流投诉率进行分析（选中这两列数据，点击"插入图表"→"双折线图"，修改图表标题），如图8.3.5所示。

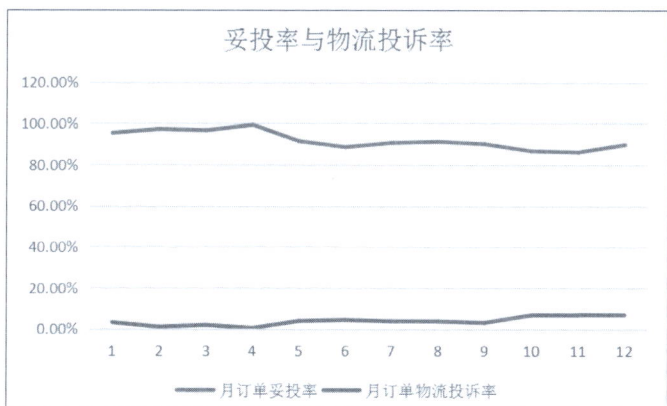

图8.3.5　妥投率与物流投诉率图

📁 **知识窗**

问题：什么是折线图？

折线图是排列在工作表的列或行中的数据可以绘制到折线图中。折线图可以显示随时间（根据常用比例设置）而变化的连续数据，因此非常适用于显示在相等时间间隔下数据的趋势。如果分类标签是文本并且代表均匀分布的数值（如月、季度或财政年度），则应该使用折线图。当有多个系列时，尤其适合使用折线图。对于一个系列，应该考虑使用类别图。如果有几个均匀分布的数值标签（尤其是年），也应该使用折线图。如果拥有的数值标签多于十个，可改用散点图。另外，折线图是支持多数据进行对比的。

第4步：分析折线图得出，月订单妥投率呈轻微下滑趋势，而物流投诉率随之呈增长趋势，订单妥投率与物流投诉率成正相关，企业需要找出妥投率下滑的原因才能有效提高客户的物流服务评价。

🗒 知识窗

问题：分析订单完成周期、妥投率、物流投诉率有什么意义呢？

妥投率和物流投诉率是衡量电商企业物流服务水平的一项重要指标，两者在一定程度上呈负相关，当然影响物流投诉率的不仅只有妥投率，还包括物流服务态度、订单完成周期等，这3项指标往往是互相影响的。对于3个指标的考核标准没有明确的要求，企业可自行根据自身经营状态和考核要求而定，一般情况下，妥投率考核标准通常设定在95%~99%为优，物流投诉率考核标准设定在1%内为优，而订单完成周期则因收货地区不同而有所不同，一般以48 h内为最佳。

活动拓展

上述数据能否用其他图标进行分析？尝试一下，体会同一组数据用不同图表分析的效果差异。

合作实训

4人为一小组，通过查阅网络资料和相关书籍，分别任选3种书上没有提到的图表（如饼图、雷达图、散点图等）进行介绍，需要介绍图表的概念、作用、特点和适用范围，以小组形式上台汇报。

项目总结

随着数字经济的快速发展和行业数字化转型程度的不断加深，数据已成为核心生产要素。作为数字经济最活跃、最重要的支撑领域，电子商务企业的决策、运营、考核、发展都联系着数据的命脉。数据分析贯穿在电子商务企业商品采购、运营推广、网店销售、客户服务和物流管理中，掌握数据在手才能做出有效的决策，才能在竞争激烈的电商时代下崭露头角，稳步前行。

项目拓展

数智化引领，创新加速物流发展

为深入贯彻落实党中央、国务院关于发展数字经济、建设数字中国的总体要求，进一步推动"十四五"时期电子商务高质量发展，商务部、中央网信办、发展改革委发布《"十四五"电子商务发展规划》（以下简称《规划》）。

《规划》提到，到2025年，我国电子商务高质量发展取得显著成效。到2035年，电子商务成为我国经济实力、科技实力和综合国力大幅跃升的重要驱动力，成为人民群众不可或缺的生产生活方式，成为推动产业链供应链资源高效配置的重要引擎，成为我国现代化经济体系的重要组成部分，成为经济全球化的重要动力。

在推进商产融合，助力产业数字化转型方面，《规划》提到，要鼓励电子商务平台与工业互联网平台互联互通，协同创新，推动传统制造企业"上云用数赋智"，培育以电子商务为牵引的新型智能制造模式。同时，促进数据要素高水平开发利用。加快完善高效协同的数据共享机制，推动各地区、各部门间政务数据整合共享，提升公共数据开放水平。深入开展国家数据资源调查，加快数据资源标准体系建设，促进推动电子商务领域数据整合互通。有效释放电子商务对商务领域数据价值化的引领作用，引导电子商务企业合法合规开展数据处理活动，提升数据资源处理能力，探索电子商务平台数据有序开放共享机制。

电子商务数据不仅是电商企业运营的重要决策指标,还关系国计民生的发展,对此,作为新生代电商职业人,你对电子商务数据的社会意义有何看法呢?

项目评价

完成PMIQ表,对自己的学习情况进行评价。

PMIQ表

P（Plus） 学习收获（我已经学懂的知识）	M（Minus） 不足之处（我还没学懂的地方）	I（Interesting） 我还感兴趣的内容（我还想学的知识）	Q（Question） 我感到疑惑的问题（我还想弄清楚的问题）

项目检测

1.单项选择题

（1）（ ）函数可以对报表范围中符合指定条件的值求和。

A.SUMIF   B.SUM   C.VLOOKUP   D.HLOOKUP

（2）（ ）指运用有效的方法和工具收集、处理数据并获取信息的过程。

A.电子商务   B.电子商务数据分析   C.商务分析   D.Excel

（3）（ ）是淘宝官方提供的综合型网点数据分析平台,为淘宝/天猫卖家提供流量、商品、交易等网店经营链条的数据展示、分析、解读、预测等功能。

A.京东商智   B.火车采集器   C.八爪鱼采集器   D.生意参谋

（4）对（ ）进行分析,选择更优质的物流合作伙伴是卖家提升自身形象,更好地服务卖家的有效手段。

A.商务数据   B.物流数据   C.运营数据   D.推广数据

（5）（ ）是条形统计分析的其中一种图标,是一种常用的统计图表。

A.散点图   B.簇状柱形图   C.饼图   D.折线图

2.多项选择题

（1）常用的数据分析图表包括（   ）。

A.散点图   B.折线图   C.柱形图   D.雷达图

E.饼图

（2）常用的数据采集工具有（   ）。

A.生意参谋   B.Excel   C.八爪鱼采集器   D.火车采集器

E.京东商智

（3）（   ）属于电子商务物流数据。

A.支付转化率   B.支付-发货时间   C.发货-揽收时间   D.订单完成周期

（4）在进行数据采集过程中,只有（   ）的数据才能分析出对电子商务运营和决策有帮助的结果。

A.及时　　　　　　　B.有效　　　　　　　C.准确　　　　　　　D.动态

（5）影响物流投诉率的指标有（　　　）。

A.订单完成周期　　　B.物流服务水平　　　C.妥投率　　　　　　D.物流服务态度

3.判断题

（1）采集数据时只需要注意数据的及时、准确性，无须考虑信息安全问题。（　　　）

（2）京东商智是一款通用网页数据采集器，使用简单，可进行可视化操作，能用来采集山坡滚的价格、销量、描述等数据内容，功能非常强大。（　　　）

（3）订单妥投率=成功送达客户的票数（或件数）/总发货票数（或件数）×100%。（　　　）

（4）库存周转率越大，代表利润赚取次数越多，资金使用越有效。（　　　）

（5）柱形图可以显示时间（根据常用比例设置）而变化的连续数据，因此非常适用于显示在相等时间间隔下数据的趋势。（　　　）

4.简述题

（1）什么是折线图？折线图有何特点和作用？

（2）对比分析库存周转率和动销率两个指标。

5.案例分析题

中国物流与采购联合会和京东集团联合调查的2021年12月份中国电商物流运行指数为108.8点，比上月回落0.7个点。从9个分项指数看，物流时效指数、履约率指数、满意率指数有所上升。总业务量指数、农村业务量指数、库存周转指数、人员指数、成本指数和实载率指数有所回落。

2021年全年电商物流指数平均值为110.3，比2020年提高2.4个点，接近2019年疫情前均值。全年需求保持较快增长，总业务量指数和农村业务量指数平均值分别为126.6和125.9分别比2020年提高3.4和7.6个点。12月份，电商物流运行指数回落0.7，环比上月降幅收窄1.3个点，物流服务能力有所回升，物流时效指数、履约率指数和满意率指数分别回升0.4、1.2和1.1个点。电商物流总需求稳中趋缓，总业务量指数降幅收窄0.2个点。西部地区受疫情影响，总业务量指数和农村业务量指数分别回落3.2和4.2个点。受需求端制约，人员指数、实载率指数和成本指数分别回落1.6、3.2和0.5个点。后期来看，随着春节假期临近，电商物流需求有望止跌回升，但物流企业用工环境趋紧，后续电商物流市场不确定性将进一步增加。

阅读以上材料，回答下列问题：

（1）什么是库存周转率？库存周转率有什么作用？

（2）结合材料，分析物流数据对电子商务物流的发展有着怎样的重要意义。

参考文献 ▮▮▮▮

［1］人力资源社会保障部教材办公室.电子商务师（基础知识）[M].北京: 中国劳动社会保障出版社,2020.

［2］白东蕊.电子商务基础（第3版）[M].北京:人民邮电出版社,2021.

［3］覃忠健.电子商务物流配送[M].北京:电子工业出版社, 2021.

［4］田中宝.电子商务与物流（第二版）[M].北京:高等教育出版社,2021.

［5］北京鸿科经纬科技有限公司.网店运营基础[M].北京:高等教育出版社, 2020.

［6］北京鸿科经纬科技有限公司.网店运营基础实训[M].北京:高等教育出版社, 2020.

［7］北京博导前程信息技术股份有限公司.电子商务数据分析基础[M].北京:高等教育出版社, 2019.

［8］北京博导前程信息技术股份有限公司.电子商务数据分析实践[M].北京:高等教育出版社, 2019.

［9］邵贵平.电子商务物流（第二版）[M].北京:人民邮电出版社,2018.

［10］范珍.电子商务物流基础与实训[M].北京: 高等教育出版社, 2020.